D1696040

Deutschdidaktik aktuell

Hrsg. von Günter Lange · Werner Ziesenis

Band 19

Literatur der 90er-Jahre in der Sekundarstufe II

Judith Hermann, Benjamin von Stuckrad-Barre
und Peter Stamm

von

Ricarda Dreier

Schneider Verlag Hohengehren GmbH

Deutschdidaktik aktuell

Herausgegeben von Günter Lange und Werner Ziesenis

Umschlag: Gemälde von George Seurat (1859–1891),
Ein Sonntag auf der Île de la grande jatte

Leider ist es uns nicht gelungen, die Rechteinhaber aller Texte und Abbildungen zu ermitteln bzw. mit ihnen in Kontakt zu kommen.
Berechtigte Ansprüche werden selbstverständlich im Rahmen der üblichen Vereinbarungen abgegolten.

Gedruckt auf umweltfreundlichem Papier (chlor- und säurefrei hergestellt).

Bibliografische Information Der Deutschen Bibliothek

Die Deutsche Bibliothek verzeichnet diese Publikation in der Deutschen Nationalbibliografie; detaillierte bibliografische Daten sind im Internet über ›http://dnb.ddb.de‹ abrufbar.

ISBN 3-89676-905-7

Schneider Verlag Hohengehren, Wilhelmstraße 13, D-73666 Baltmannsweiler

© Schneider Verlag Hohengehren, 73666 Baltmannsweiler 2005.
Printed in Germany – Druck: Hofmann, Schorndorf

Inhaltsverzeichnis

Teil II: Unterrichtsmodelle: Literatur der 90er-Jahre

Vorwort der Reihenherausgeber

Deutschdidaktik aktuell ist eine neue Studienreihe, in der möglichst viele relevante Themen des Faches Deutsch in grundlegenden Monographien behandelt werden.

Alle Bände dieser Reihe besitzen in der Regel eine vergleichbare Struktur. In einem ersten Teil werden jeweils die theoretischen Grundlagen eines Themas dargestellt, und zwar sowohl die fachwissenschaftlichen Voraussetzungen als auch die entsprechende didaktische Diskussion. In einem zweiten Teil werden Fragen der Unterrichtspraxis behandelt und, wenn möglich, konkrete Unterrichtsmodelle vorgestellt.

Deutschdidaktik aktuell plant und bietet Einzelbände:

- zu den Grundfragen der Deutschdidaktik
  (z. B. Schriftspracherwerb, handlungs- und produktionsorientierter Literaturunterricht, projektorientierter Deutschunterricht)
- zur Sprachdidaktik
  (z. B. Grammatikunterricht, mündlicher Sprachgebrauch, schriftlicher Sprachgebrauch, Didaktik des Rechtschreibens)
- zur Literatur- und Mediendidaktik
  (z. B. Drama, Roman, epische Kurzformen, Kinder- und Jugendliteratur, Theater, Zeitung und Zeitschrift, Film und Fernsehspiel im Unterricht)

Dabei können die einzelnen Themen mit Stufenschwerpunkt oder schulstufenübergreifend behandelt werden.

Deutschdidaktik aktuell richtet sich an ein breites Lesepublikum, also nicht vorrangig an Hochschullehrerinnen und -lehrer, sondern vielmehr an Studentinnen und Studenten, Referendarinnen und Referendare, Lehrerinnen und Lehrer.

Die Textauswahl ist ein dauerhaftes Problem des Literaturunterrichts – oder sie tritt als solches gar nicht erst ins Bewusstsein, wenn sie mehr oder weniger unreflektiert hergebrachten Gewohnheiten folgt.

Ricarda Dreier beklagt, dass immer noch 'Klassiker' das Feld beherrschen, Goethe und Schiller ebenso wie Frisch und Dürrenmatt, und wendet sich in diesem Buch gezielt und begründet erzählerischer Literatur der 90er-Jahre zu. Das ist innovativ und trifft zugleich auf Tendenzen, die neuerlich zunehmend sichtbar werden. Vermehrt erscheinen literaturdidaktische Publikationen zur Gegenwartsliteratur, und auch institutionell scheint einiges in Bewegung zu geraten. So macht das Niedersächsische Kultusministerium im Hinblick auf das Zentralabitur im Jahr 2006 verbindliche Vorgaben für die Grund- und Leistungskurse Deutsch, in denen der Literatur „am Ende des 20. Jahrhunderts" ein besonderer Stellenwert zukommt.

Weshalb die 90er-Jahre? Sie sind zum einen von weitreichenden politischen und gesellschaftlichen Veränderungen geprägt: der Fall der Mauer, die deutsch-deutsche Wiedervereinigung, das Ende des Kalten Krieges; die Verbreitung der Medialität, besonders des Internet, die immer radikalere Formen annehmende Globalisierung. Sie sind zum anderen von wichtigen kulturellen Faktoren und eben spezifischen literarischen Veränderungen geprägt: vor allem literaturkritische Debatten bestimmen die kulturelle Situation der 90er-Jahre (der Literaturstreit um Christa Wolf, Reich-Ranickis Kritik an Günter Grass, die Kontroversen um Martin Walser, vgl. S. 23) und – es etablierte sich in der Literatur der „Sound einer neuen Generation" (Hellmuth Karasek zu *Sommerhaus, später*). Diese Vielschichtigkeit, die Vielfalt der Veränderungen im literarischen wie im außerliterarischen Bereich sind es, so das Fazit der Autorin, „die als eine Chance für den Unterricht gesehen" (S. 124), die als didaktische Herausforderung genutzt werden sollten.

Frau Dreier beschreibt die Tendenzen der Literatur der 90er-Jahre und die Wege dahin eingängig und informativ. Aufgrund veränderter Wahrnehmungen und eines veränderten Selbstverständnisses ist das Erzählen neu entdeckt und es sind neue Erzählweisen entwickelt worden. Die 'neue Literatur' mag im Vergleich zu Früherem einen unverwechselbaren Klang haben, aber sie ist auch disparat in ihren Erscheinungsformen. Es gibt Texte, die einfach – oder scheinbar einfach – daherkommen, die nicht mehr bedeutungsvoll erklären, sondern nur noch sagen wollen, was ist, „Mitschnitte des eigenen Alltags" (Iris Radisch). Da sind andererseits – dem Anschein nach leicht lesbar – äußerst artifizielle Erzählformen, weil sich Erzählinstanzen, Erzählperspektiven, Erzählebenen und Figurenkonstellationen nicht ohne weiteres fassen lassen oder der Erzähler und seine Geschichte sich dem Leser entziehen. Alltagserfahrungen stehen neben konstruierter Wirklichkeit, Realität wird surreal überformt. Übergänge, etwa zwischen unterhaltender und ernster Literatur, sind fließend. Es entsteht, vor allem durch unmittelbare mediale Einflüsse, eine Vielfalt von Mischformen. Die sogenannte Popliteratur etabliert sich als eigenes Genre. Die Autorin findet einen gemeinsamen Nenner: Sie sieht die wichtigsten Merkmale der neueren Literatur „in ihren narrativen Strukturen sowie in ihren subjektiven Erfahrungsräumen" (S. 3) und resümiert, dass die Literatur der 90er-Jahre als eine Literatur „in der Schwebe" (S. 123) erfahrbar wird. Daraus ergeben sich die literaturtheoretischen und literaturdidaktischen Bezugsfelder.

Angesichts der 'Literatur in der Schwebe' bietet sich auch hier die Frage nach einer „Didaktik des Unbestimmten" an, wie sie Nicola König in „Dekonstruktive Hermeneutik moderner Prosa" entfaltet (vgl. Bd. 14 der Reihe „Deutschdidaktik aktuell"). Frau Dreier kommt aber zu einem anderen Ergebnis, obwohl sich in der methodischen Umsetzung eine Reihe von Parallelen ergeben. Unbestimmtheit in der Literatur müsse nicht notwendig zu einer 'Didaktik des Unbestimmten' führen. Im Gegenteil, das durch seine narrativen Strukturen gekennzeichnete 'neue Erzählen' verlangt, dass der Leser vor allem auch die narrativen Merkmale erkennt, um dieses Erzählen nicht nur an der Oberfläche wahrzunehmen, sondern die ihm inhärenten „subjektiven Erfahrungsräume" überhaupt erfassen und mit der eigenen Lebenswirklichkeit verbinden zu können. Das 'neue Erzählen' erfordert zu allererst textnahes Lesen, eine genaue Erzähltextanalyse, mehr noch eine Analyse unter erzähltheoretischen Gesichtspunkten.

Die erzähltheoretischen Gesichtspunkte, die die Autorin unmittelbar für den Unterricht nutzen möchte, ohne dass damit zum wiederholten Male ein literaturtheoretisches Konzept den didaktischen Entscheidungen vorgeschaltet würde, findet sie in der Narratologie. Deren Grundlagen und Tendenzen werden im Einleitungskapitel des Buches zur 'Literatur- und Erzähltheorie' beschrieben, vorbereitet durch die markante und exemplifizierende Darstellung ausgewählter literaturtheoretischer Strömungen, die einen nachhaltigen Einfluss auf die Literaturdidaktik ausgeübt haben: die Hermeneutik, der Strukturalismus sowie Poststrukturalismus und Dekonstruktion. Von basaler Bedeutung für die Konzeption des gesamten Buches sind die Ausgangsüberlegungen, dass Erzählen *die* Grundlage für die Kommunikation innerhalb der Gesellschaft sei. Die erzähltheoretischen Konzepte, die differenziert und vergleichend im Hinblick auf das 'neue Erzählen' sowie dessen Didaktik vorgestellt werden, sind die Typologien von Stanzel und der „Discours du récit" von Genette. Genette, zu dessen noch ausstehender didaktischer Rezeption die Autorin damit einen wichtigen Beitrag leistet, bekommt den Vorzug, nicht nur weil seine Erzähltheorie komplexer ist, sondern speziell im Hinblick auf die narrativen Merkmale der Gegenwartsliteratur und damit auf die Lektüre von Texten der Gegenwartsliteratur, für die sich „sinnvolle Anwendungsmöglichkeiten von Genettes Kategorien" (S. 22) anbieten.

Die Unterrichtsmodelle, die die Autorin entwickelt, resultieren nicht nur „aus ihrem Bezug zur Lebenswelt der Jugendlichen" (S. 124), sie stehen beispielhaft zugleich für typische Erscheinungsformen der Literatur der 90er-Jahre. „So veranschaulichen die beiden Erzählungen von Judith Hermann, mit welchen einfachen sprachlichen Mitteln intensive Leseeindrücke evoziert werden können." (Ebd.) Sie geben den Schülern gleichsam die Einführung in das 'neue Erzählen'. Der Roman *Soloalbum* wird in „einen Gesamtkontext des zeitgenössischen Phänomens der Popliteratur gestellt", wobei die Fragen „der medialen Inszenierung von Text und Autor" in den Vordergrund treten (ebd.). Peter Stamms Roman *Agnes* schließlich thematisiert „eindrucksvoll die postmodernen Elemente der Unzuverlässigkeit des Erzählers und der Konstruierbarkeit von Realität" (ebd.). Die Anlage, besser die Komposition der Modelle, ist artifiziell wie die Literatur, um die es hier geht, und zugleich geprägt von beeindruckender Praktikabilität und der Vielfalt der analytischen, didaktischen und methodischen Anregungen. Textnahes Lesen wird kombiniert mit unterschiedlichen Formen textübergreifender Arbeit (Rezensionen, intertextuelle Bezüge), mediale Herangehensweisen (Internet, Filme, Songs) verbinden sich mit produktionsorientierten, die passgenau der Texterschließung dienen und nicht zum Selbstzweck werden. Text, Lebenserfahrung der Schüler, gesellschaftliche Gegebenheiten und literarische Öffentlichkeit sind funktional aufeinander bezogen.

Ricarda Dreier hat ein bemerkenswertes Buch geschrieben. Es ist innovativ und wegweisend, doch ohne didaktische Verengungen. Es verfährt exemplarisch zugleich und in hohem Maße informativ. Es liest sich eingängig und besticht durch die Genauigkeit der Ausführungen. Es handelt von der Literatur der 90er-Jahre und kann gleichzeitig als elementare, das heißt grundlegende Hinführung zum literarischen Lesen und Verstehen gesehen werden. Der Leser wird es in vielfacher Weise in Gebrauch nehmen können.

Braunschweig und Göttingen, im November 2004   Günter Lange
Werner Ziesenis

Einleitung

Einleitung

Befragt man Schulabgänger[1] etwa ein Jahr nach ihrem Abschluss, welche Texte der Gegenwart sie in der Oberstufe im Deutschunterricht gelesen haben, erhält man verschiedene Antworten. Im schlimmsten Fall heißt es, man habe während der gesamten Oberstufe kein einziges Buch selbst gelesen, sondern sich statt dessen alle Informationen, die man für den Deutschunterricht benötigt, aus dem Internet besorgt. Ebenso kann es sein, dass man sich gar nicht mehr an die Büchertitel erinnern kann.

Die häufigsten Antworten verstärken allerdings das Bild eines aktuellen Schulkanons, der sich mit Clemens Kammlers Beobachtung deckt, dass „der Begriff Gegenwartsliteratur [...] in der Schule weitgehend Synonym für Nachkriegsliteratur"[2] ist. Nur in Einzelfällen finden auch neuere Texte Eingang in den Literaturunterricht. So gibt es keine literarische Ganzschrift, die in den letzten 25 Jahren erschienen ist und sich im Kanon auch nur annähernd so stark etabliert hätte wie z. B. Frischs *Homo Faber* oder Dürrenmatts *Physiker*. Neben diesen 'Gegenwartstexten' stehen Klassiker wie Goethe oder Schiller immer noch an vorderster Stelle im Literaturunterricht. Kammler bemerkt dazu treffend: „Die Gegenwart unserer Schulklassiker endet lange, bevor unsere heutigen Abiturientinnen und Abiturienten das Licht der Welt erblicken."[3] Als Gründe für diese ablehnende Haltung gegenüber der Literatur der letzten Jahrzehnte werden vor allem ein niedriges ästhetisches Niveau und ihr fehlender Realitätsbezug aufgeführt.[4] Aber sind diese Anklagen wirklich gerechtfertigt? Besonders der Vorwurf der mangelnden Realitätsnähe erscheint wenig plausibel, betrachtet man allein das umfangreiche Angebot an Kinder- und Jugendliteratur der letzten Jahre, die für einen Einsatz in der Sekundarstufe I und II in Frage käme: Themen wie Homosexualität[5], Gewalt in der Schule[6] oder das Auflösen der traditionellen Familien-

---

[1] Aus ökonomischen Gründen bediene ich mich in dieser Arbeit unmarkierter Formen. Selbstverständlich ist immer von Schülern und Schülerinnen, Lehrern und Lehrerinnen etc. die Rede.
[2] Kammler (1998), 186.
[3] Ebd.
[4] Vgl. Kammler (1999), 3.
[5] So z. B. bei Andreas Steinhöfel: *Die Mitte der Welt* (1999), Doris Meißner-Johannknecht: *Amor kam in Leinenschuhen* (1999), Katharina von Bredow: *Kratzspuren* (1995). Im Folgenden werden Primärtexte, die nicht weiter Gegenstand der Untersuchungen sind, mit Verfasser, Titel und Erscheinungsjahr in den Fußnoten aufgeführt. Auf eine erneute Auflistung im Literaturverzeichnis wird verzichtet.
[6] Kirsten Boie: *Nicht Chicago. Nicht hier* (1999), Cornelia Kurth: *Frederikes Tag* (1998), Renate Welsh: *Sonst bist du dran* (2001), Elisabeth Zöller: *Und wenn ich zurückhaue?* (2000), Norbert Niemann: *Schule der Gewalt* (2001), Marc Höpfner: *Pumpgun* (2001). Das zuletzt genannte Buch zeigt schockierende Parallelen zu den Ereignissen im Gutenberg-Gymnasium Erfurt im Mai 2002.

strukturen[7] bestimmen vermehrt den Ton der Neuerscheinungen. Die Anbindung an die Alltagswelt der Schüler scheint in der aktuellen Literatur mehr denn je zu erfolgen, dennoch dominieren im Unterricht der Sekundarstufe I nach wie vor 'Klassiker' wie *Die letzten Kinder von Schewenborn* oder *Die Welle*. Sicher ist nicht von der Hand zu weisen, dass derartige Texte u. a. wichtige Vermittler ethischer oder sozialer Werte sind. Allerdings sollte man nicht außer acht lassen, dass gerade bei Büchern, die schon seit Jahren im Unterricht gelesen werden, die Gefahr besteht, ihnen kritiklos gegenüber zu treten, und neue Erkenntnisse bzw. veränderte Rezeptionsbedingungen zu ignorieren.[8]

Ähnlich sieht es im Literaturunterricht der Oberstufe aus: Obwohl die Richtlinien und Lehrpläne[9] für das Fach Deutsch keine expliziten Vorgaben für die Lektürewahl machen und statt dessen thematische, (literar)historische, kulturelle, sprachliche und künstlerische Aspekte als obligatorische Auswahlkriterien[10] nennen, werden dennoch Gegenwartstexte, die diese Ansprüche erfüllen, ignoriert.

Die wichtigsten Merkmale der neueren Literatur liegen in ihren narrativen Strukturen sowie in ihren subjektiven Erfahrungsräumen.[11] Diese Strukturen zu erfassen und diese Räume zu erkunden sollte im Unterricht als eine wichtige Herausforderung angesehen werden. Zum einen kann das ästhetische Niveau der ausgewählten Texte zum Vorschein gebracht werden, zum anderen erschließen sich den Schülern neue Bedeutungsebenen.

Während die Praxis im Unterricht demzufolge eher rückläufige Tendenzen in Bezug auf die Textwahl aufweist, finden sich demgegenüber interessante methodische Entwicklungen. Neben dem bereits etablierten Konzept der Handlungs- und Produktionsorientierung fordern einzelne Didaktiker, dass auch literaturtheoretische Ansätze Beachtung finden. Die Schlüsselwörter lauten u. a. *Dekonstruktion, Diskursanalyse, Psychoanalyse, Gender Studies*. Doch wie sieht es mit der Praxistauglichkeit dieser Theorien aus, die eine Lösung aus der Krise der Didaktik für sich in Anspruch nehmen?[12] Die Mehrheit dieser 'anti'-hermeneutischen Modelle stimmt darin überein, dass dem literarischen Text ein einheit-

---

[7] Kirsten Boie: *Nella Propella* (1994), Dies.: *Ich ganz cool* (1992), Andreas Steinhöfel: *Honigkukkuckskinder* (1996).

[8] So ist die Thematik in Morton Rhues *Die Welle* (1984) für den Unterricht sicher gut geeignet, um einzelne Aspekte der Massenbeeinflussung im Nationalsozialismus zu untersuchen, dem Buch an sich ist allerdings aufgrund seiner Entstehungsgeschichte mit Skepsis zu begegnen. Vgl. Schubert-Felmy (1989), 503.

[9] Ein bundesweiter Vergleich der Lehrpläne wäre für die untersuchte Thematik sicher sehr interessant, kann aber in der vorliegenden Arbeit nicht geleistet werden. Aus diesem Grund beschränken sich sämtliche Verweise und didaktische Anmerkungen auf die Richtlinien des Landes Nordrhein-Westfalen.

[10] Vgl. Richtlinien (2000), 18.

[11] Vgl. das Vorwort der Anthologie *Hauptsache ICH* (2002), 5 f.

[12] Vgl. Kammler (2000), 2 ff.

liches Sinn-Verständnis aberkannt wird. Bei der Interpretation soll dem Schüler nicht vermittelt werden, dass der Text nur eine mögliche Auslegung anbietet und diese sich am besten mit der Intention des Autors und der Meinung des Lehrers decken sollte. Der Text ist offen, vernetzt, unabhängig vom historischen Autor – ein Gegenbild zur klassischen Hermeneutik.

Diese Entwicklung ist sicher zu begrüßen, denn immerhin gibt es keinen ermüdenderen Unterricht als den, in welchem der Lehrer so lange fragt, bis ihm die Schüler die (in seinen Augen!) richtige Interpretation eines Textes genannt haben. Allerdings nimmt gleichzeitig mit einer Betonung des möglichst frei interpretierenden Schülers die Beachtung einer weiteren wichtigen Kategorie des Literaturunterrichts ab: die narrative Analyse. Die Bedeutung, die dem Analysieren von literarischen Texten im Unterricht zukommt, wird unterschiedlich bewertet. „Bis heute empfinden Lehrende (und auch Schüler) den analysierenden Umgang mit Literatur als Befreiung von einer nur auf unkontrollierbare Intuition sich gründenden Erschließung von Dichtung."[13] Dagegen sprechen allerdings – und diese Ansicht hat Spinners positive Bewertung der Analyse wohl längst überholt – die angebliche Lustfeindlichkeit analytischer Verfahren und die irrationale Meinung vieler Schüler, dass ein literarisches Werk sozusagen aus dem Nichts entsteht und „poetische Arbeitsmittel [...] Kategorien [sind], die sich der Lehrer ausgedacht hat, um ihnen die Analyse aufzuzwingen"[14].

Beschäftigt man sich mit der Literatur der 90er-Jahre, so erkennt man, dass das neue Erzählen eine erweiterte Analyse unter erzähltheoretischen Gesichtspunkten fordert. Im Mittelpunkt dieser Literatur, die durch die Postmoderne beeinflusst ist, stehen narrative Elemente wie Metafiktion, Intertextualität, Perspektivenvariationen, die an der Glaubwürdigkeit des Erzählers zweifeln lassen, oder selbstreflexive Bezüge, die das literarische Werk und dessen Wirklichkeitsdarstellung an sich in Frage stellen. Will man Texte, deren Tiefe u. a. in ihren narrativen Strukturen liegen, für die Schüler transparenter und interessanter gestalten, so ist eine genaue Erzähltextanalyse der erste Schritt.

Diese und weitere Überlegungen liegen den drei Unterrichtsmodellen zugrunde, die im zweiten Teil vorgestellt werden.[15] Es handelt sich dabei um Modelle, die sich jeweils mit einem literarischen Text oder mit Auszügen aus einem Werk beschäftigen, deren Erscheinungszeiten in den späten 90er-Jahren liegen.[16]

---

[13] Spinner (1989), 19.

[14] Thießen (1998), 248.

[15] Diese Modelle sind in der dargestellten Form bisher nur in Auszügen in der Unterrichtspraxis durchgeführt worden und daher als Vorschläge anzusehen, deren praktische Durchführung und anschließende Reflexion noch anzustreben sind.

[16] Judith Hermann: *Sommerhaus, später* (1998), Benjamin von Stuckrad-Barre: *Soloalbum* (2000), Peter Stamm: *Agnes* (1998). Sicher gibt es eine Anzahl wichtiger Texte der 90er-Jahre, die in Frage kämen. Die vorliegende Auswahl erfolgt rein subjektiv und ohne jeglichen Anspruch auf repräsentativen Charakter.

Die Modelle sind auf einen Einsatz in der Sekundarstufe II ausgerichtet und folgen verschiedenen Grundgedanken:

➤ Im Hinblick auf eine verstärkte Wissenschaftlichkeit in der Oberstufe stehen weniger handlungs- und produktionsorientierte Methoden als vielmehr analytische Arbeitsweisen im Vordergrund. Dies bedeutet allerdings nicht den völligen Verzicht auf Methodenwechsel zugunsten kreativer Arbeiten der Schüler.

➤ Aufgrund der narrativen Auffälligkeiten der ausgewählten Texte sollen diese besondere Beachtung erhalten: Indem die Schüler 'textnah' lesen[17] wird ihr Blick auf zunächst unwichtig erscheinende Kleinigkeiten gelenkt.

➤ Im Sinne einer poststrukturalistischen Lektürepraxis soll darauf verzichtet werden, die Schüler eine richtige Interpretation der Texte finden zu lassen.

Der Gefahr, dass die Betonung analytischer Verfahren bei den Schülern Motivationslosigkeit und Widerwillen hervorruft, entgeht man auf der einen Seite durch die Auswahl der Texte, die thematisch an die Lebenswelt der Schüler anknüpfen. Auf der anderen Seite soll versucht werden, ihre persönlichen Erfahrungen zu aktivieren – sie da 'abzuholen', wo sie 'stehen'. Vor allem das mediale Umfeld der Schüler, das für die Sozialisation der heutigen Generation große Bedeutung hat, steht dabei im Blickfeld. Wenn ein 18jähriger Schüler nicht in der Lage zu sein scheint, sich länger als eine Stunde mit einem literarischen Text auseinander zu setzen, eine 12jährige allerdings viele Stunden vor dem Computer verbringt, um selbstgeschriebene Geschichten im Internet zu veröffentlichen,[18] so darf ein Lehrer nicht den Fehler machen, sich von den medialen Bedingungen (und Fähigkeiten) der Schüler zu distanzieren. Allerdings sollte er dabei – wie auch bei anderen Teilaspekten des Unterrichts – stets darauf achten, die unsichtbare Grenze zwischen dem, was die Schüler an Privatbeschäftigung freiwillig mit in den Unterricht einbringen wollen, und der Verletzung der Intimsphäre nicht zu überschreiten.

Um diese Voraussetzungen der Unterrichtsmodelle zu stützen, ist es notwendig verschiedene Gesichtspunkte im Vorfeld näher zu beleuchten.

Zunächst erfolgt im ersten Teil in Kapitel 1 ein kurzer Einblick in grundlegende Aspekte der Literatur- und Erzähltheorie, der verdeutlichen soll, welche Verfahren es gibt, einen Text auf seine Bedeutung hin zu untersuchen, und welchen Einfluss die verschiedenen Methoden aufeinander haben. Dabei bildet die Hermeneutik den Ausgangspunkt, da ihr traditionelles Verständnis von dem Verhältnis

---

[17] Das Konzept des textnahen Lesens geht u. a. zurück auf Elisabeth Paefgen. Vgl. dazu unten Kap. 3.2.2 (Teil I).

[18] Das Schreiben von sogenannten *Fanfictions* (Verfassen eigener Geschichten in Anlehnung an Fernsehserien, Kinofilme oder Bücher) ist ein bislang noch unerforschter, wenn auch sehr interessanter Bereich. Wer schreibt hier für wen und warum? Welche Kompetenzen bringen die Hobby-Autoren mit und welchen Einfluss hat das Schreiben auf ihre weitere literarische Entwicklung?

Autor – Text – Sinn noch immer in Interpretationsphasen im Deutschunterricht zu finden ist. Dazu stehen strukturalistische und poststrukturalistische Ansätze im deutlichen Gegensatz, indem sie ein anderes Verständnis von Sprache und ihres Bedeutungsgehalts entwickeln. Als eine mögliche neue Lesart im Rahmen poststrukturalistischer Literaturdidaktik wird die Dekonstruktion vorgestellt, da dieses Konzept primär von dem einheitlichen Sinnbegriff Abstand nimmt und somit für einen möglichen Einsatz im Unterricht und die neuen Texte geeignet scheint.

Da der Schwerpunkt dieser Arbeit auf erzähltheoretischen Aspekten liegt, mithilfe derer Gegenwartsliteratur im Unterricht bearbeitet werden soll, ist eine kritische Auseinandersetzung mit grundlegenden Theorien obligatorisch. Nach einem kurzen Überblick über die Entwicklung der Narratologie erfolgt ein Vergleich der Theoretiker Franz K. Stanzel und Gérard Genette, in dessen Mittelpunkt die Frage steht, welcher der beiden sich am ehesten für eine Erzähltextanalyse in der heutigen Zeit und für die modernen Texte eignet.

Diese Texte, bei denen es sich primär um Werke der 90er-Jahre handelt, sind Gegenstand des 2. Kapitels. Dabei stellt sich die Frage, wie die gegenwärtige Situation auf dem Buchmarkt einzuschätzen ist und welche Argumente Kritiker und Befürworter des neuen Erzählens aufführen. Um einzuschätzen, welche vielfältigen Möglichkeiten die Literatur der 90er-Jahre sowohl in literarischer als auch in didaktischer Hinsicht bietet, sollen ihre narrativen Tendenzen und thematischen Schwerpunkte aufgezeigt werden.

Kapitel 3 bildet den theoretisch-didaktischen Rahmen für die Unterrichtsmodelle: Nach einer Darstellung der Diskussion über Gegenwartsliteratur im Deutschunterricht werden verschiedene didaktische Konzeptionen aufgeführt, auf die sich die einzelnen Unterrichtsmodelle im zweiten Teil dieser Arbeit stützen. Dabei stellt sich vor allem die Frage nach einer Legitimierung von erzähltheoretischen Kategorien innerhalb eines Lektüreprozesses.

Die Unterrichtsmodelle versuchen durch eine praktische Umsetzung, die narrativen Besonderheiten und thematischen Anknüpfungspunkte der Literatur der 90er-Jahre mit angemessenen didaktischen Modellen zu verbinden und außerdem einen Ausgleich zwischen der scheinbaren Diskrepanz von literaturtheoretischen Ideen und analytischen Vorgehensweisen zu schaffen.

Teil I:
Theoretische Grundlagen

1. Literatur- und Erzähltheorie

1.1 Literaturtheoretische Konzepte – Ein Überblick

1.1.1 Einführung

Literaturtheorien haben Hochkonjunktur. Nicht nur in Hochschulseminaren wird die Frage diskutiert, ob man Kafka psychoanalytisch deuten muss oder welchen Sinn es haben könnte, neuere Literaturtheorien im Deutschunterricht zur Analyse einzelner Texte zu verwenden. Vermehrt erscheinen Modellanalysen einzelner Werke, die auf der Anwendung unterschiedlicher literaturtheoretischer Konzepte beruhen.[1]

Eine solche Entwicklung bringt allerdings auch Probleme und kritische Stimmen mit sich. Wird der literarische Text nicht vernachlässigt, wenn man ihn nur zur Beweisführung innerhalb einer theoretischen Abhandlung benutzt? Theoriebefürworter und ihre Gegner tauschen in regelmäßigen Debatten Argumente für und gegen den Nutzen von Literaturtheorien aus.[2] Dabei stellt sich den Kritikern die Frage nach der praktischen Anwendbarkeit im Analyseprozess; außerdem machen sie auf das Fehlen einer klaren, einheitlichen Metasprache aufmerksam. Besonders der Umgang mit Termini wie 'Diskurs' wird als fraglich und undeutlich beschrieben.

Das Hauptanliegen dieses Kapitels liegt darin, einen kurzen Einblick in wichtige literaturtheoretische Strömungen zu geben, um anschließend den Übergang zur Erzähltheorie und einigen ihrer wichtigsten Vertreter zu vollziehen.

In einem sehr allgemeinen Sinn kann man die Beschäftigung mit Literaturtheorie mit einer systematischen Untersuchung des Wesens von Literatur und der Methoden ihrer Analyse gleichsetzen.[3] Im engeren Sinn handelt es sich bei literaturtheoretischen Abhandlungen um eine Anzahl von Überlegungen und Texten, deren gemeinsame Grenzen allerdings äußerst schwer bestimmbar sind. Sie fragen nach der „Entstehung von Literatur, nach ihren Funktionen und Wirkungen

---

[1] Drei Beispiele der letzten Jahre sind: Neue Literaturtheorien in der Praxis. Textanalysen von Kafkas *Vor dem Gesetz* (1993), Positionen der Literaturwissenschaft: Acht Modellanalysen am Beispiel von Kleists *Das Erdbeben in Chili* (1993) und Kafkas *Urteil* und die Literaturtheorie: Zehn Modellanalysen (2002). In aktuellen Schulbüchern für den Deutschunterricht in der Oberstufe finden sich in Ansätzen überblickshafte Ausführungen zu literaturtheoretischen Methoden. Vgl. Texte, Themen und Strukturen (1999), 32 ff. Dies scheint ein wichtiges Indiz dafür zu sein, dass die Grenze zwischen Wissenschaft und Unterrichtspraxis immer dünner wird.

[2] Vgl. zur Frage nach dem allgemeinen Nutzen literaturwissenschaftlicher Modelle den Diskussionsüberblick bei Nünning (1995), [1] ff., sowie Müller-Oberhäuser (1998), 204 ff.

[3] Für Schneider ist das Ergebnis einer literaturtheoretischen Untersuchung „ein übergreifendes Deutungskonzept", das sich mit dem Urteil eines Richters vergleichen lässt, der alle gesammelten Fakten miteinander in Beziehung stellt und dann zu einem abgerundeten Urteil kommt. Schneider (1998), 208.

sowie nach Methoden und Zielvorstellungen für die Textuntersuchung"[4]. Es handelt sich bei der Literaturtheorie sozusagen um eine Art Mischgattung und zwar „als Etikett für all jene Schriften, denen es gelingt, das Denken auf anderen, offenbar auch wesensfremden Feldern herauszufordern und in neue Bahnen zu lenken"[5].

Die Anfänge einer anerkannten Literaturtheorie liegen zeitgleich mit der Etablierung der Philologie als eigenständige Disziplin an den Universitäten im 19. Jahrhundert.[6] Einflüsse aus anderen Disziplinen kamen vorrangig aus dem Bereich der Philosophie und der Theologie.

Die Literaturtheorien der letzten Jahrzehnte werden von weiteren humanwissenschaftlichen Bereichen beeinflusst, u. a. von der Psychologie oder Soziologie. So finden seit den 60er-Jahren theoretische Konzepte aus anderen Forschungsgebieten bei den Literaturwissenschaftlern große Resonanz, da ihre sprachlichen, geistesgeschichtlichen, historischen oder auch kulturspezifischen Analysen neue Erklärungen für Texte geliefert haben.[7] Dennoch spricht man bisher lediglich von einem Methodenpluralismus und nicht von einem radikalen Methodenindividualismus; denn es gibt bestimmte Schulen und Meinungen, die vergleichbare Ansichten vertreten: „Die Vertreter verschiedenartiger Schulen ignorieren einander nicht, doch sie bekämpfen sich nur selten aktiv, sondern stehen eher in einer relativ *milden* Konkurrenz zueinander."[8]

Ähnliche Übereinstimmung herrscht bei der Frage nach dem Ziel von literaturtheoretischen Untersuchungen: Indem man hinterfrage, ob eine Äußerung im Text dem entspricht, was sich der Autor 'dabei gedacht hat', ob „die Schrift nur der Ausdruck von etwas ist, dessen Wahrheit anderswo zu suchen ist"[9] oder welchen Wirklichkeits- und Wahrheitsanspruch ein Text überhaupt hat, stelle man gleichzeitig seinen eigenen Verstand auf die Probe. Das, was wir als einsichtig und vernünftig akzeptieren, wie z. B. bestimmte Theorien und Weltanschauungen, die sich mit der Zeit festsetzen, soll durch eine Beschäftigung mit Literaturtheorien als „historisches Konstrukt"[10] entlarvt werden.

Im Folgenden sollen kurz einige literaturtheoretische Strömungen dargestellt werden, die die Entwicklung aller darauffolgenden Schulen und Modelle nachhaltig beeinflusst haben.

---

[4] Müller-Oberhäuser (1998), 206.
[5] Culler (2002), 12.
[6] Vgl. Bogdal (1997), 12 ff.
[7] Vgl. Culler (2002), 12.
[8] Schneider (1998), 209.
[9] Culler (2002), 13.
[10] Ebd., 14.

1.1.2 Hermeneutik

Als eine sehr traditionsreiche Methode bietet die Hermeneutik eine wichtige
Grundlage zur Auseinandersetzung mit allen weiteren Theorien, da sich diese
meist in einer Abgrenzung zu hermeneutischen Methoden definieren. Das ursprüngliche Anliegen der Hermeneutik ist die Unterscheidung 'richtigerer' von
weniger richtigen Textinterpretationen und eine versuchte Klärung des Begriffes
des Verstehens. Bis ins 19. Jahrhundert war der Begriff *Hermeneutik* auf eine
möglichst klare und unverfälschte Auslegung der Bibel und von Gesetzestexten
beschränkt.

Der Theologe Friedrich Schleiermacher förderte eine Übertragung dieser traditionellen Interpretationskategorien auf literarische Texte, ging dabei allerdings
nicht davon aus, dass es nur eine wahre Lösung gäbe. Statt dessen definierte er
den Verstehensprozess als eine unendliche Annäherung (Approximation), „bei
der man niemals zu einer einzigen endgültigen Deutung gelangt"[11]. In diesem sogenannten *Hermeneutischen Zirkel* pendelt man stetig vom Einzelnen zum Gesamten und umgekehrt und nähert sich dabei immer mehr dem Kern der Deutung, je nachdem, wie viele Puzzleteile man sich im Verstehensprozess aneignet.
Ausschlaggebend ist dabei die Annahme, dass der Hermeneut einen Autor und
sein Werk besser verstehen kann, als dieser selbst es tut.

Dies wird durch drei Argumente gefestigt:[12] Zum einen durch das historische Argument, das dem Autor jeglichen zeitlichen Abstand und somit die Urteilsfähig-
keit aberkennt, die übergreifende Bedeutung für den geschichtlichen Rahmen
erfassen zu können. Zum zweiten besagt das psychologische Argument, dass der
Autor in einer vermeintlich objektiven Welt durch seine eigenen Gefühle und
Charaktereigenschaften nicht vorurteilsfrei ist. Das dritte, linguistische Argument betont die Unfähigkeit eines Autors, seine eigenen Worte perfekt kontrol-
lieren zu können. Das Gesagte kann sich niemals direkt mit dem Gemeinten
decken, alles ist offen und pluralistisch.

Die Frage nach der Autorintention als erklärtes Ziel einer im hermeneutischen
Sinne richtigen Textinterpretation wurde in den 60er-Jahren von Hans-Georg
Gadamer, einem Schüler des Philosophen Martin Heidegger, erweitert. Für ihn
ist die Bedeutung eines literarischen Werkes nicht mit dieser Frage ausreichend
erschöpft, statt dessen setzt er das Werk in einen kulturellen und historischen
Kontext: „Jede Interpretation ist situationsgebunden, von den historisch relativen Kriterien einer bestimmten Kultur geprägt und begrenzt; es gibt keine Möglichkeit, den literarischen Text an sich zu erkennen."[13]

---

[11] Schneider (1998), 213.
[12] Vgl. ebd., 214.
[13] Eagleton (1994), 37.

Weitere Entwicklungen innerhalb der Hermeneutik haben z. B. in den 60er-Jahren die Rezeptionsästhetik oder Rezeptionstheorie[14] hervorgebracht, deren wichtigste Vertreter, Hans Robert Jauß und Wolfgang Iser, die Rolle des Lesers in den Vordergrund stellen. Ohne die aktive Teilnahme des Lesers gäbe es überhaupt kein literarisches Werk, da trotz aller vermeintlichen Vollständigkeit jeder Text in Wirklichkeit aus Leerstellen besteht, die in einem komplexen, dynamischen Vorgang vom Leser gefüllt werden. Erwartungen werden modifiziert, eigene Erfahrungen miteingebracht und „der hermeneutische Zirkel – vom Teil zum Ganzen und wieder zurück zum Teil – beginnt sich zu drehen"[15].

1.1.3 Strukturalismus

Unter dem Einfluss des Sprachwissenschaftlers Ferdinand de Saussure fand sich in den 50er- und 60er-Jahren des 20. Jahrhunderts ein Kreis von französischen Wissenschaftlern, die verschiedene Konzepte aus der strukturalistischen Sprachwissenschaft auf gesellschaftliche und kulturelle Bereiche zu übertragen versuchten. So entwickelte sich strukturalistisches Denken in der Anthropologie durch Claude Lévi-Strauss, in der Literatur- und Kulturwissenschaft durch Roman Jakobson, Roland Barthes und Gérard Genette, in der Psychoanalyse durch Jaques Lacan, in der Ideengeschichte durch Michel Foucault und im Marxismus durch Louis Althusser.[16]

In der Literaturwissenschaft stellen die Strukturalisten vorrangig die Frage, welche Konventionen der Literatur zu Grunde liegen und mit welchen Mitteln sie ihre Wirkung entfaltet. Eine Abgrenzung zur Semiotik gestaltet sich schwer, da auch hier eine „systematische Darlegung literarischen Sprachgebrauchs"[17] das vorrangige Ziel ist.

Bedeutungstragende Sequenzen einer Geschichte werden in Relation zueinander gesehen, der Inhalt wird ausgeklammert und die Form steht im Mittelpunkt. Einzelne Elemente und Handlungsträger können ausgetauscht werden, wobei deren Beziehungen zueinander in verschiedenen Formen auftreten können, z. B. Parallelismus, Opposition, Inversion, Äquivalenz etc. Der Sinn gehe dabei nicht verloren, denn „[...] solange die Struktur der inneren Beziehungen erhalten bleibt, sind die einzelnen Einheiten austauschbar"[18]. Der Strukturalismus weist so die offensichtliche Bedeutung einer Geschichte zurück und versucht statt dessen, gewisse Tiefenstrukturen herauszuarbeiten, die an der Oberfläche nicht zu erkennen sind.

---

[14] Vgl. Kap. 3.2.1 (Teil I).
[15] Eagleton (1994), 43.
[16] Vgl. Culler (2002), 179.
[17] Ebd., 180.
[18] Eagleton (1994), 73.

Besonders Ferdinand de Saussures Zeichentheorie galt lange als wichtige Auslegung des französischen Strukturalismus. Der Einfluss, den diese Strömung u. a.
auch auf die russischen Formalisten hatte, äußerte sich besonders in der Entwicklung einer neuen anerkannten Disziplin innerhalb der Literaturwissenschaft, nämlich der Narratologie.[19]

Eine weitere wichtige Errungenschaft dieser eher sachlichen Vorgehensweise
war die „unbarmherzige Entmystifizierung der Literatur":

> Das vage subjektive Geplauder wurde durch eine Literaturkritik zu größerer Stren-
> ge und Klarheit geführt, die erkannte, daß das literarische Werk wie jedes andere
> sprachliche Produkt ein Konstrukt ist, dessen Mechanismen wie die Gegenstände
> jeder anderen Wissenschaftsrichtung analysiert und klassifiziert werden können.[20]

Durch das Entblößen des Konstrukts Literatur verliert diese ihren einzigartigen
Diskurscharakter: Der privilegierte Status wird dadurch aufgehoben, und es
muss anerkannt werden, dass sowohl E- als auch U-Literatur Tiefenstrukturen
enthalten kann.

Mit dieser Haltung stieß der Strukturalismus auf heftige Ablehnung. Er wage sowohl eine Vernachlässigung des Individuums als auch einen „klinischen Zugriff
auf die Mysterien der Literatur"[21]. Darüber hinaus ließe sich die ausdrückliche
Betonung der Konstruiertheit menschlicher Sinngebung nicht mit dem sogenannten gesunden Menschenverstand vereinbaren. Diese kritische Anmerkung
spräche laut Eagleton allerdings eher für den Strukturalismus als gegen ihn; der
Beweis, dass die Wirklichkeit und unsere Wahrnehmung von derselben nicht direkt miteinander zusammenhängen, könne in einer Welt, die durch Regeln und
eingefahrene Wahrnehmungen bestimmt ist, entscheidend zu einer historischen
und politischen Weiterentwicklung beitragen.[22]

Die Sprache ist allerdings eine sehr viel weniger stabile Angelegenheit als die
klassischen Strukturalisten gedacht hatten. So ist die Bedeutung der Worte nie
mit sich selbst identisch, was deutlich wird, stellt man die Frage nach dem ursprünglichen Sinn von Zeichen. Verschiedene Kontexte können verschiedene
Zeichenverständnisse bedingen.

> Anstatt eine wohldefinierte, klar abgegrenzte Struktur mit symmetrisch zugeord-
> neten Signifikanten und Signifikaten darzustellen, beginnt sie [die Sprache, R.D.]
> nun mehr und mehr wie ein grenzenloses, sich ausdehnendes Netz auszusehen, in
> dem ein ständiger Austausch und ein Zirkulieren von Elementen herrscht, in dem
> keines der Elemente vollständig definierbar ist und in dem alles von allem einge-
> holt und durchdrungen wird.[23]

---

[19] Vgl. Kap. 1.2 (Teil I).
[20] Eagleton (1994), 86.
[21] Ebd., 88.
[22] Vgl. ebd.
[23] Ebd., 112 f.

1.1.4 Poststrukturalismus und Dekonstruktion

Gleich nach der Festigung der strukturalistischen Schule begannen sich einzelne Theoretiker davon zu distanzieren. So gingen Barthes, Lacan und Foucault über einen eingeschränkten Theoriebegriff hinaus und entwickelten ihre Ansätze weiter, indem sie die antihermeneutische Wende mit einer Betonung von Bruchstellen in der Literatur unterstützten.

> Alle drei haben beschrieben, wie Theorien in die Phänomene, die sie zu erfassen suchen, verstrickt sind, also wie beispielsweise Texte gerade dadurch Bedeutung herstellen, dass sie die von der strukturalen Analyse herausgearbeiteten Konventionen verletzen.[24]

Zuvor konnten die Texte „als Quelle von Erfahrung, Wissen und Wahrheit eine gewisse Autorität beanspruchen"[25], die poststrukturalistische Skepsis hingegen verweigert den Texten diese Autorität. Durch die analytische Philosophie und die moderne Linguistik beeinflusst, werden sie nunmehr als „selbstregulierende Zeichensysteme mit Mehrfachcodierung"[26] angesehen, ohne eine Tiefendimension, die es zu ergründen gilt. So stellen poststrukturalistische Ansätze bestimmte Forschungsgegenstände in Frage, wie den Autor, den Text, die Geschichte oder den Sinn.

Indem von einer völligen Abwesenheit von Bedeutung innerhalb eines literarischen Textes ausgegangen wird, grenzen sich poststrukturalistische Methoden von der sinnorientierten Hermeneutik ab. Dabei entstehen verschiedene alternative Ansätze, die die hermeneutischen Selbstverständlichkeiten in Frage stellen.

Eine poststrukturalistische 'Spielart' ist der Dekonstruktivismus, dessen Verfahrensweisen ursprünglich nicht auf die Literaturwissenschaft, sondern auf allgemeine philosophische Denksysteme ausgerichtet war. So hatte Jacques Derrida, der wichtigste Vertreter dieser Strömung, „entschieden mehr vor, als neue Formen des Lesens zu entwickeln"[27]. Für ihn kommt die Dekonstruktion einem Versuch gleich, Regeln und Strukturen eines politischen Systems zu enthüllen, mit denen Machtverhältnisse aufrecht erhalten werden. Dabei wendet er sich vorrangig gegen Saussure und dessen Zeichentheorie, die die Sprache als ein abgeschlossenes System sieht. Gleichzeitig erkennt man bei Derrida „eine Opposition zum logo- und phonozentrischen Denken der metaphysischen Epoche"[28]. Der Glaube an eine endgültige Wahrheit als Grundlage unseres gesamten Denkens und an eine Sprache, die alles beherrscht, wird von ihm negiert. Eine derartige transzendentale Bedeutung von Sprache sei in seinen Augen Fiktion und

---

[24] Culler (2002), 181.

[25] Bogdal (2002), 137.

[26] Ebd., 138.

[27] Eagleton (1994), 134.

[28] König (2003), 15.

entspräche einem metaphysischen Denksystem, dem er zu entkommen versucht. Grundprinzipien eines solchen Denksystems sind binäre Oppositionen, mit denen bereits der klassische Strukturalismus arbeitet. Diese Oppositionen stellen eine Sichtweise dar, die ideologietypisch ist.

> Die Dekonstruktion versucht aufzuzeigen, wie solche Oppositionen, um ihre Stellung zu wahren, manchmal dazu verleitet werden, sich umzukehren oder selbst zu Fall zu bringen, oder wie sie dazu gezwungen sein können, bestimmte winzige Details an den Rand des Textes zu verbannen, die aber zurückgeholt werden können, so daß sie das Zentrum empfindlich stören können.[29]

Doch wie sieht es mit einer praktischen Anwendung dieser doch sehr abstrakten Sichtweise aus? Als Merkmale einer dekonstruktivistischen Lektüre führt Spree verschiedene Punkte an. Betrachtet man einen Text nicht nur unter dem Gesichtspunkt seiner Konstruiertheit aufgrund von binären Oppositionen und austauschbaren Strukturelementen, so ist es nötig, sich seine Tiefenstruktur durch eine genaue Hinwendung zum Text zu erschließen. Ein zweiter zentraler Aspekt liegt für Spree in der dekonstruktivistischen Absicht, den Text nicht als geschlossenes Ganzes zu betrachten unter der Voraussetzung, dass er einen richtigen Sinn hat. Statt dessen soll das Ziel der Analyse sein, aufzuzeigen, dass es diesen Sinn eben gar nicht gibt bzw. er nicht ermittelt werden kann.

Indem man bei einer derartigen Lektüre verschiedene Interpretationen und Sekundärliteratur hinzuzieht, kann sich das Gesamtbild noch enger zusammenfügen. Diesen „Rückgriff auf frühere Lektüren bzw. Interpretationen des jeweiligen Textes"[30] benutzen auch herkömmliche Interpretationsansätze. Im Vorgang der Dekonstruktion allerdings werden Widersprüche und Bruchstellen, die durch verschiedene Analysen hervortreten, zusammengeführt und als Beleg für die Uneinheitlichkeit des Ausgangs-Textes gesehen.

Eine weitere charakteristische Vorgehensweise der Dekonstruktion ist die Betonung von zunächst unwichtig erscheinenden Einzelheiten. Diese können eine Fußnote, eine Randbemerkung, Personen oder Räume sein, die nicht zentral für die Handlung sind. Dagegen werden „zentral gesetzte thematische-strukturelle Instanzen eines Textes"[31] dezentriert, um Raum für die Betrachtung des Marginalen zu schaffen. Mithilfe dieser sonst unbeachteten Randnotizen wird der Text nun auf Konflikte, Brüche und Mehrdeutigkeiten hin untersucht. Dabei wird die scheinbare Einheit und Geschlossenheit des Textes in „die Offenheit eines intertextuellen Spannungsfelds"[32] aufgebrochen.

---

[29] Eagleton (1994), 117.
[30] Spree (1995), 177.
[31] Zapf (1998), 83.
[32] Ebd.

1.2 Grundlagen und Tendenzen der Narratologie

1.2.1 Anfänge einer strukturalen Erzähltextanalyse

Die Theorie des Erzählens (die Narratologie) ist immer ein aktiver Teil der Literaturtheorie gewesen, und Untersuchungen von Literatur sind dementsprechend maßgeblich auf Theorien narrativer Strukturen gestützt: auf Konzepte wie Handlungsführung, unterschiedliche Erzählertypen und Erzählverfahren.[33]

Abgesehen von der Einbindung in die Literaturtheorie ist Erzählen weitaus mehr als der bloße Gegenstand wissenschaftlicher Analyse. Erzählen gilt schon lange als eine Grundlage für die Kommunikation innerhalb einer Gemeinschaft und Kultur; dabei liegt der ursprüngliche Sinn in der mündlichen Wiedergabe von Ereignissen und Erfahrungen, die in Alltagssituationen gemacht werden.[34]

Allerdings ist eine genaue Definition und Eingrenzung dieser literarischen Form problematisch. Für Barthes kann eine Vielzahl von Gattungen Träger erzählerischer Elemente sein, so z. B. der Mythos, die Legende, die Fabel, aber auch das gemalte Bild, ein Film oder ein Gespräch.[35] Er sieht in der Erzählung die Basis jeglicher menschlicher Kultur, unabhängig von der literarischen Qualität. „Die Erzählung schert sich nicht um gute oder schlechte Literatur: sie ist international, transhistorisch, transkulturell, und damit einfach da, so wie das Leben."[36]

Formal betrachtet bestehen Erzählungen oder narrative Texte aus einer Abfolge von <u>Zeichen</u> (einem Text), „die eine Abfolge von <u>Ereignissen</u> (eine Geschichte) repräsentieren"[37], wobei diese beiden Ebenen eng miteinander verknüpft und durch den zusätzlichen Aspekt der <u>Zeit</u> verbunden sind. Die systematischen Komponenten literarischer Texte, die sich aus der Zeichenabfolge ergeben, gelten als Grundlage des Strukturalismus, der wiederum die Narratologie beeinflusst hat. Durch einen „frühen, methodologisch bahnbrechenden Versuch"[38] des russischen Märchenforschers Vladimir Propp werden in Anlehnung an die Formalisten und Strukturalisten sowie an die morphologischen Betrachtungen Goethes erste Grundsteine im Bereich der strukturalen Erzähltextanalyse gelegt. Die eigentliche Geburtsstunde der Narratologie als eigenständige literaturwissenschaftliche Disziplin liegt jedoch im Jahr 1966 mit dem Erscheinen des achten Hefts der Zeitschrift *Communications*, mit dem Thema *Strukturanalyse erzählender Texte*, in dem eine Reihe bedeutender Aufsätze erschienen sind.[39]

---

[33] Culler (2002), 121.
[34] Vgl. Vogt (2002), 288.
[35] Vgl. Barthes (1988), zit. n. Vogt (2002), 287.
[36] Ebd.
[37] Vogt (2002), 288.
[38] Ebd., 290.
[39] Der Originaltitel der Ausgabe lautet: «L'analyse structurale du récit». U. a. enthielt diese Zeitschrift Beiträge von Roland Barthes, A.J. Greimas, Claude Bremond, Umberto Eco u. a. Vgl. Jahn (1995), 29.

In den folgenden Jahren wird der Begriff der *Narratologie* besonders im französischen und englischen Sprachraum weiterentwickelt. In Deutschland dagegen setzt sich der von Stanzel entwickelte Terminus der *Erzähltheorie* durch, wobei seine Ausführungen weniger eine gesamte Theorie des Narrativen als eine Festlegung bestimmter Erzählertypen beinhalten.

Für alle Theoretiker grundlegend ist eine umfassende Poetik des Narrativen, deren Ziel es ist herauszufinden, welche Komponenten des Erzählens es gibt und wie es bestimmten Texten gelingt, ihre jeweilige Wirkung zu erzielen.

Zwei Modelle erzähltheoretischer Methoden sind durch ihre Bedeutung für die Disziplin an sich herausragend: zum einen die Erzählertypologie nach Franz K. Stanzel und zum anderen das umfangreiche Werk des Franzosen Gérard Genette. Da im weiteren Verlauf dieser Arbeit der didaktische Wert erzähltheoretischer Methoden untersucht wird, soll im nächsten Kapitel eine nähere Betrachtung dieser beiden Theoretiker erfolgen. So ist das Modell von Stanzel immer noch grundlegend für die Erzähltextanalyse in der Schule; Genettes Erweiterung von dessen Methoden soll als mögliche Alternative betrachtet werden.

1.2.2 Stanzel und Genette – Erzähltheoretische Modelle und ihre Anwendbarkeit

„Während das Genettesche Modell sich durch sein feinmaschiges analytisches Kategorienraster auszeichnet, liegen die Stärken des Ansatzes von Franz Stanzel umgekehrt gerade in der Synthese."[40]

Zunächst entwirft Stanzel in seiner 1964 publizierten Habilitationsschrift *Typische Formen des Romans*[41] drei typische (oder ideale) Erzählsituationen. Diese Abhandlung galt in Deutschland lange als erzähltheoretisches Standardwerk, sogar heute noch wird Stanzels Typenkreis im Deutschunterricht als Analyseraster vermittelt.

Stanzel unterscheidet drei typische Formen von sogenannten Erzählsituationen (ES), die er wie folgt beschreibt:[42]

a) In der *auktorialen ES* fungiert der Erzähler als ein Vermittler zwischen der fiktiven Erzählwelt und der Wirklichkeit von Autor und Leser. Hierbei hebt er sich besonders durch Kommentare und Einmischungen in das Geschehen hervor.

b) In der *Ich-ES* gehört der Erzähler eindeutig zu der fiktiven Welt der Figuren.

c) In der *personalen ES* verzichtet der Erzähler gänzlich auf einmischende Kommentare. Er übernimmt die Persönlichkeit einer Figur, mit deren Augen der Leser die dargestellte Welt betrachtet.

---

[40] Jahn (1995), 38. Vgl. zu der Frage nach den Unterschieden zwischen Genette und Stanzel auch die einleitenden Worte des Kapitels „Erzählsituationen" bei Genette (1998), 269 ff.

[41] Stanzel (1993).

[42] Vgl. ebd. (1993), 52 ff.

In Stanzels Kreismodell ist der Weg von der auktorialen zur Ich-ES dadurch gekennzeichnet, „dass sich der Erzähler der erzählten Welt mehr und mehr annähert, um schließlich als Figur in sie einzutreten"[43]. Ebenso zieht sich der Erzähler in Richtung der personalen ES soweit mit seinen Kommentaren zurück, „dass die Illusion der Unmittelbarkeit entsteht"[44]. Er kommt damit einer literarischen Entwicklung entgegen, in der die Texte mehr und mehr davon geprägt sind, dass ein allwissender Erzähler allmählich an Bedeutung verliert und die Ereignisse eher aus der Innensicht einzelner Figuren erzählt werden.[45]

Mit einem weiterentwickelten Konzept, das er in seinem 1979 veröffentlichten Buch *Theorie des Erzählens* vorstellt, nähert sich Stanzel mehr und mehr der strukturalistisch-narratologischen Betrachtungsweise an. Drei eingefügte Konstituenten (Person, Modus und Perspektive) und ein System von binären Oppositionen sollen die Orientierung auf dem eindimensionalen Kreis erleichtern. Die Darstellung der drei Oppositionen[46] als Pole der drei Hauptachsen des Kreises „lässt erkennen, welches Element eine ES dominant bestimmt und welche Elemente (repräsentiert durch die unmittelbar benachbarten Polstellen) in ihr subdominant enthalten sind"[47]. Stanzels Ausführungen sind für die Erzähltextanalyse insofern wichtig, als seine drei Erzählsituationen anschaulich wichtige Merkmale literaturgeschichtlicher Herkunft bündeln und „in ein überschaubares Verhältnis zueinander setzen"[48]. Diese Anschaulichkeit geht allerdings in seinem weiterentwickelten, auf Oppositionen angelegten Kreis weitestgehend wieder verloren. Da dieser lediglich die Darstellung narrativer Texte und nicht ihre Handlung umfasst, bleibt das Modell unvollständig. Viele Mischformen, besonders die Texte der Moderne bleiben unerfasst.

Manfred Jahn sieht in Stanzels Modell mehr als nur literaturgeschichtliche Aufgaben erfüllt. Er erweitert den Funktionsbereich um „definitorische, klassifikatorische, didaktische"[49] Aufgaben. Seine Einschränkung und Kritik resultiert allerdings aus dem Vollständigkeitsanspruch, den Stanzel in seinem Typenkreis erfüllt sieht. Zwar kann ein Text auf einer von unendlich vielen Positionen auf dem Kreis angeordnet werden, dennoch, so argumentiert Jahn, scheint „der Kreis die freie Kombinierbarkeit der Merkmale einzuschränk[en]"[50]. Der Anspruch auf Vollständigkeit verliert ebenso an Überzeugungskraft, wenn man Texte unter-

---

[43] Martinez/Scheffel (2002), 91.
[44] Ebd.
[45] Vgl. Förster (1999), 3.
[46] 1. Person: Identität vs. Nichtidentität von Erzähler und Figuren, 2. Modus: Erzähler vs. Reflektorfigur und 3. Perspektive; Außen- vs. Innenperspektive. Vgl. Martinez/Scheffel (2002), 91 f.
[47] Stanzel (1979), 239.
[48] Martinez/Scheffel (2002), 93. So vermag die ältere Version von Stanzels Typenkreis durch seine „Schlichtheit des Schemas [...] den Blick auf bestimmte historische Entwicklungen erleichtern". Ebd., 94.
[49] Jahn (1995), 39.
[50] Ebd., 40.

sucht, deren Erzählsituationen innerhalb einer Geschichte wechseln. Zwar hat
Stanzel diese Problematik in seiner späteren Abhandlung durch eine Berücksichtigung der „Dynamisierung der Erzählsituation" zu beseitigen versucht, kann
aber dennoch nicht beweisen, dass sein Kreismodell auf einen „Paradigmenwechsel"[51] in der Literatur ausreichend eingeht.

Wenzel sieht diese Einschränkung im deutlichen Gegensatz zu der Tatsache, dass
Stanzels Konzept nach wie vor breite Anerkennung findet. Darüber hinaus bezeichnet er dessen Grundkonzeption als „vor-strukturalistisch", da es nicht auf
„entgegengesetzten binären Unterscheidungen, sondern auf einem ternären, aus
drei Kategorien bestehenden System"[52] beruhe. Der Typenkreis sei lediglich gut
geeignet, um einige Übergangsformen einzuordnen. Allerdings argumentiert
Wenzel an dieser Stelle nicht sehr eindeutig: Er erkennt zwar die deutliche strukturalistische Gewichtung des weiterentwickelten Typenkreises mit seinen binären Oppositionen an, klärt aber nicht vollständig die Frage, ob diese seiner Meinung nach überhaupt mit der Vorstellung eines Kreises zu vereinbaren ist.[53]

Stanzels Modell ist, wie oben dargestellt, eher ein geschlossenes System, dessen
Kreismodell nur auf eine beschränkte Anzahl an Erzählformen anzuwenden ist.

Betrachtet man im Gegensatz dazu die unterschiedlichen Komponenten, mit denen der Franzose Gérard Genette narrative Texte zu beschreiben versucht, so erkennt man ein wesentlich komplexeres Schema. Als Schüler des Philosophen
und Literaturwissenschaftlers Roland Barthes wurde Genette in den 60er-Jahren
stark vom Strukturalismus beeinflusst und entwickelte auf dieser Grundlage ein
neues System der formalen Erzähltextanalyse. In Anlehnung an Bachtin und
Kristeva untersucht er außerdem die Beziehungen und Abhängigkeiten verschiedener Texte untereinander, wobei er Intertextualität

> lediglich als ein Teilphänomen jener Transtextualität [versteht], die als weitere Sub-
> kategorien auch Paratextualität (z. B. Titel, Vorworte, Marginalien), Metatextuali-
> tät (z. B. kritische Kommentare), Architextualität (z. B. Gattungsepik) und Hyper-
> textualität [beinhaltet].[54]

Dem Bereich der Paratextualität fällt in Genettes Ausführungen eine besondere
Rolle zu: Der Paratext ist „jenes Beiwerk, durch das ein Text zum Buch wird und
als solches vor die Leser und, allgemeiner, vor die Öffentlichkeit tritt"[55]. Er

---

[51] Stanzel (1979), 88.
[52] Wenzel (1998), 185.
[53] Vgl. ebd., 185 f. Statt dessen nimmt er Stanzels Methode als Ausgangspunkt für eine alternative
    Darstellung des Erzählmodells von Beatrix Finke. In ihrem Stammbaum-Modell vereint sie sinn-
    voll die klassischen Erzählsituationen von Stanzel mit dem Schema eines Stammbaums, das die bi-
    näre Teilung des Strukturalismus aufnimmt. Vgl. ebd., 188. Weitere kritische Anmerkungen führen
    Jahn (1995), 40 ff. und Gerhart von Graevenitz (1998), 99 f. an.
[54] Antor (2001), 220. Die Hypertextualität untersucht Genette ausführlicher in seinem Werk *Palim-
    pseste* (1993).
[55] Genette (1989), 10.

kommt keinesfalls gleichmäßig oder systematisch vor, sondern kann viele Erscheinungsformen besitzen. Die „Schwelle"[56], die dabei übertreten wird, öffnet sich auf der einen Seite dem Text, auf der anderen Seite in einer Transaktion dem Diskurs der Welt über den Text. Meistens hat der Paratext selbst verbalen Charakter (z. B. Widmungen, Motti, Vorworte, Danksagungen, Verlegertexte etc.), doch fasst Genette unter diesen Terminus auch andere Erscheinungsformen, die ebenfalls paratextuelle Merkmale aufweisen, wie z. B. Illustrationen, Typographien, oder rein faktische Kennzeichen, die das Buch und seine Rezeption begleiten: das Alter oder Geschlecht des Autors, das Datum des Werkes, der Zustand seiner Überlieferung, sein Gattungskontext etc. Jeder Zusammenhang kann als Paratext wirken.

In Bezug auf die Erzähltextanalyse fällt es schwer, eine voreilige Polarisierung von Stanzel und Genette zu vermeiden. Genette hat ein sehr genaues Raster entwickelt, mit dessen Kategorien die Strukturen literarischer Texte erkannt, eingeordnet und charakterisiert werden können. Er bedient sich dabei einer nicht immer ganz einfachen Terminologie und lehnt jegliche Psychologisierung des literarischen Textes und seines Autors ab. Außerdem verbindet Genette seine theoretischen Grundlagen konsequent mit ihrer praktischen Anwendbarkeit.[57] Er hat so bewiesen, dass strukturalistische Methoden nicht nur für einfach gestaltete Texte wie epische Kurzformen geeignet sind, sondern auch bei höchst komplexen Erzählungen ihre Anwendung finden. Prince charakterisiert Genettes Vorgehensweise wie folgt:

> Above all, perhaps, Genette demonstrates that structuralist methods of analysis are suited not only to simple and formulaic texts like fairy tales or detective stories but also to the most complicated and subtle of novels, and he proves that a structuralist grid used with intelligence, ingenuity, and tact constitutes a marvellous heuristic instrument.[58]

Eines der Instrumente von Genettes *grid* (Raster) ist die folgende Dreiteilung eines narrativen Textes:[59]

1. Geschichte (*histoire*): Sie bezeichnet das Signifikat oder den narrativen Inhalt, die „Gesamtheit der erzählten Ereignisse"[60].

2. Erzählung (*récit*): Sie besteht aus dem Signifikanten und bezeichnet die Aussage, den narrativen Text oder den „schriftlichen oder mündlichen Diskurs, der von ihnen [den erzählten Ereignissen, R.D.] erzählt"[61].

---

[56] Ebd.

[57] So ist sein Werk *Die Erzählung* (1998) – im Original *Discours du récit* – eine methodische Analyse von Prousts *Auf der Suche nach der verlorenen Zeit.*

[58] Prince (1980), 413.

[59] Vgl. Genette (1998), 15 ff. und 199 ff. Kritisch äußern sich Martinez/Scheffel über die Gleichberechtigung dieser drei Begriffe. Vgl. Martinez/Scheffel (2002), 24. Einen ausführlichen Überblick über Alternativen oder Ergänzungen zu Genettes Modell liefert Jahn (1995), 31 ff.

[60] Genette (1998), 199.

[61] Ebd.

3. Narration (*narration*): Dies ist der produzierende narrative Akt, bzw. die reale Situation, in der er erfolgt: „der reale oder fiktive Akt, der diesen Diskurs hervorbringt, also die Tatsache des Erzählens als solche"[62].

Genette geht es in seinem *Discours du récit* vor allem um die Frage nach der Art und Weise der Darstellung der erzählten Welt. Dieses „Wie?" wird in seinen Augen durch drei wesentliche Komponenten gebildet: durch die <u>Zeit</u>, den <u>Modus</u> und die <u>Stimme</u>.

Er setzt an den Anfang seiner Ausführungen über die Bedeutung der <u>Zeit</u> für den narrativen Text die Unterscheidung zwischen *Erzählzeit* und *erzählter Zeit*.[63] Diese Bezeichnungen und die Reflektion über dieses besondere Zeitverhältnis der Erzählung hat erstmals Günther Müller in die literaturwissenschaftlichen Betrachtungen eingeführt.[64]

Unter dem Stichwort *Ordnung* beschreibt Genette Abweichungen von einem chronologischen Handlungsablauf und führt dabei die *Analepse* und die *Prolepse* auf. Mit *Dauer* wird bezeichnet, ob die Erzählung etwas auslässt, sich ausdehnt, etwas zusammenfasst oder einen Augenblick anhält. Er unterscheidet dabei zwischen den Komponenten *Szene*, *Raffung*, *Dehnung*, *Ellipse* und *Pause*. Das Stichwort *Frequenz* schließlich umfasst für ihn *singulatives*, *repetitives* und *iteratives* Erzählen.

Im Bereich des <u>Modus</u> unterscheidet er zwischen einer mimetischen und einer diegetischen Darstellung, wobei er betont, dass „die reine Erzählung [...] distanzierter [ist] als die Nachahmung: sie sagt es knapper und auf unmittelbarere Weise"[65]. Der mimetische Erzählstil ist gleichzusetzen mit dem dramatischen Modus, in welchem die szenische Erzählform genutzt wird, um „die Präsenz eines Erzählers in einzelnen Passagen scheinbar bis auf Null [zu] reduzieren"[66]. Dagegen vermittelt der diegetische Modus mehr Distanz zum Erzählten.[67]

Im Hinblick auf die Perspektive betrachtet Genette die traditionelle *Point-of-*

---

[62] Ebd.
[63] Vgl. ebd., 21 f. Zu weiteren Ausführungen zu Genettes Kategorien siehe auch Eagleton (1994), 84 ff.
[64] Vgl. Martinez/Scheffel (2002), 31. Die beiden Begriffe stehen in Analogie zu der Unterscheidung zwischen *Erzähltem* und *Erzählen*.
[65] Genette (1998), 116.
[66] Martinez/Scheffel (2002), 47.
[67] Genette unterscheidet weiter bei der Betrachtung der Distanz zwischen einer Erzählung von Ereignissen und einer von Worten. Vgl. Genette (1998), 117 ff. Bei gesprochener Rede ist die alleinige Erwähnung eines sprachlichen Akts die Form mit der größten Distanz, die autonome direkte Rede die Form mit der geringsten Distanz zum Geschehen. In der Darstellung von Gedanken vermittelt die erzählte Rede die meiste Distanz; je mehr die Gedanken verinnerlicht werden, um so mehr nimmt die Mittelbarkeit ab. Der Höhepunkt distanzloser Erzählung ist der autonome innere Monolog, der im sogenannten *stream of consciousness* seine radikalste Form entwickelt (so z. B. in *Leutnant Gustl* von Arthur Schnitzler). Vgl. dazu auch die anschauliche Übersicht in Martinez/Scheffel (2002), 62.

view-Technik als überholt und zu einseitig.[68] Für ihn ist die Frage nach der narrativen Perspektive nicht auf die Formulierung „Wer spricht?" reduziert, sondern wird um den Blickwinkel eines Wahrnehmenden („Wer sieht?"[69]) ergänzt. Die Frage nach einer erzählenden Instanz, die dem narrativen Akt voransteht, gehört allerdings in den Bereich der *Stimme*, die unten näher betrachtet wird, und nicht zum Modell des *Modus*.

Untersucht man die Sicht, aus der in einer fiktionalen Erzählung das Geschehen vermittelt wird, so sind nach Genette drei Typen der *Fokalisierung* möglich. Zunächst ist die Möglichkeit der Nullfokalisierung zu nennen, die einer auktorialen Sicht nahe kommt. Hier weiß bzw. sagt der Erzähler mehr als irgendeine der Figuren weiß. Die interne Fokalisierung (aktorial) bezeichnet eine Vermittlung, in der das Wissen von Erzähler und Figur identisch ist. Für den dritten Typus, die externe Fokalisierung, gilt die Perspektive einer neutralen Außensicht, d. h. der Erzähler sagt weniger als die Figur weiß. Dieser letzte Typ, „der ähnlich wie eine Kamera nur die äußerlich wahrnehmbaren Vorgänge aufzeichnet"[70], ist allerdings eher selten.

Bei manchen Erzählungen wechselt die Perspektive (variable Fokalisierung), in anderen Fällen „bestimmt nicht ein spezifischer Fokalisierungstyp, sondern gerade die Polymodalität, also das Nebeneinander von verschiedenen Fokalisierungstypen den Modus der Erzählung."[71]

Die Kategorie der Stimme innerhalb eines narrativen Textes ist insofern besonders heikel, als eine klare Unterscheidung zwischen dem fiktiven Erzähler und dem historischen Autor dem Rezipienten häufig Probleme bereitet. So bleibt es im Falle einer fiktionalen Erzählung stets dem historischen Autor überlassen, „wie individuell und mit welchen Kompetenzen er eine narrative Instanz im Sinne der fiktiven Person eines Erzählers gestaltet"[72]. Bezüglich der Möglichkeiten dieser Gestaltung lassen sich vier unterschiedliche Kriterien untersuchen. Zunächst ist das Verhältnis zwischen dem Zeitpunkt des Erzählens und dem des Erzählten von Belang; so kann die narrative Instanz Geschehnisse als Vorhersage oder Prophezeiung formulieren (früheres Erzählen). Der äußerst seltene Fall des gleichzeitigen Erzählens, eine „nahezu vollständige Koinzidenz von Erzähltem und Erzählen"[73], kommt eher im Bereich der faktualen Erzählungen vor, z. B. bei der Live-Berichterstattung im Fernsehen. Den Regelfall bildet das spätere Erzählen, was fast durchgängig durch die Verwendung des epischen Präteritums gekennzeichnet ist.

Als weiteres Beschreibungskriterium ist durch Genette die Unterteilung in verschiedene narrative *Ebenen* eingeführt worden. Die Rahmenhandlung kann

---

[68] Vgl. Genette (1998), 132f.
[69] Ebd.
[70] Vogt (2002), 301.
[71] Vgl. Martinez/Scheffel (2002), 67.
[72] Ebd., 69.
[73] Ebd., 70.

mehrere Binnenerzählungen enthalten, die an einem anderen Ort und zu einer anderen Zeit spielen können. Dabei befindet sich der eigentliche Erzählakt auf der ersten, der *extradiegetischen* Ebene; auf der zweiten, *intradiegetischen* Ebene würde eine mögliche Binnenerzählung liegen, auf einer weiteren, *metadiegetischen* Ebene befindet man sich, wenn ein Erzähler der intradiegetischen Erzählung eine weitere Geschichte erzählt.[74] Ein vielzitiertes Beispiel für die Gestaltungsmöglichkeiten narrativer Ebenen sind die *Erzählungen aus Tausendundeiner Nacht*.[75] Werden die Grenzen der verschiedenen narrativen Ebenen überschritten, indem der Erzähler Elemente, wie z. B. Figuren oder Handlungen, die eigentlich zu der intra- oder metadiegetischen Ebene gehören, auf der extradiegetischen agieren oder das Geschehen beeinflussen lässt, spricht Genette von einer *narrativen Metalepse*[76].

Ebenso wie eine Erzählung auf verschiedenen Ebenen erfolgen kann und im Fall von fiktionalen Erzählungen die erzähllogische Hierarchie zwischen diesen einzelnen Ebenen nicht zwingend eingehalten werden muss, so unterscheidet man auch unterschiedliche Stellungen, die der Erzähler zum Geschehen einnehmen kann. Die vorrangige Frage ist dabei, in welchem Maße er an diesem Geschehen beteiligt ist. Grundsätzlich lassen sich zwei verschiedene Arten der Beziehung von Erzähler und seiner Geschichte unterscheiden:

In der heterodiegetischen Erzählung ist der Erzähler nicht auch zugleich eine Handlungsfigur, er kommt nicht als Protagonist in der Welt des Romans vor. In der homodiegetischen Erzählung dagegen spielt der Erzähler auch gleichzeitig die Rolle einer Handlungsfigur und erfüllt so eine Doppelfunktion.

Bei der homodiegetischen Erzählung unterscheidet man – im Falle einer Ich-Erzählung – zwischen einem erzählenden und einem erlebenden Ich. Die erste Form ist mit dem auktorialen Erzähltyp gleichzusetzen, bei dem das Orientierungszentrum des Lesers in der Person des Erzählers liegt. Beim aktorialen Erzähltyp befindet sich das Orientierungszentrum des Lesers in der Person des Erzählers als einer Handlungsfigur, dem erlebenden Ich. Der Erzähler kann unterschiedlich stark am Geschehen beteiligt sein, die stärkste Beteiligung liegt bei dem *autodiegetischen* Erzählertypus vor, bei dem der Erzähler zugleich die Hauptrolle in der Geschichte spielt.

Besonders bei einer Lektüre von Texten der Gegenwart bieten sich sinnvolle Anwendungsmöglichkeiten von Genettes Kategorien an. Der auktoriale Erzähler verliert an Bedeutung, statt dessen wird vermehrt das subjektive Ich als Erzählinstanz eingesetzt. Im Folgenden werden Tendenzen der Literatur der 90er-Jahre vorgestellt, um zu zeigen, dass deren narrative Merkmale ein verändertes Verständnis von erzähltheoretischen Kategorien fordern.

---

[74] Vgl. die simple und doch äußerst prägnante Skizze von Genette (1998), 250, die sich auch im Anhang befindet.

[75] Vgl. ebd., 249 und Martinez/Scheffel (2002), 76 ff.

[76] Vgl. Genette (1998), 167 ff.

2. Literatur der 90er-Jahre

2.1 „Crisis? What Crisis?"[1] – Die neue Literatur und ihre Kritiker

„Die Klage ist alt und immer wieder neu: die Gegenwartsliteratur – ein Schutthaufen."[2]

Die 90er-Jahre waren von wichtigen politischen Ereignissen geprägt: der Fall der Mauer, das Ende des Kalten Krieges, die deutsch-deutsche Wiedervereinigung. Das Internet verbreitete sich mehr und mehr, Gerhard Schröder wurde Bundeskanzler und in der Musikszene setzten sich erfolgreich sogenannte Boygroups durch. Im Hinblick auf diese einschneidenden Veränderungen wandelte sich auch der Blick auf die „einstmals sinnstiftende und aufklärerische Literatur", nachdem man diese in den 80er-Jahren „in Zeiten düstrer postmoderner Endzeitprophezeiungen [...] ad acta gelegt zu haben schien".[3] In den 90er-Jahren bestimmten vor allem literaturkritische Debatten – in aller Öffentlichkeit ausgetragen – die kulturelle Situation.[4]

Den Anfang machte bereits im Jahr 1989 Frank Schirrmacher, als er in einem Artikel in der FAZ der deutschen Gegenwartsliteratur eine deutliche „Unfähigkeit zu erzählen" vorwarf sowie eine „Talentschwäche bei den nachwachsenden Schriftstellern"[5] nachzuweisen versuchte. In den folgenden Jahren wurden diese Vorwürfe durch viele weitere ergänzt. Ebenso vielfältig waren aber auch die Gegenstimmen der Verfechter der neuen Literatur.[6] Vergleicht man die verschiedenen Argumente und Kriterien, mit denen die Qualität der neuen Literatur diskutiert wurde und heute noch wird, so treten mehrere Probleme hervor. Zum einen wird der Versuch deutlich, die Bücher der letzten Jahre in Abgrenzung zur Nachkriegsliteratur der vorangegangenen Jahrzehnte „zu beschreiben, zu klassifizie-

---

[1] Rathjen (1995), 9.

[2] Hage (1998), 28.

[3] Jung (2002a), 9.

[4] Da wären z. B. der deutsch-deutsche Literaturstreit um Christa Wolf und ihre Erzählung *Was bleibt* im Jahr 1991/92 zu nennen, wobei es dabei mehr um die Frage nach der Integrität der Autorin als um die der Qualität ihres Werkes ging. Erinnerungswürdig war auch das Titelbild des *Spiegels* im Jahr 1995, als Marcel Reich-Ranicki den neuen Roman von Günter Grass (*Ein weites Feld*) buchstäblich zerriss. Für den nächsten Aufruhr sorgte dann Martin Walser bei seiner Rede anlässlich der Verleihung des Nobelpreises, die im Oktober 1998 von Ignatz Bubis als Auslöser für eine Diskussion über die moralische Verantwortung eines Autors gesehen wurde. Neuen Aufschwung bekam diese Debatte dann im Sommer 2002, als Walsers neuer Roman *Tod eines Kritikers* dem Vorwurf eines angeblich antisemitischen Tonfalls stand halten musste.

[5] Schirrmacher (1998), 15.

[6] Eine umfangreiche Dokumentation der Debatte liefert der Sammelband Maulhelden und Königskinder (1998). Weitere Darstellungen finden sich u. a. in: Deutsche Gegenwartsliteratur. Wider ihre Verächter (1995), Baustelle Gegenwartsliteratur (1998) und Uwe Wittstock (1995). Eine kurze Übersicht über die literaturkritischen Debatten der letzten Jahre, besonders bezogen auf popliterarische Texte, findet sich bei Jung (2002a), 9–27, Kraft (2000), 11–22 und Ders. (1999), 123–142.

ren, zu kategorisieren und neu zu periodisieren".[7] Doch bei einer derartigen Einordnung wird noch zu stark die Orientierung an den 'großen Werken' aus den Jahren nach dem Zweiten Weltkrieg gesucht; von den neuen Autoren wird erwartet, dass sie die politischen Umbrüche in dem großen deutschen Roman, wie ihn einst Walser oder Böll schrieben, thematisieren. Frank Schirrmacher geht sogar so weit zu behaupten, dass „[d]ie letzten Werke von weltliterarischem Rang, die im deutschsprachigen Raum erschienen, [...] von der Generation der heute Sechzigjährigen"[8] stammen würden. Diese Argumentation bezeichnet Jochen Hörisch dagegen als „kaum sinnvoll". In seinen Augen sollte es vermieden werden, „die vergehende Gegenwartsliteratur mit der bereits vergangenen zu vergleichen"[9], da die heutige Zeit durch eine verstärkte Medienorientierung geprägt sei und die Literatur somit eine veränderte Rolle einnehmen würde. „Die literarischen Neuerscheinungen sind nicht grundsätzlich *schlechter* als die um 1960. Aber ihre mediale Konkurrenz ist *besser* geworden – und effektvoller sowieso."[10]

Ein weiteres Problemfeld innerhalb der Debatte ist der aktuelle Trend, die neue Literatur und ihre Vertreter in unpräzise und zu Recht umstrittene Generationsmodelle einzubinden.[11] In diesen „formelhaften (Selbst)Beschreibungen kollektiver Zugehörigkeiten"[12] lässt sich im Ansatz eine Beliebigkeit erkennen, die durch unbelegbare Verallgemeinerungen versucht, ein soziales und literarisches Phänomen zu kategorisieren, das sich eben gerade durch seine Differenziertheit und vermeintliche Unübersichtlichkeit auszeichnet.[13]

Diese pauschalisierende Betrachtungsweise fällt besonders bei den Büchern der letzten Jahre auf, die mit dem mittlerweile vieldiskutierten Begriff der *Popliteratur* betitelt werden. Was diese Bücher bezüglich ihrer erzählerischen Merkmale ausmacht und wie sie in das allgemeine Muster erzählender Prosa der 90er-Jahre passen, wird im nächsten Kapitel erörtert.

Als abschließende Betrachtung sei kurz auf das titelgebende Zitat von Friedhelm Rathjen eingegangen. Es ist schon vielerorts darüber diskutiert worden, ob die Debatte über eine sogenannte Krise der Literatur nicht in Wirklichkeit eine Krise der Literaturkritik sei. Rathjen bekräftigt dies deutlich und geht noch einen Schritt weiter: Für ihn hat sich die Debatte selbst schon 'literarisiert' und kann

---

[7] Jung (2002b), 15.
[8] Schirrmacher (1998), 16.
[9] Hörisch (1995), 42.
[10] Ebd., 43.
[11] So gab es in den letzten Jahren eine 68er-Generation, eine 78er-Generation, eine 89er-Generation, außerdem die Generation Berlin, Generation XTC, Generation X, Generation Golf, Generation-@, die Null-Bock-Generation, etc. – lauter Konstrukte, die nach Vorbildern popkultureller Begriffe „das Verbindende überhaupt erst erzeugen, das sie abzubilden vorgeben". Frank (2000), 69.
[12] Jung (2002b), 20.
[13] Vgl. ebd., 17.

daher nicht länger Bestand haben. „Die sogenannte Krise der Literatur ist in Wahrheit die Literatur der sogenannten Krise."[14] Ähnlich drückt es auch Thomas Kraft aus, indem er die aktuelle Literatursituation als „selbstgemachte Misere" bezeichnet und betont: „Aus der Krise der Kritik der Literatur wurde eine Krise der Literatur." Als Beleg nennt Hörisch die Selbstdarstellung vieler Literaturkritiker im Feuilleton sowie die ungenauen Qualitätskriterien in Fernsehdebatten, wie z. B. in der im Jahr 2002 eingestellten Sendung *Das Literarische Quartett*. „Der vollkommene Verzicht auf begründete Urteile ist das Kennzeichen nicht nur dieser Sendung, sondern der landläufigen Literaturkritik überhaupt. Bestenfalls ist sie willkürlich unterhaltend."[15]

Im Folgenden sollen Tendenzen der Texte des letzten Jahrzehnts und ihre narrativen Merkmale vorgestellt werden, um ihre Rolle in einem veränderten Literatursystem einzuordnen.

2.2 Tendenzen der Literatur der 90er-Jahre

> Andere haben die Welt erklärt, jetzt geht es darum, von ihr zu erzählen. Und zwar nicht so, wie man sie sich bei der Hochsicherheitsliteratur vorstellt, sondern so, wie sie ins Haus kommt, als Nachricht vom Tage, als real existierende Game-Show, als Mitschnitt des eigenen Alltags.[16]

Indem Iris Radisch der neuen Literatur mit einer Offenheit begegnet, die für die gegenwärtige Literaturkritik eher ungewöhnlich ist, verteidigt sie mit diesen Worten den Erzählstil der 90er-Jahre. Die Welt „erklärt" haben in den Nachkriegsjahren besonders die Autoren der Gruppe 47,[17] in deren Büchern der einzelne Mensch im Sog der gesellschaftlich-geschichtlichen Ereignisse als unwichtig galt. Im Vordergrund stand eine engagierte moralisierende Kritik an den herrschenden Verhältnissen, der Autor galt als Sprachrohr und Über-Ich einer ganzen Nation.[18]

Dies äußerte sich, besonders in den späten 60er-Jahren, in einem reflektierenden Umgang mit Sprache und einem deutlichen Misstrauen gegenüber der literarischen Fiktion. In dieser Zeit entstanden vor allem Texte mit dokumentarischem Charakter.

In den 70er-Jahren trennte die „Neue Subjektivität"[19] die politisierte Literatur des vorangegangen Jahrzehnts von einer stark autobiographisch ausgerichteten

---

[14] Rathjen (1995), 17.

[15] Hörisch (1995), 40.

[16] Radisch (1999),[6].

[17] Als herausragendes Beispiel ist *Die Blechtrommel* von Günter Grass zu nennen.

[18] Vgl. Freund (2001), 78.

[19] Die Beschreibungen dieser literarischen Phase reichen von einer radikalen Konzentration auf die Belange des Individuums in Form einer äußerst genauen Beschreibung der inneren Vorgänge (z.B. durch die Erzählweise des inneren Monologs) bis hin zu einem deutlichen Abwenden von der Wirklichkeit in eine „erzählerisch letztlich unproduktive Wehleidigkeit des Ichs". Freund (2001), 78.

Literatur, deren Texte bis in die frühen 80er-Jahre hineinreichten. Nikolaus Förster sieht zwischen diesen beiden Phasen allerdings keine gravierende Grenze, die Vertreter beider literarischer Strömungen hätten im Kern ein „modernistisches Verlangen nach Authentizität"[20] und seien lediglich zwei Spielarten dokumentarisch gefärbter Literatur. Er sieht eine mögliche Zäsur eher zu Beginn der 80er-Jahre, da hier ein deutlicher Übergang zu neuen Schreibweisen zu beobachten sei.[21] Im Gegensatz zu einer Wiederkehr des *Erzählers*, die sich in der radikalen literarisierten Selbsterfahrung im Zuge der Neuen Subjektivität zu zeigen scheint, glaubt er eine Wiederkehr des *Erzählens* in den Texten der 80er- und 90er-Jahre zu erkennen.

So scheint ihm

> [...] nicht die Wiederkehr des *Erzählers* der entscheidende Schritt, der etwas Neues markiert, sondern die Wiederkehr des *Erzählens*, das in seiner scheinbaren Naivität jeglichen Anspruch auf Authentizität von vorneherein zurückweist und statt dessen seinen Konstruktcharakter deutlich zur Schau stellt.[22]

Als ein Beispiel für einen scheinbaren Rückgriff auf traditionelle Erzähltechniken ist der 1985 erschienene Roman *Das Parfum* von Patrick Süskind zu nennen. Dessen Erfolg liegt vor allem darin, dass er verschiedene Lesertypen anspricht und unterschiedliche Lesarten abdeckt.[23] Es handelt sich um eine lineare, handlungszentrierte und „final erzählte Geschichte"[24], in ihren narrativen Merkmalen vergleichbar mit den „vor-modernen"[25] Erzählungen des Realismus. Entgegen der sonstigen postmodernen Literatur der späten 80er[26] verzichtet *Das Parfum* auf eine textinterne Reflexion über den Erzählvorgang. Statt Sprachskepsis finden sich viele intertextuelle Bezüge, anstelle von inneren Monologen wird der Leser stringent von einem auktorialen Erzähler durch die Geschichte geführt.

Spätestens in den 90er-Jahren ist eine deutliche Abgrenzung zur moralisierenden Literatur der Gruppe 47 sowie zum Ich-Kult der 70er-Jahre vollzogen. Winfried Freund spricht sogar von einer „Neuen Objektivität", in der das Subjekt aus „seinem selbstgewählten Getto"[27] heraustritt, um sich der Welt mit ihren Gefahren,

---

[20] Förster (1999), 5.
[21] So liegt auch in seinen Augen das Ende der Nachkriegsliteratur – so fern man hierfür ein historisches Datum bemühen wolle – nicht im vielzitierten Wende-Jahr 1989. Vgl. ebd., 6.
[22] Ebd., 5.
[23] Vgl. Scheitler (2001), 73. Der weltweite Erfolg dieses Buches lässt sich dadurch belegen, dass es allein in den ersten zehn Jahren seit der Veröffentlichung bereits zwei Millionen Mal verkauft und in mehr als 30 Sprachen übersetzt wurde. Die Verfilmung des Romans, die lange Zeit als unmöglich galt, wird voraussichtlich 2005 unter der Regie von Tom Tykwer erfolgen.
[24] Ebd., 72.
[25] Ebd., 74.
[26] Als weiteres Beispiel ist *Die letzte Welt* (1988) von Christoph Ransmayr erwähnenswert. Ebenso wie beim *Parfum* galt gerade dem großen Erfolg dieses Romans das Misstrauen der Kritiker. Vgl. Förster (1999), 17. Zu weiteren Tendenzen der Literatur zwischen 1970 und 1995 vgl. den Sammelband Deutschsprachige Gegenwartsliteratur (1997).
[27] Freund (2001), 78.

aber auch mit ihren Möglichkeiten zuzuwenden, und diese ohne moralische Fesseln und Tabus zu beschreiben. Der Einzelne erlebt sich als Bestandteil einer Wirklichkeit, „die in der Fiktion wieder Gestalt und Fülle gewinnt"[28].

Die Übergänge zwischen ernster und unterhaltender Literatur sind fließend, der Einsatz von Erzählsituationen und -strategien wird variabel gehandhabt. Der Leser ist beständig mit in den literarischen Prozess eingebunden, der Erzähler spielt mit dessen Gattungserwartungen ebenso wie mit einer „illusionszerstörenden Thematisierung des eigenen Schreibens"[29]. Die poststrukturalistische Annahme, dass die Wirklichkeit undeutbar und durch Sprache nur unzureichend beschreibbar ist, wird als Anlass für einen Rückzug des Erzählers gesehen. So verlieren die Figuren in den neuen Geschichten mehr und mehr ihre individuellen Persönlichkeiten, sie werden nur noch als Schemen wahr genommen. Zusammen mit einem allwissenden Kommentator schwindet die ethische Perspektive; der Verzicht auf diese verantwortungsvolle Welthaltigkeit scheint in einem eklektischen 'anything goes' zu gipfeln.[30]

Im Vordergrund stehen dabei die postmodernen Ansätze, die Konstruiertheit von literarischen Texten offen zu legen und diese von dem Anspruch zu trennen, durch einen mimetischen Schreibstil die Wirklichkeit abbilden zu können:

> Der postmoderne Autor will keine Psychologie des Charakters und ist auch nicht an der Darstellung des menschlichen Bewusstseins und seiner Tiefendimension interessiert [...], sondern der postmoderne Romancier versteht den Charakter als verbales Konstrukt [...] oder er will ihn [...] verändern, dekonstruieren und rekonstruieren zugleich [...] und so der Imagination des Erzählers unterordnen, die in ihrer Wendung gegen jede Art von Mimesis autonom und absolut gesetzt wird und Performance-Fiktionen schreibt.[31]

Diese Performance-Fiktionen werden in den neuen Texten vor allem durch eine veränderte selbstreflexive Präsenz des Erzählers in seinem Werk deutlich. Der Aspekt der Metafiktion[32] spielt dabei eine wichtige Rolle.

Im Folgenden sollen Autoren, Bücher und Themen der 90er-Jahre vorgestellt werden, wobei die Auswahl nur einen kleinen subjektiven Ausschnitt darstellen und nicht als repräsentativ angesehen werden kann.

---

[28] Ebd.
[29] Scheitler (2001), 75.
[30] Vgl. Freund (2001), 78: „Erzählenswert ist alles.".
[31] Hoffmann (1988), zit. n. Sprenger (1999), 126.
[32] Sicherlich sind Erzähltechniken wie die Intertextualität und die Metafiktion nicht erst Erfindungen der 90er-Jahre. So war bereits Cervantes' Roman *Don Quijote*, der erstmals 1605 erschien, ein Exempel für das Spiel mit den Zitaten und der Reflexion über das Erzählen an sich. Zur Metafiktion im deutschsprachigen Roman der Gegenwart vgl. die ausführlichen Betrachtungen bei Sprenger (1999) sowie die im Ansatz interessanten Ausführungen bei Picard (1987). Am Beispiel von Arno Schmidt untersucht Dirk Frank ausführlich und ebenfalls mit Bezug auf Genette den metafiktionalen Roman der Postmoderne. Vgl. Frank (2001).

2.3 „Die Enkel von Grass und Co"[33]: Texte der 90er

So lautete der Untertitel der Titelseite des Spiegels vom 11. Oktober 1999. Zu sehen sind Jenny Erpenbeck, Benjamin Lebert, Thomas Brussig, Elke Naters, Ka-
ren Duwe. Anlässlich der Frankfurter Buchmesse wurden die jüngsten deutschen Nachwuchsautoren vorgestellt; was dabei für einiges Aufsehen sorgte, war
der deutliche Bezug zu Günter Grass, der einige Wochen darauf den Literatur-
Nobelpreis erhalten sollte. Immerhin ist diesen Autoren der 90er-Jahre „politi-
sches Engagement oder das Bedürfnis nach gesellschaftlichem Eingreifen, so
wie einst ihrem Übervater Grass, ohne primäre Bedeutung"[34]. Reiht man in die
Liste der oben genannten Autoren weitere Namen ein, so entsteht ein Bild über
die Themen und Formen der Literatur der 90er-Jahre, das jedoch keinen Anspruch auf Vollständigkeit erhebt. Die literarische Gegenwart ist schließlich
durch ihre Heterogenität gekennzeichnet, es gibt keine vertikale Hierarchie
mehr, „sondern ein in die Fläche reichendes, horizontales Nebeneinander unterschiedlicher Literatur-Sektoren"[35].

So sieht auch Bogdal in der Betonung von Lebensstilen, die sich unterschiedlichen kulturellen Lebenspraxen zuordnen lassen, das Ergebnis einer Ausdiffe-
renzierung und Automatisierung der Gegenwartsliteratur.[36] Dadurch entstehen
verschiedene Spielarten einer heterogenen Literatur, die längst nicht mehr nur
den Bildungsbürger als intendierten Rezipienten hat.

Vor dem Hintergrund der deutschen Wiedervereinigung und der daraus resultierenden gesellschaftlichen und politischen Veränderungen hielten nicht nur Themen wie der Ost-West-Konflikt und die Folgen der Wende Einzug in die Literatur.[37] Auch die Literatur von Migranten der zweiten und dritten Generation, deren Familien in den 60er-Jahren als Gastarbeiter nach Deutschland kamen, entwickelte sich mehr und mehr von einer „Betroffenheitsliteratur"[38] zu einem Ge-
genpol der eher unpolitischen „Wohlstands- und Partyliteratur"[39] der 90er-Jahre.
Besonders erwähnenswert sind die Bücher von Feridun Zaimoglu,[40] in denen er
aus dem Slang der deutschen Jugendszenen mit türkischer und kurdischer Ab-
stammung eine neue Sprache entwickelt, die die Lebensrealitäten seiner Figuren
charakterisiert.

---

[33] Vgl. Anhang.

[34] Jung (2002b), 18.

[35] Ebd., 26.

[36] Vgl. Bogdal (1998), 11 f.

[37] So z. B. bei Ingo Schulze: *Simple Stories* (1998), Jens Sparschuh: *Der Zimmerspringbrunnen*
(1995), Thomas Brussig: *Helden wie wir* (1996), Ders.: *Am kürzeren Ende der Sonnenallee*
(1999), Wolfgang Hilbig: *Ich* (1995), Thomas Hettche: *NOX* (1995).

[38] Ernst (2001), 84.

[39] Ebd., 85.

[40] Feridun Zaimoglu: *Kanak Sprak. 24 Misstöne vom Rande der Gesellschaft* (1995), Ders.: *Ab-
schaum* (1997), Ders.: *Koppstoff* (1998). Weitere wichtige Autoren der Migrantenliteratur sind Se-
lim Özdogan, Wladimir Kaminer und Zoran Drvenkar.

Die Texte der neuen Migrantenliteratur stehen in ihren Absichten in einem deutlichen Kontrast zu einem Mainstream-Produkt, zu dem sie oft fälschlicherweise hinzugezählt werden:[41] der Popliteratur der 90er-Jahre. Was hat es mit diesem Begriff auf sich? In den letzten Jahren erscheint er in schöner Regelmäßigkeit in jenen Bereichen der Literatur, wo auch gleichzeitig die Frage der Diskrepanz zwischen Hoch- und Populärkultur auf polemische Art und Weise diskutiert wird.

Wie bei den englischsprachigen Vorbildern, wie z. B. Bret Easton Ellis oder Nick Hornby, wird ähnlich einer „Ästhetik der Werbefilme und Videoclips"[42], die die Mediensozialisation der heutigen Generation beeinflusst, eine hektische, teilweise verzweifelte Welt vermittelt. Die Protagonisten sind nicht länger auf der Suche nach der eigenen Identität, statt dessen finden sie diese auf der Suche „nach einem immer wieder anderen Erlebnis", begleitet durch ein ständiges „Streben von einem zum anderen Sinnesgenuss"[43]. Eine besondere Rolle nehmen dabei die Autoren der popliterarischen Texte ein, die zumeist aus einem medienorientierten Berufsumfeld stammen. So ist ihre Position nach Kaulens Ansicht von einer „reflexiven Verdopplung medialer Oberflächen und einer ironisch-distanzierten Teilnahme an der aktuellen Konsum- und Mediengesellschaft"[44] geprägt. Ihre Schilderungen des Alltags zielen zwar eindeutig, wie Kaulen beobachtet, nicht mehr auf Ideologiekritik und soziales Engagement wie noch bei ihren Vorgängern in den 60er-Jahren. Er scheint jedoch die Texte zu überschätzen, wenn er behauptet, dass ihr Anliegen ein „Bewusstmachen der sozialen Spielregeln"[45] sei, ein Versuch, herauszufinden, wie das System funktioniert und nach welchen Regeln die Subjekte in ihm ihre Rollen einnehmen. Es scheint mir in diesem Punkt sinnvoller, mit dem Ansatz von Moritz Baßler[46] zu argumentieren, der in den popliterarischen Werken einen Paradigmenwechsel in der Literatur bestätigt sieht, der sich in einem 'neuen Archivismus' äußert. Er sieht in dem Sammeln und Generieren von sprachlichen und kulturellen Eigenarten der gegenwärtigen Gesellschaft und insbesondere der Jugendszenen durch die Popliteraten „ein liebevolles Einsammeln von Floskeln und Klischees und ihre Kombination zu einem netten, lesbaren Text"[47]. Indem er Texte von Benjamin von Stuckrad-Barre oder Thomas Meinecke auf dieser Grundlage beschreibt, hebt er sich von den übrigen Literaturkritikern ab, die in der Popliteratur lediglich ein Label für all das sehen, was gerade aktuell ist und eine rasche Vermarktung verspricht.

---

[41] Vgl. Jung (2002b), 40, Anm. 29.
[42] Kaulen (1999), 332.
[43] Ebd.
[44] Kaulen (2002a), 224.
[45] Ebd.
[46] Baßler (2002).
[47] Ebd., 100.

Dieses Etikett, das zu gerne als Werbestrategie benutzt wurde, hat zum Ende der 90er-Jahre sicherlich viel von seinem programmatischen Charakter eingebüßt, zu oft wurde bereits lautstark das Ende der Popliteratur ausgerufen.[48] Dies erscheint allerdings als etwas voreilig, besonders angesichts der Tatsache, dass auch die Literaturwissenschaft das Phänomen der Popliteratur für sich entdeckt zu haben scheint.[49]

Zu Beginn des neuen Jahrtausends hat eine abgewandelte Form der popliterarischen Fraktion Einzug in die Buchläden und Feuilletons gehalten. Wie oben bereits beschrieben wurde, entstehen Generationsabbildungen in Form von Texten, die sich zwischen Sachbuch und Essaysammlung bewegen, und den Anspruch haben, das Lebensgefühl einer bestimmten Altersgruppe einzufangen.[50]

Nachdem vor allem in den Jahren nach 1945 die Kurzgeschichte als ein primäres Ausdrucksmittel der Nachkriegsliteratur galt, ist dieses Genre in den späten 80er- und frühen 90er-Jahren nur noch selten zu finden. Wirft man einen Blick auf die Entwicklung der Literatur in den letzten Jahren, so kann man jedoch eine Hochkonjunktur von kürzeren Erzählungen erkennen, „die vielleicht mit der sog. Wiederentdeckung des Erzählens einhergeht"[51]. Besonders interessant in

---

[48] Vgl. Hornig/Schulz (2002), 98 f. Entscheidend für die Endzeitstimmung war auch die Entwicklung im sogenannten Popjournalismus. Nach dem Einstellen der Literaturbeilagen führender Zeitungen, in denen die Popliteraten veröffentlichten, sahen diese ihren Stern untergehen.

[49] Dies wird auch durch die Vielzahl an neuen literaturwissenschaftlichen Publikationen belegt, die sich mit dem Phänomen der Popliteratur beschäftigen. Neben verschiedenen Aufsätzen von Heinrich Kaulen sind hier besonders die Titel von Ernst (2001), Baßler (2002) und der Sammelband Alles nur Pop? (2002) zu nennen. In einem Sonderband der Zeitschrift *Text und Kritik* (2003) werden die unterschiedlichsten Aspekte des Themas „Popliteratur" untersucht. Im Herbst 2003 befassten sich führende Literaturwissenschaftler und -didaktiker auf einer dreitägigen Tagung in Essen mit der Gegenwartsliteratur nach 1989, wobei auch hier das Phänomen der Popliteratur ausgiebig (wenn auch sehr ambivalent) diskutiert wurde. Weitere Anmerkungen zu popliterarischen Texten finden sich im zweiten Teil.

[50] Florian Illies: *Generation Golf* (2000) und Ders.: *Generation Golf II* (2003), Katja Kullmann: *Generation Ally* (2002). Durch das genaue Aufzählen verschiedener Elemente der Mainstream-Kultur in Verbindung mit medienorientierten Anhaltspunkten erzeugen beide ein ständiges Déjà-vu-Erlebnis. Bei Illies bilden Werbeslogans für den VW-Golf die Basis seiner Kapitel, bei Kullmann sind es Zitate der TV-Anwältin Ally McBeal, die stellvertretend für eine neue Generation von Karrierefrauen steht, die sich ständig auf der Suche nach dem Mann fürs Leben befinden. Der Erfolg dieser Erzählstrategie, die auf einen sofortigen Wiedererkennungseffekt setzt, zeigt sich bei Kullmann u. a. darin, dass sie für *Generation Ally* den Deutschen Bücherpreis 2003 im Bereich Sachbuch erhalten hat.

[51] Scheitler (2001), 79. Beispiele sind u. a. Julia Franck: *Bauchlandung. Geschichten zum Anfassen* (2002), Malin Schwerdtfeger: *Leichte Mädchen* (2002), Jenny Erpenbeck: *Tand* (2001), Judith Hermann: *Sommerhaus, später* (1998), Dies.: *Nichts als Gespenster* (2003), Peter Stamm: *Blitzeis* (2001) und Ders.: *In fremden Gärten* (2003).

einigen Erzählungen ist die narrative Technik der „Short Cuts"[52]. Hierbei werden verschiedene Handlungsstränge mit mehreren Protagonisten in einzelne Cuts zerlegt und anschließend ohne zunächst erkennbaren Zusammenhang aneinandergehängt. Dabei können sowohl Perspektivenwechsel als auch chronologische Abweichungen vorkommen.

Vor allem in den Erzählungen von Judith Hermann meint Scheitler eine „neue Erzählnaivität" zu erkennen, mit der Alltagswirklichkeit beschrieben wird, wobei das Realistische „leicht ins Surreale, ins Märchenhafte umschlägt"[53]. Diese Beobachtung deckt sich mit vielen Rezensionen, die sicherlich nicht unwesentlich zu dem großen Erfolg von *Sommerhaus, später* beigetragen haben.[54] Die Figuren in diesen Geschichten bleiben für den Leser ohne genaues Bild, er kann sie nur als Schemen wahrnehmen, da auf genaue Beschreibungen verzichtet wird. Statt dessen werden Alltagsmuster entworfen, die von Beziehungsunfähigkeit und Kommunikationslosigkeit geprägt sind. Die Sprache in diesen Geschichten ist meist eher schnörkellos, einfach und auf die genaue Wiedergabe von Stimmungen und zwischenmenschlichen Krisen beschränkt.[55]

„Andere haben die Welt erklärt, jetzt geht es darum, von ihr zu erzählen."[56] Betrachtet man erneut das Zitat von Iris Radisch in Bezug auf die oben ausgeführten Aspekte, so wird deutlich, welche Tendenzen die gegenwärtige Literatur aufweist. Es liegt keine politische Absicht mehr in den Texten der jungen Autoren vor, statt dessen wollen sie von der Welt erzählen, in der sie leben. Die narrativen Merkmale dieser Texte liegen vor allem in ihrer Heterogenität.

Neben popliterarischen Ansätzen, die mit medienästhetischen Instrumenten und einer starken Autorenpräsenz arbeiten, fallen Titel auf, die durch ihre narrative Gestaltung eine Rückkehr zum realistischen Erzählen implizieren. Besonders die deutliche Differenz der Bücher untereinander verhindert eine verallgemeinernde Bewertung der Literatur der 90er-Jahre.

---

[52] Baßler (2002), 80ff. Schon Doris Dörrie bediente sich in ihrem Erzählband *Bin ich schön?* (1994) dieser Technik, die ursprünglich aus dem Bereich des Kinofilms kommt. So finden sich bereits erste Ansätze in Robert Altmans Film *Short Cuts* aus dem Jahr 1993, der auf eine Kurzgeschichtensammlung von Raymond Carver beruht. Weitere literarische Beispiele sind Thorsten Krämer: *Neue Musik aus Japan* (1999), Ingo Schulze: *Simple Stories* (1998), Sibylle Berg: *Ein paar Leute suchen das Glück und lachen sich tot* (1997) und Timm Klotzek (Hrsg.): *Verblieben-lieben-entlieben* (2001).

[53] Scheitler (2001), 78.

[54] So spricht Florian Illies von Geschichten, die „wie unter Wasser" erzählt sind. Illies (1998), [1]. Andrea Köhler wird noch deutlicher: „Traurig, schön und fremd sind die Erzählungen [...], verträumt und verwunschen [...]". Köhler (2000), 88.

[55] Weitere Ausführungen, insbesondere eine genauere Untersuchung der narrativen Strukturen bei Judith Hermann und weiteren Vertretern der Literatur der 90er-Jahre finden sich im zweiten Teil im Zusammenhang mit den Unterrichtsmodellen.

[56] Radisch (1999), 6.

3. Eine „Didaktik des Unbestimmten"[1] für die Literatur der 90er-Jahre?

3.1 Gegenwartsliteratur im Unterricht – ein Überblick

Worin besteht der didaktische Vorteil, wenn Deutschlehrer sich für den Einsatz von Gegenwartsliteratur[2] im Unterricht entscheiden? Kann oder muss die Didaktik neue Wege einschlagen, um einen Weg zwischen dem Leser und den postmodernen Texten zu ebnen? Mit diesen und weiteren Fragen sieht man sich konfrontiert, wenn man die Diskussion zur Lektüre von aktuellen Ganzschriften im Deutschunterricht verfolgt. Dabei werden schon seit längerer Zeit, und nicht erst seit den neuesten Auseinandersetzungen mit der Kanon-Frage, Argumente für und wider die Gegenwartsliteratur ausgetauscht. Bereits 1952 eröffnete Robert Ulshöfer die Debatte, indem er den Versuch, diese Texte neben dem traditionellen Kanon zu etablieren, als problematisch bewertete und ihnen lediglich ein „Bleiberecht auf Widerruf"[3] zugestand. Seine Vorbehalte richteten sich besonders gegen eine zu starke Fixierung auf die Gegenwart, die in seinen Augen zu einer Vernachlässigung der „echten Dichtung"[4] führe.

Eine Gegenposition zu Ulshöfer nahm zu Beginn der 70er-Jahre Hans-Joachim Grünwaldt ein, indem er ihm nur ein „halbes Bekenntnis"[5] zu den zeitgenössischen Texten vorwarf und den literarischen Klassikern generell einen pädagogischen Wert aberkannte. Die Schüler würden interessebedingt von den noch lebenden Schriftstellern mehr über ihre eigene lebensweltliche Umgebung und zeitgenössische Gegebenheiten lernen; Klassiker besäßen lediglich eine vorgetäuschte Aktualität.[6]

Dieses deutliche Plädoyer für Gegenwartsliteratur, mit dem Grünwaldt zugleich den Klassikern eine marginale Bedeutung zukommen lässt, hat ihm in der allgemeinen Debatte allerdings eher eine Außenseiterposition verschafft. U. a. wurde ihm ein naives Verständnis von literarischer Bildung bescheinigt. Sein Angriff gegen Ulshöfer war auch insofern haltlos, als dieser trotz seiner „ambivalenten Haltung zur Gegenwartsliteratur"[7] als Herausgeber der Zeitschrift *Deutschunterricht* in den 50er- und 60er-Jahren maßgeblich an der Förderung von zeitgenössischer Literatur beteiligt war.

---

[1] König (2003), 132.
[2] Im Folgenden wird der Begriff 'Gegenwartsliteratur' synonym zu der oben bereits erläuterten Literatur der 90er-Jahre verwandt.
[3] Kammler (2002), 168.
[4] Ulshöfer (1952), zit. n. Kammler (2002), 167.
[5] Grünwaldt (1970), zit. n. Kammler (2002), 168.
[6] Vgl. Kammler (2002), 168.
[7] Ebd., 169.

Von einem etwas reflektierteren und neutralen Standpunkt aus argumentierte zur gleichen Zeit wie Grünwaldt Rolf Geißler, indem er sich weder für eine völlige Abwendung von den Klassikern noch für eine pauschale Hinwendung zur Gegenwartsliteratur aussprach. Zunächst definierte er einen allgemeinen Auftrag für den Literaturunterricht: In der Auseinandersetzung mit Literatur sollten die Lehrer ein Mittel sehen, dem „Entfremdungsprozess innerhalb der fortgeschrittenen Industriegesellschaft"[8] entgegenzuwirken, um die Schüler zu mündigen Individuen zu erziehen. Bezogen auf die Auswahl der Texte bedeute dies, dass Klassiker, sofern sie eine „subversive Macht gegen etablierte Normen" verkörpern, ebenso wie aktuelle Literatur, die die Gegenwart nicht als etwas Gegebenes darstellt, sondern diese in ihrer „Prozesshaftigkeit und Veränderbarkeit durchschaubar"[9] macht, im Kanon vereint sein sollen.

Geißlers Ausführungen hatten einen erheblichen Einfluss auf die Richtlinien der 80er- und 90er-Jahre, wobei allerdings die Frage offen blieb, inwiefern Texte, deren Hauptmerkmal die Abwesenheit jeglicher politischer und moralischer Absichten ist, den Schülern ethische Werte vermitteln können. In den letzten Jahrzehnten musste sich die Gegenwartsliteratur sowohl gegen diesen Vorwurf als auch gegen weitere kritische Stimmen wehren, die ihr einen geringen Unterhaltungswert, einen fehlenden Realitätsbezug und ein niedriges ästhetische Niveau vorwarfen. Darüber hinaus wurde die Frage nach der Wirkungsdauer als problematisch angesehen. Literatur, die in den letzten Jahren veröffentlicht wurde, zeichnet sich gerade durch die Kurzlebigkeit ihrer Themen aus, die im deutlichen Gegensatz zur Beständigkeit der großen Werke der Nachkriegszeit steht.

Aber gerade die Betonung dieser Kurzlebigkeit, in Verbindung mit der bereits oben erläuterten Heterogenität der neuen Literatur, lässt vermuten, dass das Problem der Didaktisierung und Wertung von Gegenwartsliteratur nicht in den Texten liegt, sondern an den Kriterien, die sich diesen nicht anpassen. Diese Tatsache wird besonders durch die allgegenwärtige Kanon-Debatte deutlich, die regelmäßig aus den Medien über die Gesellschaft in die Schulen getragen wird.

Nach wie vor fällt dem Kanon die Funktion eines informellen Instruments der Zensur in den Bereichen Buchmarkt, öffentliche Literaturkritik und Schule zu. Dabei stellt sich allerdings das Problem, dass der Akt der Kanonisierung „kein rationales Verfahren, sondern ein hochkomplexer, bislang wenig erforschter Prozess"[10] ist, dessen Gegenstand sich einer wissenschaftlichen Reflexion und Legitimation entzieht. Auch herrscht kein universaler, allgemeingültiger Kanon, der alle literaturwissenschaftlichen Gemüter zufrieden stellen würde, sondern es gibt verschiedene Literaturlisten, die von Kritikern unterschiedlich gewichtet werden. Der Umstand, dass auf einen amtlich postulierten Lektürekanon ver-

---

[8] Ebd., 170.
[9] Ebd.
[10] Buß (2003), 143.

zichtet wird, bedeutet jedoch nicht zwingend eine Beseitigung des sogenannten *heimlichen Kanons*. Diesen gibt es überall dort, „wo der normative Kanon durch Lektürelisten – oder richtiger: Text- und Autorenlisten – ersetzt wurde"[11]. Der heimliche bzw. „faktische"[12] Kanon dient der Absicherung der Lehrer und betont die Unersetzbarkeit bestimmter Werke, wobei allerdings auch die Rolle von Schulbuchverlagen und wissenschaftlichen Zeitschriften nicht unterschätzt werden darf. Denn je eher entsprechende Interpretationshilfen und didaktische Materialien auf dem Markt erscheinen, um so schneller vollzieht sich in der Regel die Integration in den Schulkanon.[13]

Für die Einführung eines allgemein gültigen Kanons als Basis für den Literaturunterricht sprechen dessen Auswirkungen auf die Lehrer: Durch festgelegte Kriterien und bewusste Entscheidungen werden ihnen die Lektüreauswahl erleichtert und ziellose Ad-hoc-Beschlüsse verhindert. Dies muss allerdings nicht zwingend bedeuten, dass Kanontexte von den Schülern unkritisch gelesen werden sollen, statt dessen sollte ein vorgegebener Unterrichtsgegenstand Freiräume für unterschiedliche Schwerpunkte und kritische Lesarten gewährleisten.[14]

Untersucht man die Frage, ob zeitgenössische Texte Eingang in einen Schul-Kanon erhalten sollen, wird ein wichtiger Aspekt deutlich, der im Rahmen der Debatten nicht verloren gehen darf: Es muss sich um einen offenen Kanon handeln, der flexibel ist und sich nicht gegen eine Weiterentwicklung sperrt. Ist die Literaturauswahl eher statisch und hauptsächlich auf Klassiker beschränkt, so läuft der Unterricht Gefahr, die Lebenswelt der Schüler sowie die Teilnahme am öffentlichen kulturellen Leben zu vernachlässigen.

Argumente, die gegen einen literarischen Kanon sprechen, kommen vor allem von Literaturdidaktikern, die eine „Gängelung des Deutschlehrers" sowie eine „Verdinglichung von Bildung"[15] befürchten. Müsste sich der Literaturunterricht an einem Kanon orientieren, so bestehe die Gefahr einer unangebrachten Betonung des Gegenstands der Lektüre und nicht des Prozesses an sich.[16]

Darüber hinaus kann es nach Abraham[17] nicht das vorrangige Ziel des Literaturunterrichts sein, formelhaftes Wissen über einen Autor, sein Werk oder die Epoche zu vermitteln. Allerdings erscheint diese Argumentation etwas fragwürdig und übertrieben, da durch einen Kanon im Unterricht nicht automatisch auch Methoden und Lernziele festgelegt werden müssen. Auch wenn der Lehrer einen bestimmten Titelkatalog hat, so sollte es dennoch allein in seinem Ermessen

---

[11] Ebd., 147. Es lässt sich im gegenwärtigen Literaturunterricht die Tendenz beobachten, den Begriff 'Kanon' als Synonym für 'Literaturlehrplan' zu verwenden. Vgl. ebd., 146 f.
[12] Ebd.
[13] Vgl. ebd., 147, Anm. 16.
[14] Vgl. ebd., 149.
[15] Ebd.
[16] Vgl. ebd.
[17] Vgl. Abraham (1998), zit. n. Buß (2003), 149.

liegen, welche Bücher er lesen lässt und welche Methoden er dabei anwendet. So kann es trotz der Lektürevorgaben zu intensiven Begegnungen mit dem Text und wichtigen ästhetischen Erfahrungen kommen. Wichtig ist hier – wie auch bei einem Unterricht, der ohne einen Kanon auskommt – eine ständige Reflexion über den tatsächlichen Einsatz und Nutzen zeitgenössischer und klassischer Titel. Denn Routine und Zeitmangel führen im Schulalltag sicherlich häufig zu einer Scheu vor Experimenten fernab von jedem Kanon.[18]

Dies belegt auch die gegenwärtige Situation an den Schulen im Literaturunterricht. Verschiedene empirische Untersuchungen[19] lassen laut Paefgen eine „freiwillige Rückkehr zum Kanon"[20] erkennen. Die Neuen Medien und die daraus resultierenden veränderten Rezeptionsbedingungen verhindern eine Lesebegeisterung bei den Schülern, was noch durch den regelmäßigen Einsatz von 'angestaubten' Klassikern verstärkt wird. Außerdem hemmt der Mangel an didaktischen Aufarbeitungen den Einzug von Gegenwartsliteratur in den Unterricht. Sicherlich wären viele Deutschlehrer häufiger bereit, neuere Texte lesen zu lassen, wenn sie selbst mehr Informationen und Weiterbildungsmöglichkeiten erhielten.[21] Statt dessen verlassen sie sich auf das Altbewährte und übersehen dabei die Vorteile zeitgenössischer Literatur, die vor allem im demonstrativ propagierten Fehlen von moralisierenden Botschaften liegen. Anstelle einer reinen Funktionalisierung von Literatur bieten sich aktuelle Texte gerade durch ihre Offenheit und Heterogenität[22] als Quelle für die unterschiedlichsten Lernziele an.

Versucht man abzuschätzen, wie sich die Präsenz von Gegenwartsliteratur im Deutschunterricht in den nächsten Jahren entwickeln wird, so stößt man unweigerlich auf zwei Argumente gegen deren Einsatz, die sich bisher ihren Kritikern gegenüber als sehr resistent erwiesen haben. Zum einen werden häufig Probleme bei der Anschaffung von neuen Lektüren genannt. Im Gegensatz zu den traditionellen Texten, die bereits als günstige Ausgaben zu erhalten sind, kosten neue Bücher in der Regel mehr Geld, als sich Schule oder Eltern auf Dauer leisten können.

Ein weiteres Problem liegt in der mangelnden Bereitschaft vieler Pädagogen sich äußerst zeitaufwendigen Lektüren zu widmen. Dies müssten sie auf sich nehmen, wenn sie neue, ihnen selbst noch unbekannte Texte zunächst für sich selbst erschließen wollen, um sie dann im Unterricht einzusetzen.

So überzeugend diese Argumente vordergründig auch klingen, sollte von ihnen wirklich die zukünftige Gestaltung des Literaturunterrichts abhängen? Immer-

---

[18] Wichtig erscheint in diesem Zusammenhang die Entwicklung angemessener Kriterien, um die Auswahl der Texte für den Deutschunterricht zu erleichtern. Vgl. dazu den Beitrag von Burtscher (2003).

[19] Vgl. u. a. Buß (2003), 146 ff. und Kammler (2000b), 92 ff.

[20] Paefgen (1999), 83.

[21] Vgl. Kammler (2000b), 93.

[22] Vgl. dazu auch die Ausführungen in Kap. 2.3 (Teil I).

hin scheint es bereits vermehrt Unterrichtsmodelle zu geben, die sich der Literatur der 90er-Jahre widmen. Vereinzelte Evaluationen und Projektberichte in Zeitschriften wie *Praxis Deutsch* oder *Der Deutschunterricht* zeugen von einem erwachten Interesse an den Themen und Schreibweisen der neuen Literatur. Allerdings fehlt es immer noch an empirischen übergreifenden Untersuchungen, die konkrete Angaben zur tatsächlichen Schullektüre und einem eventuellen Paradigmenwechsel in der Literaturdidaktik machen. Denn sicherlich macht man es sich zu einfach, wenn man wie Paefgen der Meinung ist, dass es keine Didaktik der Gegenwartsliteratur geben kann.[23]

Ist die Krise der Literatur also auch gleichzeitig eine Krise der Didaktik? Besonders in den letzten 30 Jahren wurden didaktische Modelle entworfen, diskutiert und wieder verworfen, je nach Entwicklung im Bereich der wissenschaftlichen Forschung oder der öffentlichen Kritik am Bildungssystem. Nicht nur der Wunsch nach besseren Vergleichsmöglichkeiten bei den Schülerleistungen, sondern auch neuere Erkenntnisse bezüglich der lernpsychologischen Voraussetzungen haben dazu beigetragen, dass der Deutschunterricht mit seinen Aufgaben und Methoden so stark wie nie zuvor im Blickfeld der Diskussion steht. So gibt es eine Vielzahl an didaktischen Konzepten, an denen sich die Deutschlehrer bei der Auswahl ihrer Unterrichtsgegenstände sowie ihrer Methoden orientieren können.

3.2 Didaktische Modelle und Methoden

3.2.1 Von der Rezeptionsästhetik zur poststrukturalistischen Didaktik

„Einen ersten Schritt zum Poststrukturalismus hat die Rezeptionsästhetik zurückgelegt."[24]

Am Ende der 60er-Jahre vollzog sich auf Bestrebungen der Konstanzer Schule hin, vertreten durch Wolfgang Iser und Hans Robert Jauß, eine leserorientierte Wende, deren Ergebnis als Rezeptionsästhetik bekannt wurde. Die Betonung der Rolle des Lesers im literarischen Prozess hat zu einer „langfristigen Veränderung des literarischen Lernens geführt"[25]. Mit dieser Auffassung hat man sich u. a. von einem dominanten Werkbegriff gelöst, „der von der absoluten Existenz eines Kunstwerks ausgeht, das unabhängig von aller Wahrnehmung, als autonomes Objekt, vorhanden sei"[26].

Man geht nicht länger davon aus, dass Text und Leser sich wie Objekt und Subjekt passiv gegenüberstehen. Statt dessen generiert der Leser in einem aktiven

---

[23] „[…] [E]s kann nur didaktische Reflexionen darüber geben, ob und mit welchen Begründungen Texte der zeitgenössischen Literatur ein Stoff sein können, der eines Vermittlungsprozesses wert ist." Paefgen (1999), 78.

[24] Bark/Förster (2000a), 115.

[25] Paefgen (1999), 44.

[26] Wangerin (2001), 292.

Kommunikationsprozess die Bedeutung des Textes durch seine Lektüre und durch das Auffüllen der Leerstellen, die laut Iser die Unbestimmtheit des literarischen Textes kennzeichnen. Jauß setzt seinen Schwerpunkt in einer leserorientierten Theorie vor allem auf die ästhetische Erfahrung, die durch eine selbstreflexive Lektüre erlangt wird. Darüber hinaus fordert er, den historischen Horizont des Textes mit dem aktuellen Hintergrund des jeweiligen Rezipienten in Einklang zu bringen.

Dieses neue Verständnis von Text und Leser hatte weitreichende Folgen auf die didaktischen Konzeptionen. So kann der Lehrer als Beobachter eines unbefangenen Rezeptionsprozesses die Schüler bei der Lektüre unterstützen, indem er auf Schwierigkeiten und Probleme eingeht. Durch die Betonung der Leserinteressen rückt das Werk und die damit verbundene literarisch bildende Einsicht in den Hintergrund. Wichtiger ist die Frage, welche inhaltlichen Elemente bei den Schülern auf welche Resonanz stoßen, wobei besonders der inhaltliche (Unterhaltungs-) Wert im Mittelpunkt steht.[27]

Diese Entwicklung, die zugleich das wichtige Ziel der Identitätsstiftung durch Literaturunterricht bedient, zeichnet sich u. a. durch ein Schwinden der Grenzen zwischen Schul- und Freizeitlektüre aus. Um der verringerten Lesebereitschaft im Unterricht entgegenzuwirken, wird die private Lektüre ernst genommen und mit in den Unterricht eingebaut, was sich z. B. durch eine erhöhte Aufnahme von Kinder- und Jugendliteratur in den Schulkanon bemerkbar macht. Diese Phase galt zwar zunächst als etwas „diffus", machte aber „immerhin Schluss mit dem pädagogischen Diktum vom stufenweisen Herauflesen"[28].

Einen großen Einfluss hatte die Rezeptionsästhetik auf die Entwicklung und Verbreitung handlungs- und produktionsorientierter Methoden im Literaturunterricht der 80er-Jahre. Insbesondere durch einen verstärkten Blick auf die Kreativität der Schüler und als Gegenposition zu rein textanalytischen Verfahren wird die rezeptionsästhetische Annahme, dass Lesen ein Kommunikationsprozess zwischen Text und Rezipient ist, „gezielt didaktisch gefördert"[29]. Indem die Schüler die Leerstellen eines Textes gestalterisch für sich konkretisieren, treten sie aus einer passiven, distanzierten Leserrolle heraus und lassen sich auf einer individualisierten Ebene auf den Text ein. Im Gegensatz zum fragend-entwickelnden Unterrichtsgespräch, wo häufig nur ein Bruchteil der Schüler beteiligt ist, können handlungs- und produktionsorientierte Methoden auch Schülern gerecht werden, deren Stärken eher im gestalterischen Bereich liegen. Wie bereits in den reformpädagogischen Diskussionen zu Beginn des 20. Jahrhunderts gefordert wurde, wäre dieses Ziel auch in die Konzeption eines offenen, schülerorientierten, ganzheitlichen Unterrichts einzuordnen.[30]

---

[27] Vgl. Paefgen (2003), 192.
[28] Bark/Förster (2000b), 61.
[29] Haas/Menzel/Spinner (1994), 18.
[30] Vgl. Spinner (2003), 178.

Mit Beginn der 90er-Jahre wird der handlungs- und produktionsorientierte Unterricht kritischer betrachtet. Beeinflusst durch verschiedene gesellschaftliche Umbrüche verliert die Literatur ihre herausragende Bedeutung, das Buch seine Funktion als Leitmedium, und ein Deutschunterricht, der sich in gewohnten Erkenntnis- und Handlungsmustern bewegt, seine Überzeugungskraft. Zwar kann die Hinwendung zu rezeptionsästhetischen und produktiven Methoden, die sicherlich eine wichtige Innovation darstellen, bereits als eine Reaktion auf die Marginalisierung der Literatur gesehen werden. Allerdings ist der Erfolg dieser Konzepte in der Praxis eher umstritten und wird als begrenzt bewertet.[31] Zu stark sei die Konzentration auf Vermittlungs- und Methodenfragen, die den Blick für den literarischen Gegenstand und die Ziele des Unterrichts einschränkt.

So bezeichnet Kammler Handlungs- und Produktionsorientierung als „bevorzugte Krisentherapie"[32] der 80er-Jahre, die dem Anspruch eines zeitgemäßen Literaturunterrichts nicht mehr stand hält, wenn man durch eine didaktische Pauschalisierung andere wichtige Elemente ausblendet.

Kaspar H. Spinner, der neben Günter Waldmann, Gerhard Haas und Karlheinz Fingerhut[33] ein wichtiger Vertreter der Handlungs- und Produktionsorientierung ist, macht wiederholt auf die bedeutenden Funktionen dieses Ansatzes aufmerksam und entkräftet die kritischen Stimmen, die u. a. eine „Verabsolutierung des Methodischen" und einen „unreflektierte[n] Umgang mit den literarischen Texten"[34] in diesen Konzepten erkennen wollen.

Im Laufe der 90er-Jahre lässt sich eine didaktische Neuorientierung erkennen, die besonders die traditionelle Trias Autor – Text – Leser in Frage stellt. Trotz aller rezeptionsästhetischen Bemühungen dominiert zuweilen im Unterricht nach wie vor die Frage nach dem Sinn eines literarischen Textes und der Intention des Autors. Während produktive Verfahren verstärkt Einzug in die Lehrpläne und Schulbücher halten, werden poststrukturalistische Tendenzen der Literaturwissenschaft in der Schule noch weitestgehend ignoriert. Dennoch werden vereinzelt die unterschiedlichsten Bemühungen deutlich, die „eklatante Differenz zwischen der Entwicklung der Literatur, der Literaturtheorie und dem Literaturbild der Schule"[35] zu beseitigen. Zunächst geschieht dies durch eine Neubewertung des traditionellen Kanonbegriffs, wie oben bereits erläutert wurde. Darüber hinaus sieht eine poststrukturalistische Lektürepraxis die Heterogenität sowohl der literarischen Texte als auch der sozialen Wirklichkeit von Unterricht und Schülern nicht als Hindernis, sondern erwartet statt dessen eine Horizonterweiterung der Lehrer:

---

[31] Vgl. Kammler (2000a), 3.
[32] Ebd., 2.
[33] Vgl. Spinner (2003), 179 ff.
[34] Ebd., 181 f.
[35] Förster (2002), [231].

Denn es gilt, das Wissen, das im Umgang mit Texten, mit Sprache und Literatur im Unterricht zur Anwendung kommt, auf die Bedingungen hin zu befragen, von denen aus es erzeugt wird. Das schafft Spielräume, um die Heterogenität als Chance begreifen zu können.[36]

Aktuelle didaktische Konzeptionen, besonders im Bereich der Lesedidaktik, versuchen dieser Heterogenität gerecht zu werden.

Nicola König spricht in diesem Zusammenhang von einer „Didaktik des Unbestimmten"[37], die in ihren Augen eine notwendige Konsequenz ist, die den Verstehensprozess der Rezipienten angesichts der modernen Texte begleiten muss. Sie postuliert eine sogenannte dekonstruktive Hermeneutik, die zunächst dem zu interpretierenden Text einen vorläufigen Sinn zuspricht, diesen in einer folgenden (dekonstruktivistischen) Lesephase aber wieder zurückweist und auflöst. Dabei gehe die Lektüre einen Weg „vom Bestimmten zum Unbestimmten"[38]. Auf der Grundlage der postmodernen Literaturdidaktik stehe weniger der Leser im Mittelpunkt (wie es bei der Rezeptionsästhetik der Fall ist), sondern eine Konzentration auf den Diskurscharakter des Textes: „Nicht die Einheitlichkeit des Sinns, sondern die Frage, wie Sinndeutung verhindert wird, rückt in das Zentrum des Interesses."[39] Inwiefern diese Überlegungen auf die Literatur der 90er-Jahre zu übertragen sind und welche Funktion der Erzähltextanalyse im Rahmen einer 'Didaktik des Unbestimmten' zufällt, soll in Kapitel 3.3 untersucht werden. Zuvor jedoch ist es sinnvoll, einen Überblick über einzelne didaktische Modelle zu geben, um anschließend die aktuellen Positionen einordnen und im Hinblick auf den Einsatz von Gegenwartsliteratur im Unterricht bewerten zu können.

3.2.2 Lesen im Unterricht

Angesichts der starken medialen Konkurrenz durch die auditiven und visuellen Medien erhält das Lesen allgemein und insbesondere das Lesen anspruchsvoller literarischer Texte nicht mehr dieselbe Wertschätzung wie früher. Allerdings ist es ein Trugschluss, von einer Verdrängung des Buches durch die neuen Medien auszugehen, denn verschiedene Studien belegen, dass für alle Medien die Nutzungszeit zugenommen hat.[40]

Dennoch ist eine deutlich sinkende Lesemotivation zu beobachten – sowohl im Freizeitbereich als auch in der Schule:

---

[36] Förster (2002), 233.
[37] König (2003), 132.
[38] Ebd., 133.
[39] Ebd., 137.
[40] Vgl. Schön (1997), 16.

Erst in der Sekundarstufe II tritt der Literaturunterricht bei literarisch interessier-
ten Jugendlichen wieder als Anregungsfaktor in den Blick, während die Schullektüre der Sekundarstufe I in der Regel als entfremdend erinnert wird.[41]

Da es u. a. durch die Heterogenität der Familienstrukturen in der heutigen Zeit
nicht mehr möglich ist, eine einheitliche literarische Sozialisation bei den Kindern zu erwarten,[42] fällt vermehrt dem Deutschunterricht die Aufgabe zu, dem
„relativen Bedeutungsverlust der Lesekultur in der Mediengesellschaft"[43] entgegenzuwirken.

Das didaktische Konzept der Leseförderung, das in den letzten Jahren mit verschiedenen Methoden und Auslegungen Einzug in den Unterricht gehalten hat,
scheint dieser Aufgabe zu entsprechen. Lesetagebücher, das Einrichten von Le-
seecken in der Unter- und Mittelstufe, Besuche und Lesenächte in der Schulbi-
bliothek und viele andere Methoden[44] sollen dabei helfen, den „Leseatem"[45] der
Schüler in der Lektürephase möglichst lang zu halten und zugleich die Lesekompetenz zu stärken. Denn die mangelhafte Fähigkeit vieler Schüler, ein Buch
überhaupt sprachlich und inhaltlich zu erfassen, verhindert oft, dass die „gängi-
gen Formen der Verlockung zum Buch"[46] die Schüler erreichen. So werden, ausgehend von den PISA-Ergebnissen, die Schüler in zwei 'Risikogruppen' definiert: Zum einen gibt es die Leser, denen die Voraussetzungen zur Lektüre eines
längeren literarischen Textes fehlen und die daher

> in erster Linie ein Training von Strategien [brauchen], um die verschiedenen kogni-
> tiven Dimensionen des Leseprozesses müheloser bewältigen zu können [...] um so
> erst die Erfahrung eines genussreichen eigenen Engagements beim Lesen machen
> zu können.[47]

Die andere Gruppe umfasst die Schüler, die eine relativ stabile Lesemotivation
und umfangreichere Lektüreerfahrungen besitzen. Doch während der Pubertät
gelangen auch leseerfahrene Heranwachsende mit einem guten lesesozialisatori-
schen Hintergrund in eine Motivationskrise. Ein Versuch, dem entgegenzuwirken, entfaltete sich in der Integration von Kinder- und Jugendliteratur in den
Schulkanon. Allerdings ist noch immer nicht eindeutig bewiesen, ob diese Texte
wirklich die Ziele einer literarischen Sozialisation erfüllen. Ein Symptom für diesen Zweifel ist nach wie vor der eingeschränkte Einsatz der Bücher: Trotz eines

---

[41] Rosebrock (2003), 164.
[42] Vgl. Garbe (1997), 38.
[43] Ebd.
[44] Vgl. Rosebrock (2003), 168, Anm. 27. In diesem Zusammenhang darf auch nicht die Bedeutung
der außerschulischen Leseförderung vergessen werden. Vermehrt werden Aktionen (z.B. durch
die Stiftung Lesen) durchgeführt, welche das Buch direkt an den Ort der erwünschten Leser
bringen.
[45] Hurrelmann (1994), 17.
[46] Rosebrock (2003), 168.
[47] Ebd., 171.

großen Angebots an zum Teil sehr guten und literarisch anspruchsvollen Texten der KJL fehlt es vielen Lehrern an Mut, „aktuelle und originelle Texte mit ihren Schülern auch dann zu lesen, wenn keine unterrichtsbezogene Sekundärliteratur dazu vorliegt"[48].

Für Christine Garbe bedeutet das Konzept der Leseförderung vorrangig einen schulischen Umgang mit Literatur, der sich von der Dominanz analytischer und interpretierender Methoden abkoppelt und statt dessen die Schule und insbesondere den Literaturunterricht als eine Vermittlungsinstanz innerhalb der literarischen Kultur versteht. Dabei sollte nicht das „Wissen über Literatur" das primäre Ziel sein, sondern „die Erfahrung mit Literatur"[49]. Sie argumentiert somit, zusammen mit Rosebrock,[50] gegen eine literatursprachorientierte Didaktik, wie sie Elisabeth Paefgen unterstützt. In der Diskussion scheinen sich somit zwei Ansätze zu polarisieren: die Steigerung der Leselust und die Legitimation von Lesearbeit.[51] Obwohl die Methode des textnahen Lesens, die Paefgen in Anlehnung an Barthes und Frommer für einen poststrukturalistischen Literaturunterricht fordert, „ein erkenntnisorientiertes Lesen, kein unterhaltungsorientiertes"[52] darstellt, sieht sie darin eine Möglichkeit, die Lust am inhaltlichen Lesen zu fördern. Textnah zu lesen heißt, in einem verlangsamten Prozess den literarischen Text gründlich zu untersuchen, unwichtig scheinenden Kleinigkeiten Beachtung zu schenken und, wenn nötig, die Lektüre einzelner Abschnitte zu wiederholen.[53] Sicherlich handelt es sich hier um ein „altmodisches Lesen"[54], das rezeptionsästhetische Konzepte außer acht lässt und literarisches Lesen einer mühsamen Arbeit gleichen lässt. Dennoch scheint gerade das 'Altmodische' wieder gebraucht zu werden: Wie oben[55] erläutert wurde, muss sich gerade die Handlungs- und Produktionsorientierung, deren Methoden auf lesefördernden Zielsetzungen beruhen, gegen den Vorwurf der Methodenlastigkeit und geringen literarischen Kompetenzbildung wehren. Nicht selten kann man – sogar aus den Reihen der Schüler! – kritische Stimmen vernehmen, die den Unterricht mit 'kreativen Spielereien' überfrachtet sehen.

Darüber hinaus hat die PISA-Studie deutlich gezeigt, dass die Schwierigkeiten Heranwachsender nicht in ihrer Imaginationsfähigkeit und Kreativität liegen, sondern dass sie nicht in der Lage sind, die Hauptgedanken eines Textes zu erfassen oder Verknüpfungen zwischen textinternen Informationen und ihrem All-

---

[48] Rosebrock (2003), 173.
[49] Garbe (1997), 51 f.
[50] So bewertet Rosebrock die Position von Paefgen als „resignativ", da sie eher unfreiwillig zu einem Zeitgeist passe, „der meint, in der Schule müsse nach all der Spaß- und Launenpädagogik der letzten Jahrzehnte wieder ordentlich gelernt werden." Rosebrock (2000), 41.
[51] Vgl. Paefgen (1999), 92.
[52] Paefgen (2003), [191].
[53] Vgl. die Ausführungen zur Dekonstruktion in Kap. 1.1.4 (Teil I).
[54] Paefgen (2003), [191].
[55] Vgl. Kap. 3.2.1 (Teil I).

tagswissen herzustellen.[56] So sind die Forderungen der Literaturdidaktiker bei den Jugendlichen Leselust zu wecken, indem man ansprechende Texte und motivierende Methoden verwendet, nur haltbar, „wenn die Texte gründlich gelesen, das heißt auch erarbeitet werden"[57].

Welche Argumente würden dagegen sprechen, beide Ansätze, den der Leseförderung und den des textnahen Lesens, miteinander zu vereinen? Da in der Regel die methodische Variation innerhalb einer Unterrichtsstunde mehr zur Mitarbeit und Motivation der Schüler beiträgt als eine Methodenmonotonie, die auf einer theoriebasierten didaktischen Legitimation beharrt, erscheint eine Kombination der verschiedenen Ansätze nicht nur möglich, sondern auch nötig. So kann man die einzelnen Phasen der Unterrichtsstunden nach ihren jeweiligen Lernzielen unterteilen: Den Anfang kann ein Texteinstieg bilden, der auf der Methode des verzögerten Lesens[58] beruht, um den Schülern einen möglichst unbeeinflussten ersten Kontakt mit den Besonderheiten des literarischen Textes zu ermöglichen. Im Anschluss daran lassen sich diese ersten Eindrücke durch leseförderende Methoden wie z. B. die szenische Darstellung einer Situation vertiefen.

Bei der Methode des textnahen bzw. verzögerten Lesens gilt es zu betonen, dass es sich hierbei nicht bloß um vereinfachte Lesemethoden handelt, welche die Schüler als fähige Leser nicht ernst nehmen. Wie in den Unterrichtsmodellen gezeigt wird, besteht das Hauptanliegen dieses Ansatzes darin, eine oberflächliche Lektüre zu vermeiden, um wichtige narrative Merkmale eines Textes zu erfassen, die für das weitere Verständnis wichtig sind.

Nachdem im Folgenden zunächst weitere didaktische Konzepte erörtert werden, nimmt Kapitel 3.3 erneut Bezug auf den Ansatz des textnahen Lesens, wobei es um die Frage nach der problematischen Wechselbeziehung von Analyse und Interpretation im Unterricht geht.

3.2.3 Schreiben im Unterricht

Seit einigen Jahren erfährt das Schreiben in der Schule durch die neuere Forschung wichtige Impulse. Standen lange Zeit die <u>Ergebnisse</u> des Schreibens im Mittelpunkt, so werden gegenwärtig verstärkt die <u>Prozesse</u> beim Verfassen von Texten wahrgenommen. Einen wichtigen Einfluss auf diese Entwicklung hatte auch hier die rezeptionsästhetische Neubewertung der Leseraktivität.[59] So unterscheiden sich die sachlichen Schreibaufgaben des klassischen Aufsatzunterrichts

---

[56] Vgl. Schubert-Felmy (2003), 103.

[57] Ebd., 103 f.

[58] „Verzögertes Lesen ist Lesen im Zeitlupentempo, ständig unterbrochen, von Pausen durchsetzt, [...] in denen der Leser sich seiner Empfindungen vergewissert [...]. Die Nischen für seine Aktivität entstehen dadurch, daß der Text als Ganzes vorläufig zurückgehalten wird." Frommer (1988), 116.

[59] Vgl. Paefgen (1999), 95.

von den aktuellen Tendenzen vor allem darin, dass die „Schreibversuche der Schüler [...] als integraler Bestandteil des Literaturunterrichts und des literarischen Lernprozesses angesehen"[60] werden. Nach Ulf Abraham kann das Schreiben im Unterricht unter drei Gesichtspunkten betrachtet werden: der erkenntnistheoretischen, der produktionsästhetischen und der rhetorischen Perspektive.[61] Er findet so eine funktionalisierte Einteilung der unterschiedlichen Arten von schriftlichen Aufgaben, die den literarischen Lernprozess begleiten. Den erkenntnistheoretischen Bezug sieht er bei den Formen des *heuristischen Schreibens*, bei dem es weniger um die Qualität der kreativen Schülertexte geht, als darum, dass diese dem Schreibstil der literarischen Vorlage angepasst sind und deren „Geheimnisse"[62] aufdecken.

Gilt die Beachtung mehr der literarischen Form des selbstgeschriebenen Textes, so spricht man von *poetischem Schreiben*: „Diese [Form] ist nicht problemorientiert wie das heuristische Schreiben, sondern gattungs- und formorientiert."[63] Allerdings sollte man hier auf eine genaue Abgrenzung zum *Kreativen Schreiben* achten. Denn während sämtliche Formen des poetischen Schreibens mit einer ständigen Rückbesinnung und Auseinandersetzung mit der literarischen Vorlage verbunden sind, benutzen die Methoden des Kreativen Schreibens den ursprünglichen Text als „bloßes Sprungbrett für das Schreiben der Laien"[64].

Die dritte Perspektive, unter der Abraham das literarische Schreiben einordnet, umfasst *rhetorische Formen* wie z. B. das Verfassen von Rezensionen, Klappentexten oder fiktiven Vorworten. Diese „journalistischen Formen [...] vereinen den schreibdidaktischen Vorzug einer klaren Textsortenvorgabe mit der Herausforderung literarischer Urteilsbildung"[65]. Wie die literarische Form der Erörterung erfüllt das rhetorische Schreiben wichtige Funktionen bei der literarischen Sozialisation: Als ein „existentiell bedeutendes Instrument der subjektiven Äußerung"[66] ermöglicht sowohl die erörternde Darstellung eines Themas oder eines literarischen Textes als auch die kritische Bearbeitung in Form einer Rezension die Teilnahme der Schreibenden am öffentlichen kulturellen Leben.

Im Gegensatz zu Abraham bedient sich Matthiessen einer differenzierteren Kategorisierung der unterschiedlichen Schreibformen im Unterricht. So grenzt er zunächst das *textbezogene gestalterische* Schreiben, ebenso wie Paefgen, von der Konzeption des Kreativen Schreibens ab. Unter gestalterischen Methoden fasst er alle Verfahren, die sich subjektiv mit einem Text beschäftigen, diesen interpretieren und bewerten. Die literarische Vorlage dient hier als „Stimulus,

---

[60] Ebd.
[61] Vgl. Abraham (2002), 113.
[62] Paefgen (1999), 98.
[63] Abraham (2002), 114.
[64] Paefgen (1999), 103.
[65] Abraham (2002), 115.
[66] Matthiessen (2003), 135.

stellt aber trotzdem den zentralen Gegenstand dar, mit dem sich der Schreiber auf der Basis komplexen Verständnisses produktiv auseinander setzt"[67].

Des weiteren unterscheidet Matthiessen das *textbezogene informierende Schreiben*, bei dem es sich hauptsächlich um Inhaltsangaben und objektive Rekonstruktionen der textinternen Zusammenhänge handelt.[68] Dazu kommt das *wissenschaftspropädeutische Schreiben*, das Abraham bei seinen Ausführungen vernachlässigt,[69] das aber dennoch für den Deutschunterricht der Oberstufe von gravierender Bedeutung ist. Einen großen Anteil an der schriftlichen Arbeit im Unterricht fällt der Analyse und der Interpretation eines literarischen Textes zu, wobei Matthiessen den analytischen Zugang als Grundlage der weiterführenden Interpretation sieht, obwohl die Textanalyse als Schreibform nach wie vor umstritten ist.[70]

Während die Texte des informierenden oder des interpretierenden Schreibens in der Regel leichter zu evaluieren sind, entziehen sich die gestalterischen und kreativen Schreibversuche einer einheitlichen Bewertung durch den Lehrer. Der individuelle Umgang der Schüler mit literarischen Texten fördert zwar deren Kreativität und erleichtert auch den Schülern den Zugang zu anspruchsvoller Literatur, deren Stärken nicht im hermeneutischen Bereich liegen. Allerdings herrscht Uneinigkeit darüber, welcher Stellenwert und welche Reflexionskriterien für Schülertexte gelten, die durch die verschiedenen handlungs- und produktionsorientierten Methoden[71] entstehen. So sieht z. B. Rupp einen besonderen ästhetischen Wert in den Texten der Schüler, die sogar eine Konkurrenz zum literarischen Vorbild darstellen können. Er hat bei seiner Argumentation mehr als nur das Ziel des Literarischen Lernens vor Augen: Indem die Schüler für ihre Texte gelobt und beim Schreiben unterstützt werden, entwickeln sie ein „über die Schule hinausreichendes Schreibpotential"[72]. Er übersieht dabei allerdings die Gefahr, dass die nicht unerhebliche Differenz zwischen professionellem und dilettierendem Schreiben unerkannt bleibt und die Schüler daher literarischen Texten nicht länger objektiv-bewertend gegenüber treten können.

Einen weiteren Ansatz bildet das *parodierende Schreiben*, das ein Eindringen in den jeweiligen literarischen Text und zugleich ein Distanzieren fordert. Im Gegensatz zur gattungsbezogenen Schreibdidaktik von Waldmann, der jeweils auf

---

[67] Ebd., 129.
[68] Als Beispiel nennt er die anspruchsvolle Aufgabe des Précis, wobei die literarische Vorlage unter Beibehaltung ihrer stilistischen Merkmale auf etwa ein Drittel des Ursprungstextes gekürzt wird. Vgl. ebd., 131.
[69] Generell ist dieser Bereich der Schreibdidaktik von der Forschung bislang noch äußerst wenig beachtet worden. Vgl. ebd., 137.
[70] Vgl. ebd., 132. Man spricht in diesem Zusammenhang u. a. von der Gefahr der objektivierten Gängelung und Ritualisierung, die die Schüler in ihrer freien Entfaltung hemmen würde. Vgl. auch unten Kap. 3.3 (Teil I).
[71] Vgl. auch oben Kap. 3.2.1 (Teil I).
[72] Paefgen (1999), 101.

lyrische, epische oder dramatische Texte abgestimmte Methoden entwickelt hat, ist der Bereich des parodierenden Schreibens unabhängiger von der literarischen Form.[73]

Gemeinsam ist den meisten schreibdidaktischen Ansätzen der poststrukturalistische Bezug, der die Überstrukturierung der Sprache (besonders in der Lyrik) als Anlass nimmt, die Schüler diese Strukturen durch einen „aktiven, praktischen, produktiven"[74] Umgang mit Literatur entdecken zu lassen. Dabei sollte jedoch nicht die Konkretisierung der gewonnenen Erkenntnisse aus den Augen verloren werden. So sollten auch die kreativen Schülertexte reflektierend besprochen und es sollte bei der anschließenden Textanalyse auf diese zurückverwiesen werden.

3.2.4 Medien im Unterricht

> Das Buch ist heilig. Ohne Buch keine Bildung. Der Buchdruck war niemals eine neue Technologie. Das Buch gab es schon immer und wird es immer geben. Damit dies auch eintritt, sind alle neuen, konkurrierenden Medien abzulehnen.[75]

In dieser satirischen Aussage von Frerk Meyer zum Thema „Technologien verhindern leicht gemacht: 10 Tips für Lehrer"[76] offenbart sich die immer noch aktuelle Polarisierung von Literatur und Medien. In der fachdidaktischen Diskussion stand lange Zeit die Frage im Vordergrund, welchen Nutzen die jeweils neuesten Medien für den Deutschunterricht haben könnten.[77] Dabei wurde weniger ausgeführt, was Medien überhaupt sind, sondern was sie nicht sind: „Medien wurden über Differenzierungskriterien zur Literatur bestimmt."[78]

Nachdem in den 80er-Jahren die Literaturverfilmung als „didaktische Chance"[79] für den Unterricht entdeckt wurde, verschwand schließlich auch der abwertende Begriff der 'Massenmedien' zugunsten der neutraleren Bezeichnung 'Medien'. Die Aufwertung des filmischen Mediums und dessen ästhetischer Qualitäten prägte zwar die nachfolgenden Diskussionen. Dennoch werden bis heute noch Filme weniger unter ihren analytischen und rezeptiven Merkmalen im Unterricht besprochen, sondern vielmehr am Schluss einer interpretationsorientierten Unterrichtsreihe ohne jede weitere Reflexion als Belohnung präsentiert. „[D]ie filmische Umsetzung repräsentiert eine weitere Deutung"[80].

Die technischen Entwicklungen im Bereich der audiovisuellen und auditiven Medien sowie die stetige Perfektionierung im Bereich der sogenannten *Neuen*

---

[73] Vgl. ebd., 103.
[74] Ebd.
[75] Meyer (1998), zit. n. Borrmann/Gerdzen (2000), 62.
[76] Ebd.
[77] Zur geschichtlichen Entwicklung der Anerkennung eines mediendidaktischen Anteils am Unterricht vgl. Paefgen (1999), 136 ff.
[78] Wermke (2002), [91].
[79] Paefgen (1999), 135.
[80] Ebd., 141.

Medien führte in den 90er-Jahren zu einem Wiederaufflackern der didaktischen Debatten. Durch Untersuchungen zum Medienkonsum und -verhalten von Kindern und Jugendlichen[81] wurde deutlich, welchen großen Einfluss der schnell fortschreitende Prozess der Medienentwicklung auf die Sozialisation hat. Die Kinder wachsen in einer Gesellschaft auf, wo der Griff zum Buch seltener geworden ist als das Drücken einer Fernbedienung oder der Tastatur des Computers. Das Buch als Leitmedium hat viel von seiner Bedeutung eingebüßt, allerdings kann man nicht von einer Verdrängung durch die anderen Medien sprechen: „Im Zeitvergleich ist die Buchlektüre während der vergangenen 25 Jahre allen Kassandrarufen zum Trotz sogar relativ stabil geblieben [...]"[82].

Bevor ein Blick auf die Rolle der verschiedenen Medien im Schulalltag und deren Einsatzmöglichkeiten geworfen wird, soll eine Einteilung der existierenden Medien entsprechend ihrer „Komplexität des Vermittlungsprozesses"[83] das unübersichtliche Angebot differenzieren. Die Einteilung in primäre, sekundäre und tertiäre Medien beruht auf deren grundlegender Funktion, Inhalte zwischen einem Sender und einem Empfänger zu vermitteln. Dabei bezeichnet man alle Kommunikationsmittel des direkten zwischenmenschlichen Kontakts (z. B. Stimme, Geste, Mimik), die keine weiteren technischen Hilfsmittel erfordern, als *primäre* Medien. *Sekundäre* Medien benötigen auf der Seite des Senders eine Apparatur, die eine Vermittlung möglich macht, wie z. B. Schreibwerkzeuge oder Druckmaschinen. Bei den *tertiären* Medien sind sowohl auf der Sender- als auch auf der Empfängerseite technische Hilfsmittel Voraussetzung. Telefon, Radio, Fernsehen, Filme, Tonbänder, Hörkassetten, CD, Video – dies alles sind tertiäre Medien, die durch computerbasierte Technologien, welche die verschiedenen Formen in sich vereinen können, noch ergänzt werden.

Betrachtet man das Verhältnis, in dem Literatur und die verschiedenen Mediengruppen stehen, so zeigen sich Interdependenzen, die die Forderung vieler Didaktiker stützen, die Buchkultur „nicht länger separat bzw. exklusiv" zu betrachten, sondern „relational [...] im intermedialen Bezugssystem zu bestimmen"[84]. Die medialen Möglichkeiten beeinflussen die literarischen Formen und umgekehrt: Auf verschiedenen Ebenen zeigt sich ein Austausch zwischen der Literatur mit ihren strukturellen und sprachlichen Merkmalen und den Medien mit ihren technischen und darstellenden Möglichkeiten. In der gegenwärtigen Gesellschaft hat sich besonders eine medienoffene Darstellung von Literatur herauskristallisiert, die sich u. a. in den verschiedenen Transformationen eines literarischen Textes (Verfilmung, Vertonung zu einem Hörbuch etc.) oder der Präsenta-

---

[81] Vgl. Barth (1999), 11.
[82] Josting (2003), 43.
[83] Wermke (2002), 93. Sie bezieht sich dabei auf die grundlegenden Ausführungen von Harry Pross (1972).
[84] Lecke (2003), [34].

tion von Autoren und Lesungen in Radio- und Fernsehsendungen äußert. Die literarischen Schreibweisen erinnern vermehrt an filmische Montagetechniken, das 'Buch zum Film' gewinnt an Bedeutung und nicht selten werden Bücher „bereits auf die mögliche Verfilmung hin geschrieben"[85]. Autoren nutzen die vielfältigen Möglichkeiten des Internets zur Selbstdarstellung und Präsentation ihrer Werke und haben meistens einen beruflichen Hintergrund im Medienbereich. Für die gegenwärtige Medienkultur sind diese Austauschprozesse, die hier nur mit wenigen Beispielen dargelegt werden können, charakteristisch.

Diese Entwicklung wirft die Frage nach einer angemessenen Integration mediendidaktischer Anteile in der Schule auf. Sicher nicht zu leugnen ist die Ansicht, dass „Medienerziehung nicht traditionellem Unterricht sozusagen obendrauf gesetzt werden kann oder in den seltenen fächerübergreifenden Projekten abgehandelt werden kann"[86]. Folgt man statt dessen dem Konzept der integrativen Medienerziehung von Jutta Wermke, so erkennt man eine Weiterentwicklung des Orientierungsrahmens der Bund-Länder-Kommission, die die Aufgabe der Medienerziehung lediglich in den traditionellen Unterrichtsfächern lokalisiert.[87] Wermke geht dabei von einem generellen Umdenken in der Deutschdidaktik aus. Aus der Ablösung des Buches als Leitmedium zieht sie die Konsequenz, die Rezeptionserfahrungen der Schüler mit den verschiedenen Medien als Grundlagen für den Deutschunterricht zu sehen.[88] Im Unterricht soll an und mit den Medien gearbeitet werden, wobei ihre Zielformulierungen, welche die Bereiche Medien- und Lesekompetenz, ästhetische und politische Bildung[89] enthalten, äußerst umfassend und im Hinblick auf die Schülerpersönlichkeiten und -potentiale als idealtypisch gelten müssen. Zwar räumt Wermke „organisatorische Grenzen" ein, an die der Deutschunterricht stößt, wenn man in ihm literatur- und mediendidaktische Elemente vereinen will. Dennoch erhofft sie sich durch eine Verlagerung auf außerschulische Formen und eine fächerübergreifende Ausweitung in Projektform einen ersten Schritt auf dem Weg zu einem integrierten Medienunterricht, der die Schüler als aktive Rezipienten begleitet.[90] Dabei liegt das vorrangige Ziel nicht darin, viele Medien im Unterricht zu verwenden oder deren Sinn und Unsinn mit den Schülern zu diskutieren. Vielmehr wird – besonders bei Anwendung der tertiären Medien – die Tendenz deutlich, einzelne

---

[85] Wermke (2002), 95.
[86] Rosebrock (2000), 38.
[87] Vgl. Wermke (2002), [91] und Barth (1999), 11 f.
[88] Vgl. Wermke (2002), 96 f.
[89] Zu den Zielen und Kompetenzen, die ein medienintegrativer Deutschunterricht vermittelt, vgl. auch Barth (1999), 15 ff.
[90] Von besonderer Bedeutung ist die „Selbstsozialisation" der Schüler, die sich in einem „autodidaktischen Erwerb von Medienkompetenzen" (ebd., 97) äußert und die von dem Unterricht nicht ignoriert werden darf.

Unterrichtsbausteine in größere Zusammenhänge zu stellen bzw. die Interpretation von literarischen Texten mit medialen Hilfsmitteln zu erweitern.[91]

Eine von vielen Möglichkeiten stellt das Internet mit seinen kommunikativ-informierenden Angeboten dar. Ob die Schüler Texte schreiben, diese in webkompatible Formate übertragen (z. B. HTML) und anschließend veröffentlichen, ob sie sich mithilfe diverser Suchmaschinen eigenständig über einen Themenbereich informieren oder ob sie die elektronischen Kommunikationsmöglichkeiten nutzen (Chat, Email) – jede Methode fördert sowohl literar-sprachliche Fortschritte als auch eine aktive und auf die Mediengesellschaft vorbereitende Teilnahme an wichtigen kulturellen Prozessen.

In Anbetracht der aktuellen Diskussion über die Bildungsmisere nach der PISA-Studie steht die Schule als Institution mehr als je zuvor im Spiegel der Kritik. Allerdings mangelt es nicht nur an finanziellen Möglichkeiten; noch wichtiger ist der Mangel an medienkompetenten Lehrern. Bis auf wenige Ausnahmen, die sich auf junge Referendare und besonders fortbildungsfreudige Lehrer beschränken, stehen die meisten Pädagogen weit hinter dem Wissen ihrer Schüler zurück. Allerdings ist dies vielleicht auch verständlich angesichts der rapiden Entwicklung auf dem Computermarkt und der Tatsache, dass die Kinder und Jugendlichen durch ihre Sozialisation einen wesentlich ungezwungeneren Umgang mit dem Rechner haben. So urteilt Wolfgang Bauer doch sehr streng und einseitig über die Lehrer, wenn er behauptet, dass „infolge innerer Widerstände der Lehrer gegen eine Änderung ihrer Rolle"[92] eine Angst vor dem 'Gerät' geschürt wird, die dessen Einführung in den Unterricht verhindert.

3.3 Ausblick auf Unterrichtsmodelle: Interpretation und Analyse

Die vorangegangenen Ausführungen zur Literatur der 90er-Jahre und ihrem Standort im Unterricht sowie die Darstellung einzelner didaktischer Modelle sind als Grundlage für die folgenden Unterrichtsmodelle anzusehen. Neben der Überlegung, warum man bestimmte Texte mit den Schülern lesen sollte und welche Methoden dabei sinnvoll sein können, stellt sich die Frage nach dem Verhältnis zwischen interpretierenden und analysierenden Verfahren.

„Theoriebildung und Analyse bedeuten Vereinfachung von Komplexem und Trennung von Verflochtenem."[93] Auf den ersten Blick scheint diese Aussage durchaus plausibel und eine sinnvolle Legitimation für analytische Verfahren bei

---

[91] In der Praxis kann die Einordnung in einen Gesamtzusammenhang z. B. so erfolgen, dass eine Lektüre, die z. B. die Themen Schuld, Verbrechen oder Staatsutopien thematisiert, in Zusammenhang mit dem Film *Minority Report* besprochen wird. Durch eine genaue Analyse der filmischen Darstellungsmöglichkeiten und eine anschließende Reflexion des entworfenen Weltbildes erlangen die Schüler sowohl medienbezogene Kompetenzen als auch einen erweiterten Blick auf die gesellschaftlichen Bezüge, die bereits in den literarischen Werken ihre Anknüpfungspunkte haben.

[92] Bauer (1997), 396.

[93] Scheitler (2001), 13.

der Erfassung vielschichtiger literarischer Texte zu sein. Stellt man diese Ansicht allerdings an den Anfang didaktischer Überlegungen zum Verhältnis von Analyse und Interpretation im Unterricht, so werden verschiedene Probleme deutlich. Die Ausführungen in den vorangegangenen Kapiteln machen sichtbar, inwiefern sich Literatur und der schulische Umgang mit derselben verändert hat. Unter den Begriffen *Poststrukturalismus, Postmoderne* oder *Rezeptionsästhetik* sind Versuche zu verstehen, diese Veränderungen in einen greifbaren und differenzierten Rahmen einzuordnen. Darüber hinaus findet sich der Vorwurf an den Literaturunterricht, er hätte sich zu weit von der Wissenschaft entfernt. Dem versuchen die Didaktiker der 90er-Jahre entgegenzuwirken, indem sie die Interpretation literarischer Texte in einen literaturtheoretischen Zusammenhang stellen.[94]

Trotz der überzeugenden und sinnvollen Abwendung der neuen Literaturtheorien von der 'Einheitsinterpretation', die dem Unterricht und den Schülern zugute kommt, bleibt der konkrete Einsatz dekonstruktiver Lesephasen angesichts der aktuellen Bildungssituation fragwürdig. Wie kann man Schüler mit komplizierten Theorien der Textinterpretation konfrontieren, wenn viele von ihnen nicht einmal in der Lage sind, einfache erzähltextanalytische Elemente wie Erzählerperspektive oder Figurenkonstellation zu erkennen?

Während Ende der 80er-Jahre noch die Textanalyse für die Behandlung literarischer Texte als unerlässlich galt,[95] blieb sie in den letzten Jahren unbeachtet angesichts der Forderung nach mehr Schülerorientierung und der Abkehr von 'lustfeindlichen' Verfahren, die zur Handlungs- und Produktionsorientierung im offensichtlichen Gegensatz zu stehen scheinen.

Geht man davon aus, dass die Literatur der 90er-Jahre einen wichtigen didaktischen Wert für den Unterricht haben kann, wie oben dargestellt wurde, so muss man auf erzähltextanalytische Verfahren zurückgreifen und darf nicht wie Nicola König der resignativen Ansicht erliegen, dass „die traditionellen Erzähltheorien […] nicht länger geeignet [sind], moderne Prosatexte zu erfassen."[96] Sie zieht die Schlussfolgerung, dass die Brüche und Widersprüche in den literarischen Texten zu einer dekonstruktivistischen Lesepraxis auffordern und die traditionelle Erzähltextanalyse für den Verstehensprozess wenig hilfreich ist. Dagegen wendet sich der Ansatz der vorliegenden Arbeit jedoch deutlich: Zwar ist, wie oben bereits ausgeführt, die Terminologie von Stanzel nicht länger für eine Analyse aktueller Texte geeignet, aber mithilfe des Rasters von Genette scheint ein Weg gefunden zu sein, der auch eine poststrukturalistische Lektüre unterstützt. Sicherlich beschränkt König ihre Kritik auf die traditionellen Methoden, allerdings bleibt, abgesehen von dem Ansatz der dekonstruktiven Hermeneutik,

---

[94] Vgl. u. a. Kammler (2000), Förster (2002), König (2003).
[95] Vgl. Spinner (1989), 23.
[96] König (2003), 8.

offen, ob sie den modernen Texten die Möglichkeit einer narrativen Analyse
z. B. im Sinne von Genette generell verweigert.

Nur weil die neue Literatur 'unbestimmt' erscheint und sich einer schnellen Sinn-
zuschreibung entzieht, muss es nicht zwingend eine 'Didaktik des Unbestimmten' sein, mit der man sich diesen Texten nähert. Wenn Dekonstruktion oder
poststrukturalistische Lektüre bedeutet, nicht dem Zwang erliegen zu müssen,
den Text auf einen einzigen Sinn, eine Interpretation hin lesen zu müssen, dann
ist es nicht nötig, auch den Sinn oder die Funktion der Didaktik zu hinterfragen.
Statt dessen sollte das literarische Werk an sich mit seinen postmodernen Merkmalen und narrativen Besonderheiten im Vordergrund stehen. Der Blick sollte
nicht zuerst auf den nicht vorhandenen Sinn gelenkt werden. Texte sind Konstrukte – zwar künstlerischer Art, aber dennoch durch verschiedene Instrumente
erschaffen, um eine Wirkung zu erzielen, die bei jedem Rezipienten anders aus-
fallen kann und soll. Die Lesarten, die Vorstellungen, die die Schüler sich schaffen, sollen auch ihre eigenen bleiben, aber sie sollen in der Lage sein, bestimmte
Auffälligkeiten und Mechanismen benennen, beschreiben und bewerten zu können. Dies wird ihnen zum großen Teil verwehrt bzw. erspart, geht man von vorneherein davon aus, dass sich die neuen Texte permanent einem Zugang entziehen.

Denn gerade diese oft komplexen Texte erfordern einen distanzierten Blick und
die Entwicklung eines kritischen Bewusstseins darüber, welche sprachlichen und
narrativen Mittel eingesetzt werden, um die postmodernen Eigenarten des Werkes zu betonen. Dabei muss den Schülern nicht zwingend die 'Entdeckerfreude'
genommen werden, statt dessen kann eine neue, andere Lust am Lesen geweckt
werden. Indem narrative Elemente wie metafiktives Erzählen oder intertextuelle Bezüge,[97] die auf das Vorwissen der Schüler angewiesen sind, erkannt werden,
erhalten diese einen tieferen Einblick in Erzählstrategien. Dabei „muß als notwendige Bedingung jeder Textanalyse im Unterricht gelten, dass den Schülern
der Erkenntnisgewinn, den die Analyse bringt, einleuchtet"[98]. Zu dieser Er-
kenntnis können die Schüler allerdings nur dann gelangen, wenn die erzähltheoretischen Kategorien, die bei der Analyse benutzt und vermittelt werden, den literarischen Texten angemessen sind. Nicht die Vermittlung von Fachtermini und
komplexen Begrifflichkeiten sollte dabei im Vordergrund stehen, sondern ein
kompetenter Umgang mit grundlegenden narrativen Instrumenten, die einen literarischen Text gestalten und beschreiben.

Wie oben bereits angedeutet, bietet sich unter diesen Aspekten eine Verwendung einzelner erzähltheoretischer Elemente von Gérard Genette an. Während

---

[97] Barthes geht von einer intertextuellen Vernetzung aus, die jeden Leseprozess entscheidend beeinflusst. So ist in seinen Augen Literatur ein „Aufbewahrungsort für das Wissen, für die Wissenschaften der Welt". Der Leser aktiviert sein eigenes Wissen, um die Verknüpfungen im Text für sich zu
erschließen. Vgl. Paefgen (1997), 250.

[98] Spinner (1989), 23.

Stanzels Modell Lücken aufweist und auf viele moderne Texte nicht länger anzuwenden ist, kann man mit der ausführlicheren Terminologie von Genette den Schülern eine Auswahl an Kriterien bieten, unter denen ein Text seine narrative Wirkung entfaltet. Um diese Kriterien zu ermitteln, ist eine genaue, intensive und verlangsamte Lektüre notwendig. Denn zu groß ist die Gefahr, dass bei einer oberflächlichen, schnellen Rezeption wichtige Details übersehen werden: ein Hinweis auf die Identität des Erzählers, ein intertextuelles Zitat, das die Handlung erklärt oder stützt, sowie der Wechsel von einer Erzählebene auf eine andere. Das Prinzip des textnahen Lesens[99] arbeitet in diesem Sinne mit einer erzähltheoretischen Konzeption des Unterrichts Hand in Hand.

Ein analytischer Zugang zur Literatur der 90er-Jahre muss nicht zwingend 'langweilig' oder zu 'kopflastig' sein. Es gibt ebenfalls keine Notwendigkeit, eine Analyse lediglich als Vorbereitung einer Interpretation anzusehen. Methoden, die narrative Elemente des Textes erschließen, sollten statt dessen in den interpretierenden Unterricht so integriert werden, dass den Schülern die Verknüpfung von Inhalt und Form deutlich wird. Die Gegenwartsliteratur kann 'sperrige' Merkmale enthalten, die sich auf den ersten Blick dem Verständnis des Rezipienten entziehen. Eine Analyse, die mit Hilfe verschiedener leser- bzw. schülerorientierter Methoden durchgeführt wird, kann zu einem tieferen Verständnis der neuen Literatur führen:

> Erkenntnis über die Struktur eines Textes ist kein *Zusätzliches* zur Erkenntnis von *Inhalt*. Vielmehr erschließt sich der Kosmos eines Romans – der nicht (mehr) identisch ist mit dem Kosmos unserer subjektiven Erfahrung – nur in seiner Struktur. […] Wo sich der Text sperrt, sollten wir aufmerksam werden. Hier liegen die Einfallstore zu dem uns Unbekannten, Neuen, das er enthält.[100]

---

[99] Vgl. oben Kap. 3.2.2 (Teil I).
[100] Scheitler (2001), 12.

Teil II:
Unterrichtsmodelle:
Literatur der 90er-Jahre

1. Judith Hermann: *Sommerhaus, später* – Neues Erzählen

„... das Gefühl der Irritation bleibt"[1]

1.1 Autorin und Werk

Judith Hermann wurde 1970 in Berlin geboren und lebt dort als Journalistin und freie Schriftstellerin. Nach einer journalistischen Ausbildung und einem Zeitungspraktikum in New York erhielt sie 1997 das Alfred-Döblin-Stipendium der Akademie der Künste. Als ihr Erzählband *Sommerhaus, später* im September 1998 erschien, war die damals 28-jährige noch völlig unbekannt. Den großen Überraschungserfolg verdankte sie vermutlich der positiven Besprechung ihrer Texte im *Literarischen Quartett* am 30.10.1998 sowie den nachfolgenden Rezensionen. Sie erhielt u. a. folgende Auszeichnungen und Preise: Bremer Literatur-Förderpreis (1998), Hugo-Ball-Förderpreis (1999), Kleist-Preis (2001). Im März 2003 folgte der Erzählband *Nichts als Gespenster*, der um knapp 150 Seiten umfangreicher ist als ihr Debütwerk, von der Presse allerdings teilweise negativer besprochen wurde.[2]

Neun Geschichten sind in *Sommerhaus, später* enthalten, die längste umfasst 30 Seiten, die kürzeste 10 Seiten. Als ein durchgängiges Motiv ist zum einen die Vorstellung von Glück zu nennen. „Glück ist immer der Moment davor" (158), „doch die Geschichten werden erzählt im Moment danach."[3] Die Protagonisten befinden sich auf einer ziellosen Suche nach diesem Glück, und ihre Hoffnungslosigkeit drückt sich besonders in den Begegnungen mit anderen Menschen aus. Diese Begegnungen bilden allerdings keine Grundlage für dauerhafte Liebesgeschichten: Die Beziehungen scheitern, bevor sie überhaupt ihren Anfang genommen haben, an der Emotions- und Kommunikationslosigkeit der Figuren. Dabei benutzt die Autorin neben der nüchternen, lakonischen Sprache besonders die Instrumente der Aussparung und der Betonung von Leerstellen.

Eine weitere Gemeinsamkeit ist die Lokalisierung der Geschichten. Bis auf wenige Ausnahmen befinden sich die Schauplätze und Protagonisten in bestimmten

---

[1] Hermann (1998), 84. Alle weiteren Zitate sind der im Literaturverzeichnis aufgeführten Ausgabe entnommen. Die Seitenzahlen der Textstellen werden im laufenden Text hinter den Zitaten in Klammern aufgeführt.

[2] Vgl. Steinfeld (2003) und Radisch (2003). Allerdings macht Steinfeld in seiner Rezension eine falsche Angabe zu *Sommerhaus, später*: Fünf Erzählungen habe seiner Meinung nach das Debütwerk von Judith Hermann enthalten; in Wirklichkeit sind es aber neun Geschichten, genauso viele wie in *Nichts als Gespenster*. Vgl. Steinfeld (2003), 1.

[3] Köhler (2000), 88.

Stadtteilen von Berlin; der Oderbruch oder der Prenzlauer Berg werden als neue literarische Landschaften entdeckt.[4]

1.2 *Rote Korallen* und *Sonja* – Erzählstruktur und Sprache

1.2.1 *Rote Korallen*

„Mein erster und einziger Besuch bei einem Therapeuten kostete mich das rote Korallenarmband und meinen Geliebten." (11) Bereits der erste Satz in Judith Hermanns Geschichte *Rote Korallen*, die zugleich den Auftakt in ihrem Erzählband bildet, versetzt den Leser direkt in die Handlung und führt ohne Umschweife zum Thema. Das rote Korallenarmband dient der Ich-Erzählerin als Anlass, eine Binnenerzählung in die Rahmenhandlung einzufügen, deren Handlung parallel zur gegenwärtigen Situation der Erzählerin steht. Die eingefügte Erzählung berichtet vom Leben der Urgroßmutter, die im Russland der Jahrhundertwende eine unglückliche Ehe führt und sich nach ihrer deutschen Heimat zurücksehnt. Der Ehemann, der durch das Land reist, um Öfen zu bauen, schiebt die Rückkehr nach Deutschland immer wieder auf und lässt seine Frau für drei Jahre allein. In ihrer Einsamkeit nimmt sie sich mehrere Liebhaber, von denen einer ihren Mann später bei einem Duell erschießt. Auslöser für das Duell ist das rote Korallenarmband, das die Urgroßmutter von ihrem Liebhaber geschenkt bekommen hat, und das sie am Abend der Rückkehr ihres Mannes provokativ trägt. Nach dem Tod ihres Mannes und kurz nach der Geburt ihres Kindes, verlässt sie Russland zusammen mit einem ehemaligen Diener ihres Mannes, der ihr stets treu ergeben bleibt. Das rote Korallenarmband trägt nun die Ich-Erzählerin, deren Situation ihrer Urgroßmutter ähnelt. Auch sie scheint sich in einer unbefriedigenden Beziehung zu befinden und ihr Geliebter ist bezeichnenderweise ein Urenkel des damaligen Begleiters ihrer Urgroßmutter.

Ebenso wie ihre Urgroßmutter, die sich schließlich von ihrer unglücklichen Ehe emanzipiert, befindet sich die Ich-Erzählerin auf der Suche nach der eigenen Identität. Indem sie zwischen den beiden Geschichten eine untrennbare Verknüpfung herstellt, spiegelt sie ihr eigenes Leben an dem Schicksal ihrer Urgroßmutter. Im Erzählen ihrer Geschichte lässt sie die Vergangenheit immer wieder aufleben und spürt ihr nach, um Antworten für ihr eigenes Leben zu finden.

„Ist das die Geschichte, die ich erzählen will? Ich bin nicht sicher. Nicht wirklich sicher." (11) Diese Sätze kommen in leicht abgewandelter Form dreimal (11, 19, 29) in der Geschichte vor (Repetitives Erzählen[5]). Sie scheinen jeweils einen wichtigen Sinnabschnitt zu markieren, einem Kreis ähnlich, der sich schließt.

---

[4] Zugespitzt spricht man sogar von dem 'Berlin-Syndrom' – die Hauptstadt wird zum literarischen Mittelpunkt. Vgl. Köhler (2000), 83 ff.

[5] Vgl. Genette (1998), 83. Weitere Beispielsätze, die repetitiv erzählt sind, finden sich in Hermann (1998), 11 und 25.

Das oben erwähnte Zitat steht am Anfang, es erhöht als ein retardierendes
Moment die Spannung, die bereits im ersten Absatz aufgebaut wird. Mit wenigen einfachen Sätzen, die größtenteils parataktisch angeordnet sind, schafft es
Judith Hermann, die wesentlichen inhaltlichen Punkte zusammenzufassen, ohne die Geschichte allerdings in ihrer Tiefe vorwegzunehmen. Dabei werden besonders zwei Stilmittel deutlich, die sie durch sämtliche Geschichten hindurch
konsequent und wirkungsvoll verwendet: das semantische Zeugma und der Parallelismus: „Das rote Korallenarmband kam aus Russland. [...] [M]eine Urgroßmutter hatte es ums linke Handgelenk getragen, meinen Urgroßvater hatte
es ums Leben gebracht." (11) Die Sprache wird auf ein Minimum reduziert;
durch ungewöhnliche inhaltliche Kombinationen wird innerhalb paralleler
Strukturen ein Überraschungseffekt evoziert. „Indem die Sätze und vor allem
die Sprachbilder einer maximalen Verkürzung unterworfen werden, bekommen
sie eine besondere sprachästhetische Wirkung."[6]

Ebenso auffällig ist die Personendarstellung innerhalb der Geschichte. Die
Figuren bleiben äußerst abstrakt und undeutlich. Niemand wird mit Namen oder
charakteristischen Merkmalen als Protagonist eingeführt, sondern nur in Bezug
auf das jeweilige Verhältnis, das sie zu der Erzählerin haben: „meine Urgroßmutter", „mein Urgroßvater", „mein Geliebter". Durch das Possessivpronomen
kommt es zu einem ständigen Rückverweis auf die Ich-Erzählerin. Sie steht im
Mittelpunkt der Geschichte, was auch durch ihre eigenen Worte[7] hervorgehoben
wird.

Ein weiteres Merkmal ist die hohe Symboldichte in *Rote Korallen*. Besonders
stark ist die Farb- und Wassersymbolik; die Beschreibungen des Geliebten mit
den „fischgrauen Augen und [der] fischgrauen Haut" (18) und das „wässerige
Licht", das „grün durch die Bäume vor dem Fenster" (20) fällt, bilden einen
deutlichen Kontrast zum Korallenarmband, das „rot wie die Wut leuchtete" (15).
Während das rote Armband Emanzipation, Befreiung, wütende Provokation,
aber auch Sinnlichkeit und Liebe verkörpert, erscheinen die Farben, mit denen
der Geliebte bezeichnet wird, wesentlich trostloser.

Das Wasser spielt besonders im Zusammenhang mit dem Therapeuten des Geliebten eine Rolle, den am Schluss auch die Ich-Erzählerin aufsucht. Nachdem
sie das rote Korallenarmband vor seinen Augen zerreißt und sich somit vom Einfluss der Geschichte ihrer Urgroßmutter befreit, wird der Therapeut vom Wasser
weggetragen: „Das Wasser der Weltmeere wogte in einer großen, grünen Welle
über den Schreibtisch des Therapeuten und riß ihn vom Stuhl [...]" (28).

Derartige surrealistische[8] Elemente finden sich nicht nur am Schluss der Geschichte, auch schon vorher im Text springen Fenster von allein auf, klingeln

---

[6] Burtscher (2002), 84.
[7] „Ich interessiere mich ausschließlich für mich selbst." (20).
[8] Vgl. Burtscher (2002), 84.

„Totenglöckchen auf dem Friedhof [...] wie rasend" (24 f.) oder klopft die tote Urgroßmutter „von Zeit zu Zeit [...] mit knochiger Hand an die Wohnungstür" (22). Diese „Brüche innerhalb der Erzählebene des Realen"[9] verstärken den traumartigen Effekt, der den Ton der gesamten Erzählung bestimmt. Außerdem werden hier Leerstellen im Text geschaffen, welche die Ebene der Realität durchziehen und den Leser zu eigenen Vorstellungsbildern auffordern.

Die Erzählstruktur in *Rote Korallen* bietet sich besonders für eine Beschreibung mit Hilfe der Genetteschen Terminologie[10] an. So befindet sich die Rahmenhandlung, in der die Ich-Erzählerin die Beziehung zu ihrem Geliebten beschreibt, auf der extradiegetischen Ebene. Das *Ich* ist eine homodiegetische Erzählinstanz, da es gleichzeitig eine Figur in der Geschichte verkörpert. Darüber hinaus wechselt die Perspektive von der eines erzählenden Ichs hin zu der eines erlebenden Ichs. Zum erzählenden Ich wird die Erzählinstanz auf der intradiegetischen Ebene, wenn die Geschichte der Urgroßmutter in Russland wiedergegeben wird. Innerhalb dieser Binnenerzählung erfüllt die Ich-Erzählerin keine Figurenfunktion, daher handelt es sich hier um einen heterodiegetischen Erzähler.

Diese kurze Darstellung der sich wandelnden Perspektiven macht bereits deutlich, dass hier die Typologie von Stanzel[11] nicht genügen würde, da seine eingeschränkte Unterteilung in Ich-, personale und auktoriale Erzählsituation die verschiedenen Erzählebenen nicht ausreichend beschreiben könnte. Das Aufeinandertreffen dieser beiden Ebenen in Form einer narrativen Metalepse[12] wird durch die surreale Verschmelzung der Realität der Ich-Erzählerin mit einer unwirklichen, fast gespenstischen Atmosphäre, die das Erscheinen ihrer Urgroßmutter in ihrer gewohnten Umgebung begleitet, hervorgehoben.

Weitere Merkmale der beiden Ebenen lassen sich unter dem Aspekt der Zeit finden. Die Geschehnisse in Russland ziehen sich ungefähr über einen Zeitraum von vier Jahren hin (Erzählte Zeit), durch Zeitraffung werden daraus etwa acht Buchseiten (Erzählzeit). Unterstützt durch Ellipsen, die u. a. das weitere Leben der Urgroßmutter oder das Schicksal ihres Geliebten auslassen, wird die Geschichte der Urgroßmutter sehr komprimiert und auf das Nötigste beschränkt dargestellt. Im Gegensatz dazu findet man auf der extradiegetischen Ebene eher eine Zeitdehnung vor, die Beschreibungen der Tätigkeiten der Figuren sind wesentlich ausführlicher:

> Die Tage waren still und wie unter dem Wasser. Ich saß im Zimmer meines Geliebten, und der Staub webte sich um meine Fußgelenke herum, ich saß, die Knie an den Körper gezogen, den Kopf auf den Knien, ich malte mit dem Zeigefinger Zeichen auf den grauen Fußboden, ich war gedankenverloren in ich weiß nicht was, so gingen Jahre, schien es, ich trieb so fort. (22)

---

[9] Ebd.
[10] Vgl. oben Kap. 1.2.2 (Teil I).
[11] Vgl. ebd.
[12] Vgl. ebd.

1.2.2 *Sonja*

„Sonja war biegsam." (55) „Sie war überhaupt nicht schön. [...] [I]hr Gesicht
war so ungewohnt und altmodisch, wie eines dieser Madonnenbilder aus dem 15.
Jahrhundert, ein schmales, fast spitzes Gesicht." (56) „Sie war sehr jung, vielleicht neunzehn oder zwanzig Jahre alt." (58)

Obwohl der männliche Ich-Erzähler in der Geschichte *Sonja*[13] gleich zu Beginn
ihrer ersten Begegnung versucht, die ihm merkwürdig erscheinende Person genau zu beschreiben, die er auf der Zugfahrt von Hamburg nach Berlin kennen
lernt, bleibt sie unnahbar und auch für den Leser eher schemenhaft. „Du kannst
mich anrufen" (59) sagt sie zu dem Ich-Erzähler, der sich eigentlich in einer festen Beziehung zu Verena befindet und „sehr in sie verliebt" (55) ist, und gibt
ihm ihre Telefonnummer. So wird langsam die Geschichte einer seltsamen Beziehung entwickelt. Der Ich-Erzähler ist ein egozentrischer Künstler aus Berlin, der
zwischen zwei Frauen steht, die unterschiedliche Lebens- und Liebesauffassun-
gen zu verkörpern scheinen.

Auf der einen Seite repräsentiert Verena ein eher konventionelles Beziehungs-
modell, mit ihr hat der Erzähler eine unkomplizierte Fernbeziehung, die in ihrer
Einfachheit schon an Oberflächlichkeit grenzt. Verena wird auffallend eindimensional charakterisiert,[14] sie hat einen „Kirschmund und rabenschwarze Haare" (55), „sie brachte meine Pfandflaschen zurück [...] und war ständig bereit,
mit mir ins Bett zu gehen." (61) Obwohl der Ich-Erzähler sie kaum vermisst,
wenn sie weg ist[15] bzw. sich zurück an seine Arbeit sehnt, wenn sie bei ihm ist,[16]
stellt er die Beziehung zu ihr nicht generell in Frage. Auch als er auf Sonjas Angebot eingeht und sie anruft, hat er Verena gegenüber keine Schuldgefühle: „Ich
legte auf, bereute nichts, rief Verena an [...]" (60). Diese scheinbare Gleichgül-
tigkeit legt er allerdings im Laufe der Geschichte ab, so muss er sich bereits bei
seinem zweiten Anruf vor sich selbst dafür rechtfertigen.[17]

Er versucht sich und den Leser, wie auch an anderer Stelle, davon zu überzeu-
gen, dass er noch die Kontrolle über sein Leben besitzt. Allerdings hat sich Sonja
bereits in seinem Leben festgesetzt, sie kommt und geht, wie sie will, und er genießt ihre Gegenwart, ihre Bewunderung und Aufmerksamkeit. Sie wird zu einer Muse, ein mehrdimensionales Erscheinungsbild, das ihm gerade durch seine
undurchschaubare, bizarre Art die Möglichkeit zur Projektion bietet: „Sie er-

---

[13] Diese Geschichte steht in Judith Hermanns Band an dritter Stelle.
[14] Vgl. Burtscher (2002), 82.
[15] „[Ich] sehnte mich nach Verena, ohne mich zu quälen." (59).
[16] „[Ich] hatte große Lust, nach Hause zu fahren und zu arbeiten, den Geruch von ihrem Haar an den
 Händen." (56).
[17] „[...] Ich war müde und in einem seltsamen Zustand der Emotionslosigkeit. Vielleicht rief ich Sonja deshalb doch noch einmal an, ich fand das Ganze eigentlich hoffnungslos, aber, mein Gott, es
 war Hochsommer [...]" (64).

laubte mir jede mögliche Wunschvorstellung von ihrer Person [...]." (55) Dabei bleiben ihre Motive verborgen und zunächst stellt sie auch keine Ansprüche an ihn. Ihre Schweigsamkeit und seltsame Angewohnheit, ihn bei seiner Arbeit zu beobachten oder Kleinigkeiten aus seiner Wohnung zu stehlen, stören ihn nicht weiter, „weil mir all das damals eigentlich nicht bewußt war" (67). Die Beziehung Sonjas zu dem Ich-Erzähler bleibt auf einer platonischen Ebene:[18] Berührungen zwischen ihm und Sonja sind selten. Als sie bei ihm übernachtet, denkt er, „daß es wie inzestuös gewesen wäre, mit ihr zu schlafen [...]" (72). Auch an späterer Stelle unterstützt Sonja dies, indem sie sagt, dass sie irgendwann miteinander schlafen werden, um Kinder zu bekommen, aber „[n]ur zu diesem Zweck" (77).

Zwischendurch entzieht sich Sonja dem Ich-Erzähler für längere Zeit, ohne einen Grund für ihr Verschwinden anzugeben; sie taucht jedoch immer wieder auf. Irgendwann, davon ist sie überzeugt, werde er sie heiraten. Obwohl ihm dieser Gedanke fern liegt, ringt sie ihm durch Erpressung und eine Selbstmorddrohung das Heiratsversprechen ab. (Vgl. 78) Daraufhin verreist Sonja wieder und der Erzähler bleibt verwirrt mit einer aufsteigenden Furcht vor der Zukunft zurück. Ihre unnahbare und doch faszinierende Art macht ihm Angst und lässt ihn zurückschrecken vor der „plötzlich so naheliegenden Möglichkeit eines Lebens mit einer seltsamen kleinen Person, die nicht sprach, die nicht mit [ihm] schlief, die [ihn] meist anstarrte, großäugig, von der [er] kaum etwas wußte [...]" (79). Er hat das Gefühl, „ohne Sonja nicht mehr sein zu wollen" und will gleichzeitig „nichts mehr, als daß sie fortbliebe, für immer" (ebd.).

Kurz entschlossen macht er Verena als letzte Rettung vor „einer unermeßlichen Gefahr" (80) einen Heiratsantrag, den diese auch annimmt. Sonja erfährt von der bevorstehenden Hochzeit und entzieht sich dem Ich-Erzähler endgültig. Dieser bleibt zurück, irritiert, denn dies „war ein Spiel, ich kannte die Regeln" (82). Aber er irrt sich: Sonja kommt nicht zurück.

Während sich die Erzählung *Rote Korallen* vorrangig durch die verschiedenen Erzählebenen auszeichnet, auf denen sich die Handlung entwickelt, fehlt es *Sonja* auf den ersten Blick an narrativen Auffälligkeiten. Lediglich der Anfang verunsichert den Leser zunächst, erwartet er doch parallel zum Geschlecht der Autorin wie schon in der ersten Geschichte einen weiblichen Ich-Erzähler. Nach wenigen Seiten wird allerdings klar, dass dem nicht so ist. Aber gerade diese eingeschränkte Perspektive des Erzählers, der allein dem Leser die nötigen Informationen über seine Beziehung zu Sonja mitteilt, hebt einen wesentlichen narrativen Aspekt hervor: die Möglichkeit, dass der Erzähler nicht immer zuverlässig ist und daher der Leser eine kritische Haltung einnehmen sollte, die sich auch auf die Bewertung der Beziehung übertragen lässt.

---

[18] Zu dem Aspekt der Erotik in der Geschichte vgl. Kanz (1999).

1.3 Methodisch-didaktische Überlegungen

Im Hinblick auf die Frage nach dem didaktischen Wert von Judith Hermanns Erzählband, bezeichnet Kammler die Geschichten als „Glücksfälle für den Literaturunterricht"[19]. In seinen Augen können die Leerstellen, die der Text schafft, zu einer erhöhten ästhetischen Wahrnehmung bei den Schülern beitragen. Darüber hinaus fordere die Lektüre der nur scheinbar leicht zu lesenden Geschichten eine Kunst des langsamen Lesens,[20] was sich mit den didaktischen Konzeptionen des textnahen Lesens, wie sie Paefgen postuliert, deckt.

Der Erzählband ist immer noch sehr erfolgreich, obwohl er bereits 1998 erschienen ist. Dies liegt vor allem daran, dass im Frühjahr 2003 das zweite Buch der Autorin gleich nach seinem Erscheinen die Bestsellerlisten angeführt hat. Judith Hermann steht erneut im Mittelpunkt des literarischen Interesses, ihr Debüttitel weist demzufolge eine aktuelle Bedeutsamkeit auf, die auch von den Richtlinien des Landes NRW für den Literaturunterricht der Sekundarstufe II gefordert wird.[21]

Die Entscheidung, die Geschichten *Rote Korallen* und *Sonja* zum Gegenstand des Unterrichtsmodells zu machen, basiert vor allem auf deren thematischem Bezug zur Erfahrungswelt der Schüler.[22] Denn beide Geschichten handeln von Erfahrungen und Situationen, mit denen sich auch Schüler der Oberstufe während ihrer entwicklungspsychologischen Sozialisation konfrontiert sehen. Zum einen wird in *Rote Korallen* die Suche nach der eigenen Identität thematisiert, eine Suche, die sicherlich auch junge Erwachsene, die sich auf der Schwelle von der Pubertät zur langsamen Abtrennung vom Elternhaus befinden, durchleben. Die Ich-Erzählerin in der Geschichte kann als Identifikationsfigur innerhalb eines Emanzipationsprozesses dienen und die Darstellung ihrer Erfahrungen die Schüler vielleicht einen Schritt auf deren individueller Suche nach der eigenen Geschichte weiterbringen. Gleichzeitig findet auch ein Ablöseprozess statt, der die Ich-Erzählerin vom Einfluss der Urgroßmutter und deren Vergangenheit befreit. Diesen Prozess müssen auch die Schüler durchleben, die sich nach und nach von ihrer Familie distanzieren, sei es räumlich oder emotional, wenn sie nach dem Schulabschluss ihren weiteren Lebensweg einschlagen.

Durch die Geschichte *Sonja* dagegen kann der Lehrer eher auf aktuellere Erfahrungen und weniger langfristige Ziele verweisen: Die ungewöhnliche Beziehung und der Entwurf von verschiedenen Lebens- und Glücksvorstellungen sprechen Bedürfnisse und Erfahrungen der jungen Leute an, die diese sicherlich schon in den ersten eigenen zwischenmenschlichen Begegnungen gesammelt haben. Dabei können auch Fragen im Vordergrund stehen, die die eigenen Vorstellungen

---

[19] Kammler (2000a), 145.
[20] Vgl. ebd.
[21] Vgl. Richtlinien (2000), 18.
[22] Vgl. ebd.

der Schüler hervorheben: Was bedeutet Glück für mich, in meinem Leben? Welche Rolle spielt die Liebe?

Darüber hinaus kann das Problem der Kommunikationslosigkeit der Figuren in Judith Hermanns Geschichten thematisiert und mit möglichen parallelen Tendenzen innerhalb der Gesellschaft verglichen werden.[23]

Gleichzeitig bietet es sich auch an, die sprachlichen Mittel in den Geschichten zu untersuchen und damit eine Verbindung zwischen Inhalt und Form zu knüpfen. Denn Judith Hermanns Geschichten sind in sprachlicher Hinsicht interessant, weil die Autorin sehr einfach und größtenteils parataktisch schreibt. Dies entspricht den oberflächlich betrachteten losen Beziehungen, die ihre Charaktere unterhalten. Ferner gibt die monotone und sachliche Ausdrucksweise auch die Emotionslosigkeit der Figuren wieder. Die Erzählweise deutet außerdem an, dass unter der Oberfläche viel mehr steckt, was durch die einfache Sprache verborgen bleibt.

Daher ist es naheliegend, die Geschichten zunächst unter erzähltheoretischen Gesichtspunkten zu betrachten. Besonders in *Rote Korallen* ermöglicht eine genaue Analyse der Erzählstrategie ein tiefergehendes Verständnis des literarischen Textes. Das Ineinandergreifen der intra- und extradiegetischen Ebenen lassen Rückschlüsse auf die Figurenkonstellation und die Befindlichkeiten der Figuren ziehen. Dabei steht vor allem die Frage im Vordergrund, wie es die Autorin schafft, durch bestimmte Kategorien (Raumgestaltung, Figurenkonstellation oder Zeitstruktur) eine bestimmte Wirkung zu entfalten.

Anschließend können, auf der Grundlage von den gewonnenen erzähltextanalytischen Merkmalen, Interpretationsansätze erarbeitet werden, wobei der Lehrer darauf verzichten sollte, im traditionell hermeneutischen Rahmen auf eine richtige Interpretation seitens der Schüler hinzuarbeiten. Schließlich sollen die Schüler lernen, dass „Textverstehen [...] eine subjektive Leistung" und das „Ergebnis eines konstruktiven Prozesses [ist], der Plausibilität beansprucht"[24].

Statt dessen kann mit Hilfe verschiedener Lesarten versucht werden, den Text in all seinen Facetten zu erfassen, ohne ihm eine Autorintention oder eine Bedeutung aufzwingen zu wollen. Die Geschichten von Judith Hermann sind beispielhaft für die Literatur der 90er-Jahre, durch sie lassen sich verschiedene Merkmale des postmodernen Erzählens[25] aufzeigen. Die Schüler sollen nach Abschluss des Unterrichtsmodells in der Lage sein, diese Merkmale zu benennen und im Vergleich zu anderen Texten und in ihrer Gegenwartsbedeutung kritisch zu bewerten.

---

[23] Durch eine Anbindung an „Probleme der Lebenswelt, [...] aktuelle Fragen, [...] und an die Interessen und Fragestellungen der Schülerinnen und Schüler" (ebd.) wird einerseits die thematische Bedeutung der Texte betont, andererseits auch ein Argument für den Einsatz von Gegenwartsliteratur (vgl. Kap. 3.1, Teil I) geliefert, da diese den Anspruch erhebt, im Allgemeinen an lebensweltliche Fragen anzuknüpfen.

[24] Richtlinien (2000), 17.

[25] Vgl. Kap. 2.2 (Teil I).

Wie oben[26] bereits erläutert wurde, bietet sich bei der Lektüre von neuen Texten im Unterricht besonders die Methode des verzögerten Lesens an. Um die Schüler davon abzuhalten, sich vorschnell ein Urteil über den Text zu bilden, und über scheinbar unwichtige Kleinigkeiten hinwegzulesen, sollten die Geschichten vor Beginn der Unterrichtsreihe noch nicht bekannt sein. Die Anfänge der Geschichten werden jeweils gemeinsam gelesen, so konzentriert man die Aufmerksamkeit auf die literarische Wirkung und stellt außerdem sicher, dass die Schüler den Text überhaupt lesen.[27]

Auch in den Richtlinien wird ein textgenaues Lesen als Basis für alle Verfahren im Umgang mit literarischen Texten angesehen.[28] In beiden Geschichten von Judith Hermann bietet es sich vor allem an, nach dem ersten Absatz eine Pause zu machen, um erste Leseeindrücke der Schüler zu sammeln und sie aufzufordern, anhand von Textbeispielen Mutmaßungen über den weiteren Verlauf der Geschichten anzustellen. Indem die Schüler vorhandene Informationen wie Ort, Erzähler oder mögliche Themen sichten, und deren Bedeutung für den Gesamtzusammenhang reflektieren, werden bereits automatisch erzähltextanalytische Kategorien benutzt. Die Schüler sollen erkennen, dass diese wichtige Instrumente sind, die einem Autor zur Verfügung stehen, um beim Rezipienten eine bestimmte Wirkung zu erzeugen.

Indem die Schüler sich in Gruppen über ihre Texteindrücke austauschen oder in Form von mündlichen Präsentationen ihren Mitschülern ihre Ergebnisse mitteilen, werden soziale Kompetenzen wie Teamfähigkeit[29] und adressatengerechter, freier Redefluss[30] gefördert. Dabei können die Schüler sich der unterschiedlichsten Medien bedienen: Der Overhead-Projektor kann ebenso zum Einsatz kommen wie das Internet oder die audiovisuellen Medien.[31]

In manchen Arbeitsphasen werden handlungs- und produktionsorientierte Methoden Anwendung finden, die sich besonders unter den Aspekten des Perspektivenwechsels und der Fremdwahrnehmung anbieten.[32]

1.4 Konzeption der Bausteine

Im Folgenden schließt sich das Unterrichtsmodell 1 an, in dem die Geschichten *Rote Korallen* und *Sonja* von Judith Hermann unter Berücksichtigung ihrer narrativen Merkmale Lerngegenstand sind. Da die Methoden des textnahen bzw. des verzögerten Lesens im Vordergrund stehen, wird, wie bereits erwähnt, da-

---

[26] Vgl. Kap. 3.2.2 und 3.3 (Teil I).
[27] Vgl. die ernüchternde Feststellung in der Einleitung, dass man davon ausgehen muss, dass viele Texte von den Schüler zu Hause gar nicht mehr gelesen werden.
[28] Vgl. Richtlinien (2000), 20.
[29] Vgl. ebd., 11.
[30] Vgl. ebd., 29.
[31] Vgl. ebd., 19.
[32] Vgl. Kap. 3.2.1 (Teil I).

von abgesehen, die Schüler die Texte bereits vor Beginn der Unterrichtsreihe als häusliche Lektüre vorbereiten zu lassen.

Die Unterrichtsvorschläge sind auf eine 12. Jahrgangsstufe ausgerichtet und können sowohl in einem Leistungs- als auch in einem Grundkurs durchgeführt werden. Nach Abschluss der Reihe kann die Leistungsüberprüfung in Form einer vierstündigen Klausur erfolgen, ein entsprechender Entwurf befindet sich im Anhang. Der Grundrhythmus innerhalb der einzelnen Bausteine weicht an einigen Stellen von der üblichen Dreiteilung (Einstieg – Erarbeitung – Ergebnissicherung) ab, was allerdings vor allem aus der allgemeinen Konzeption der Module resultiert. Da es sich nicht um eine festgelegte Unterrichtsreihe handelt, deren einzelne Stunden minutiös durchgeplant sind, sind die Bausteine als flexible, dynamische Elemente anzusehen, die Aufgaben vorschlagen, Lernwege anbieten und thematische Grundmuster entwickeln, auf deren Basis der Lehrer nach seiner Vorstellung den Unterricht konzipieren kann. Die einzelnen Bestandteile sind untereinander austauschbar, ergänzen einander oder stehen in einem engen Zusammenhang.[33]

Baustein 1 soll den Schülern als eine erste Erschließungshilfe und zur Motivation dienen, die Lektüre zu Ende zu führen. Der zweite Baustein ermöglicht mithilfe des textnahen Lesens einen ersten Zugang zur Erzählung *Rote Korallen*, wobei verschiedene narrative und literarische Merkmale untersucht werden. In Baustein 3 wird die Kategorie der Erzählebenen auf die Geschichte übertragen, und verschiedene thematische Aspekte werden untersucht. Im nächsten Baustein stehen die Figurenkonstellationen und die Raumgestaltung im Vordergrund. Mit verschiedenen Methoden verschaffen sich die Schüler einen Eindruck über die einzelnen Protagonisten und ihren Standpunkt innerhalb der Erzählung.

Baustein 5 dient dem Zugang zur zweiten Geschichte *Sonja*. Auch hier wird der Texteinstieg verlangsamt, um auf besondere sprachliche Merkmale aufmerksam zu machen. In Baustein 6 werden u. a. verschiedene Beziehungskonzepte, welche die Erzählung thematisiert, untersucht und das Problem der Kommunikation besprochen. Der abschließende Baustein 7 beinhaltet einen Blick auf einen öffentlich-kulturellen Bereich: Das Buch wird vor seinem literaturkritischen Hintergrund mithilfe von Rezensionen diskutiert.

Das Groblernziel für das Unterrichtsmodell zu den Geschichten von Judith Hermann besteht in der primären Vermittlung erzähltheoretischer Kategorien wie z. B. verschiedene Erzählebenen, Figurenkonstellationen und Stilmittel. Dabei werden vorrangig die didaktischen Konzepte des textnahen Lesens[34], der Handlungs- und Produktionsorientierung[35] und Medienorientierung[36] verwendet.

---

[33] Diese konzeptuellen Ausführungen gelten für alle drei Unterrichtsmodelle im zweiten Teil.
[34] Vgl. Kap. 3.2.2 (Teil I).
[35] Vgl. Kap. 3.1. und 3.2.3 (Teil I).
[36] Vgl. Kap. 3.2.4 (Teil I).

1.5 Das Unterrichtsmodell

Baustein 1:

Lektürebegleitung

1. The doctor says I'll be alright, but I'm feelin blue.
2. Anregung für den Lektüreprozess: Lesezettel

Baustein 2: Zugang zur Lektüre von *Rote Korallen*

1. Fiktionalität vs. Nicht-Fiktionalität
2. Metafiktion: Erzählen übers Erzählen
3. Sprache: Weniger ist mehr?
4. Erwartungshaltung

Baustein 3: Erzählebenen

1. Darstellung von Erzählebenen
2. Erzählebenen in *Rote Korallen*
3. Russland, damals - Deutschland, heute?
4. Loslassen: Der Therapeut als Retter?

Unterrichtsmodell 1:

Judith Hermann:
Sommerhaus, später

Baustein 4: Figurenkonstellation und Raumgestaltung

1. Charakterisierung und Gespräche
2. Standbild/Szenisches Interpretieren
3. Requisiten für Raumgestaltung

Baustein 5: Zugang zur Lektüre von *Sonja*

1. Antizipatives Lesen
2. Erzählperspektive
3. Zeit und Glück - und ein ungeheures Versäumnis

Baustein 7: Literatur und Wertung

1. Wirkung von Sprache und Bewertung von Literatur
2. Rezensionen
3. Literaturkritik in der Öffentlichkeit
4. Moral und Satire - muss ein Autor politisch sein?
5. Der Autor, sein Werk und die Medialisierung

Baustein 6: Zeit - Glück - Liebe

1. Figurenbeschreibung
2. Zwei Arten von "Liebe"
3. Spiel auf Zeit?
4. Kommunikation
6. Glück ist immer der Moment davor

Baustein 1: Lektürebegleitung

1. The doctor says I'll be alright, but I'm feelin blue.

Diesen Vers aus einem Lied von Tom Waits stellt Judith Hermann ihren Geschichten in *Sommerhaus, später* als Motto[37] voran. Auch in den einzelnen Erzählungen werden verschiedene Musikgruppen oder Sänger als Bezugspunkte innerhalb von Beziehungen oder um bestimmte Gefühle zum Ausdruck zu bringen genannt. Musik wird – ganz nebenbei – zu einem Element mit eigenem Bezugsrahmen innerhalb eines literarischen Textes, wobei der Wiedererkennungseffekt bzw. der subjektive Erfahrungsraum beim Leser angesprochen wird.

Während die Schüler mit den Geschichten von Judith Hermann arbeiten, kann die Zeile von Tom Waits ihnen als Anregung dienen, die Stimmung innerhalb der beiden Geschichten zu bewerten. I'm feelin blue. – was bedeuten diese Worte, welche Vorstellungen lassen sich damit verbinden und gibt es vielleicht weitere Lieder, die diese Stimmung vermitteln?

Zum Abschluss des Unterrichtsmodells soll jeder Schüler ein Lied oder eine Liedzeile gefunden haben, die in seinen Augen die Stimmung der Geschichten am besten widerspiegelt. Auf diese Lieder wird an späterer Stelle erneut Bezug genommen.

⇨ Die Schüler sollen ein Verständnis dafür entwickeln, inwiefern mit bestimmten musikalischen Elementen eine Stimmung erzeugt werden kann, die man auf einen literarischen Text übertragen kann.

2. Anregung für den Lektüreprozess: Lesezettel

Mit Hilfe eines Lesezettels (vgl. Anhang) sollen die Schüler verschiedene Eindrücke, die ihnen beim Lesen wichtig erscheinen, notieren und zusammen mit den entsprechenden Textbelegen in das Unterrichtsgespräch einbringen. Dabei ist es ganz ihnen überlassen, nach welchen Kriterien sie die entsprechenden Texteindrücke bewerten. Das vorrangige Ziel hierbei ist das genaue Lesen sowie ein kompetenter Umgang mit Textbelegen und Zitaten. Dieser Lesezettel wird – im Gegensatz zum Lesetagebuch, das vermehrt in der Mittelstufe zum Einsatz kommt – nicht vom Lehrer eingesammelt, sondern dient allein der selbständigen Orientierung der Schüler.

⇨ Die Schüler sollen in die Lage versetzt werden, ihren eigenen Leseprozess zu organisieren, indem sie sich regelmäßig Notizen machen.

---

[37] Zu einem späteren Zeitpunkt während des Unterrichtsmodells besteht die Möglichkeit, den Bezug zu Genettes Verständnis von Paratexten und deren Funktion innerhalb eines literarischen Werkes herzustellen.

Baustein 2: Zugang zur Lektüre von *Rote Korallen*

1. Fiktionalität vs. Nicht-Fiktionalität

Die Frage, wann ein Text fiktional und wann er nicht-fiktional ist, lässt sich nicht eindeutig beantworten. Vor allem bei literarischen Texten, in denen teilweise sogenanntes faktuales Erzählen[38] zum Einsatz kommt, kann eine genaue Definition Schwierigkeiten hervorrufen. Für den Unterricht bedeutet dies, dass man zunächst bei den Grundlagen anfangen sollte, um den Schülern ein Verständnis für die besonderen Merkmale literarischer Sprache zu vermitteln.

Um diese grundsätzlichen Aspekte literarischer Texte zusammen mit den Schülern zu erarbeiten, bietet es sich an, diese Zielvorstellung mit einer Hinführung zur Lektüre von *Rote Korallen* zu verbinden. Ehe der Lehrer etwas zum neuen Lerngegenstand verrät, liest er den ersten Absatz vor (1-8), ohne jedoch den Titel zu nennen. Die Schüler werden aufgefordert, währenddessen Notizen zu ihren ersten Eindrücken zu machen. So richtet sich aus unterschiedlichen Gründen die Konzentration vollständig auf den Text: Zum einen verknüpfen die Schüler auditive Informationen mit einem eigenen schriftlichen Prozess und begeben sich sofort in eine Auseinandersetzung mit dem Text. Durch den kurzen Absatz, der die Lektüre einleitet, wird diese Auseinandersetzung gefördert, denn „[t]extnahes Lesen wird erleichtert, wenn die Menge des zu Lesenden gering ist"[39]. Zum anderen ist es wichtig, dass in diesem ersten Schritt sekundäre Texte oder Hilfsmittel beiseite gelassen werden, da sonst der erste Kontakt nicht unbeeinflusst geschieht.[40]

Nach diesem vorläufigen Eindruck erhalten die Schüler ein Arbeitsblatt (vgl. Anhang), auf dem erneut der erste Absatz der Geschichte (wieder ohne Titel) sowie ein Lexikonartikel über die Stadt St. Petersburg abgedruckt ist. In Partnerarbeit vergleichen die Schüler die beiden Texte miteinander und machen sich Notizen. In der Phase der Ergebnissicherung soll im Unterrichtsgespräch geklärt werden, ob und inwiefern sich die Eindrücke von dem literarischen Text im Vergleich zu dem Lexikonartikel beim zweiten Durchgang geändert haben. Die Schüler werden aufgefordert, ihre Notizen miteinander zu vergleichen und aufgrund ihrer Beobachtungen Kriterien zu entwickeln, die einen literarischen bzw. fiktionalen Text kennzeichnen.

Diese Kennzeichen werden anschließend in einem Tafelbild zusammengestellt.

⇨ Die Schüler sollen zwei Texte auf ihre sprachlichen Unterschiede hin untersuchen und diese Unterschiede benennen können.

---

[38] Vgl. Martinez/Scheffel (2002), 10.
[39] Paefgen (1998), 17.
[40] Vgl. ebd., Anm. 8.

2. Metafiktion: Erzählen über das Erzählen

„Ist das die Geschichte, die ich erzählen will?" (11) Bereits im ersten Absatz der Erzählung wird eine narrative Spielart deutlich, die nach Sprenger „ein weitverbreitetes Phänomen aktueller Erzählstrategien ist, das in der Kinder- und Jugendliteratur ebenso wie in der anspruchsvollen Gegenwartsliteratur zu finden ist"[41]: die Metafiktion. Indem innerhalb eines literarischen Textes auf das Erzählen als selbständigen Akt oder den Erzähler als Figur reflektiert wird, findet eine Enttarnung des fiktiven Charakters von Literatur statt. Obwohl dieser Forschungsgegenstand noch nicht ausreichend untersucht wurde,[42] findet sich hier ein interessanter Ansatz, um die Literatur (besonders die der 90er-Jahre) zu untersuchen und die Schüler in die Lage zu versetzen, sich auf dieses „Spiel der Narration"[43] einzulassen.

In der Praxis könnte dies auf viele Arten geschehen: Ausgehend von dem oben zitierten Satz, der in Judith Hermanns Geschichte zentral ist, können die Schüler überlegen, was diesen Zweifel in den Worten wohl hervorruft. Warum ist sich jemand nicht sicher, ob er eine Geschichte erzählen will? Können sich die Schüler an eine Situation oder eine Erfahrung erinnern, in denen es ihnen ähnlich ging? In kurzen Partnerinterviews tauschen sie sich über diese Fragen aus, um anschließend wieder den Bezug zur Geschichte zu finden. Welche Wirkung hat die Selbstreflexivität dieser Frage auf die Erwartungshaltung, die die Schüler in Bezug auf den Fortgang der Geschichte entwickeln? Um den Begriff der Metafiktion zu veranschaulichen, teilt der Lehrer verschiedene Textauszüge[44] aus, die deutliche metafiktive Elemente enthalten. Die Schüler sollen diese nennen und gemeinsam überlegen, welche Ziele und Wirkungen damit in den jeweiligen Texten verfolgt werden.

⇨ Die Schüler sollen feststellen, dass ein literarischer Text selbstreflexive Elemente enthalten kann und mit welcher Wirkung diese in verschiedenen Texten eingesetzt werden.

3. Sprache: Weniger ist mehr?

Bereits in den ersten Sätzen der Geschichte *Rote Korallen* lassen sich wichtige Merkmale des Erzählstils erkennen. Wie oben[45] bereits erläutert wurde, benutzt die Autorin verstärkt parataktische Sätze, die häufig parallel angeordnet sind und außerdem mit nur wenigen Worten zentrale Aspekte zusammenfassen. So erfährt der Leser bereits in den ersten acht Zeilen der Erzählung, worum es geht

---

[41] Sprenger (1999), 26.
[42] Vgl. ebd., 132 ff.
[43] Ebd., 26.
[44] Metafiktive Elemente enthalten u. a. Bernhard Schlink: *Der Vorleser* (1995), Umberto Eco: *Der Name der Rose* (1982) und vor allem Italo Calvino: *Wenn ein Reisender in einer Winternacht* (1983).
[45] Vgl. Kap. 1.2.1 (Teil II).

und wer die wichtigsten Figuren sind. Die Schüler sollen sich in einer stillen Arbeitsphase mit dem ersten Absatz erneut 'textnah' beschäftigen, indem sie alle Wörter markieren, die ihnen zentral und wichtig erscheinen. Der Impuls des Lehrers sollte hier möglichst offen sein: Er sollte keine Vorgaben machen, welche weiteren Kriterien zur Auswahl der Wörter herangezogen werden sollen.

Anschließend versuchen die Schüler mit Hilfe der ausgewählten Wörter einen Satz zu formulieren, der in ihren Augen den ersten Absatz treffend zusammenfasst. Der Lehrer sollte darauf achten, dass es bei einem Satz bleibt, denn durch diese Reduzierung von Sprache auf ein Minimum nähern sich die Schüler durch produktive Erfahrung einem sprachlichen Merkmal an, welches für den Stil von Judith Hermann charakteristisch ist.

⇨ Die Schüler sollen einen längeren Absatz in einem Satz zusammenfassen, um sprachliche Merkmale eines Textes zu erkennen.

4. Erwartungshaltung

Um einen rein inhaltlichen ersten Eindruck geht es bei der Frage nach der Erwartungshaltung der Schüler. Nachdem sie bisher nur den ersten Absatz der Geschichte gelesen haben und weder den Namen der Autorin noch den Titel kennen, sollen sie mündlich Vorschläge machen, wie ihrer Meinung nach die Geschichte weiter geht. Der Lehrer notiert sich diese Vermutungen, um sie eventuell in einer der nächsten Stunden mit den weiteren Eindrücken der Schüler zu vergleichen.

⇨ Die Schüler sollen eine erste Hypothese aufstellen, die sie trotz der wenigen Informationen über die Fortsetzung einer Geschichte haben.

Jetzt erst enthüllt der Lehrer den Titel der Geschichte und teilt sie vollständig aus, damit die Schüler sie zu Hause lesen. Wichtig für eine Lektüre zu Hause ist immer die Verknüpfung mit einem kurzen Arbeitsauftrag, damit der Text nicht nur oberflächlich gelesen wird. Als mögliche Arbeitsaufträge für eine häusliche Lesephase stehen u. a. zur Auswahl:

➢ Lesen Sie die Geschichte und gliedern Sie sie, indem Sie für einzelne Sinnabschnitte Überschriften formulieren!

➢ Machen Sie sich bei der Lektüre der Geschichte kurz Notizen, welche Personen, Orte und Handlungen Ihnen wichtig erscheinen.

➢ Lesen Sie die Geschichte und unterstreichen Sie Sätze und Wörter, die Ihnen wichtig erscheinen.

➢ Welche erzählerischen und gestalterischen Merkmale fallen Ihnen bei der Lektüre auf? Machen Sie sich kurze Notizen!

➤ Schreiben Sie beim Lesen an den Rand des Textes die Zeilennummern in Fünfer-Abständen, damit Sie später relevante Textstellen wiederfinden und genau belegen können.[46]

⇨ Die Schüler sollen den Text genau lesen und sich während der Lektüre Notizen machen, um sich an wichtige Stellen später erinnern zu können.

Baustein 3: Erzählebenen

1. Darstellung von Erzählebenen

Betrachtet man die oben[47] erläuterte Terminologie von Genette in Bezug auf die unterschiedlichen Erzählebenen in *Rote Korallen,* so fällt deren Komplexität auf, die den Schülern vielleicht einige Probleme bereiten könnte. Daher ist es angebracht, vor einem Transfer der theoretischen Hintergründe auf den Text, die Schüler mit den grundlegenden Aspekten verschiedener narrativer Ebenen vertraut zu machen. Dabei sollte nicht im Vordergrund stehen, dass die Begrifflichkeiten, die Genette verwendet (z. B. extradiegetisch, intradiegetisch etc.), den Schülern vermittelt werden,[48] sondern dass sie durch anschauliche Beispiele eigenständig erkennen, dass mehrere Erzählungen auf verschiedenen Ebenen innerhalb eines Textes stattfinden können. Wichtig ist dabei die Einsicht, dass „[n]eben einer mündlichen Erzählung oder einem Brief [...] auch ein vorgelesenes oder zitiertes Buch, ein Manuskript, ein Traum oder sogar ein Bild oder ein Bilderzyklus eine neue Erzählebene eröffnen"[49] können.

In Form eines kurzen Lehrervortrags, der durch eine Folie oder ein Informationsblatt (vgl. Anhang) unterstützt wird, lernen die Schüler die wichtigsten Aspekte von Genettes Erzählebenen kennen und erhalten die Möglichkeit, Verständnisfragen zu klären. In einem anschließenden Partnergespräch überlegen die Schüler, ob ihnen Textbeispiele einfallen, in denen verschiedene narrative Ebenen vorliegen.[50]

---

[46] Diese auf den ersten Blick marginal erscheinende Anweisung hat durchaus ihre Berechtigung: Beim Lesen von kopierten Texten sollte der Lehrer bereits die Zeilennummerierung vorgenommen haben bzw. sie durch die Schüler durchführen lassen. Da die Schüler wissenschaftspropädeutische Kompetenzen erlangen sollen, ist es wichtig, sie bei korrektem Zitierverfahren so gut es geht zu unterstützen.

[47] Vgl. die Kap. 1.2.2 (Teil I) und 1.2.1 (Teil II).

[48] Findet dieses Unterrichtsmodul in einem sehr intensiven und erfolgreichen Leistungskurs statt, so stände der Vermittlung der Begriffe, die Genette verwendet, nichts im Weg. Allerdings sollte dies nicht das vorrangige Ziel sein.

[49] Martinez/Scheffel (2002), 77.

[50] Vermutlich werden an erster Stelle die bereits erwähnten *Erzählungen aus Tausendundeiner Nacht* genannt, darüber hinaus erinnern sich die Schüler bestimmt auch an Texte aus dem Literaturunterricht zuvor, die mehrere Erzählebenen enthalten.

Die von den Schülern vorgeschlagenen Beispiele werden durch ein Arbeitsblatt des Lehrers ergänzt, auf dem verschiedene Textauszüge[51] abgedruckt sind, aus denen ebenfalls Erzählebenen ersichtlich werden.

➪ Die Schüler erweitern ihr Wissen von narrativen Begrifflichkeiten um den Bereich der Erzählebenen.

2. Erzählebenen in *Rote Korallen*

An den ersten Schritt schließt sich nun notwendigerweise eine Transferphase an, in der die gewonnenen Erkenntnisse auf den vorliegenden Text von Judith Hermann übertragen werden. Während sich die Schüler in kleinen Gruppen über die Erzählebenen in der Geschichte austauschen, bekommen sie einen Eindruck von den Wahrnehmungen der Mitschüler und können deren Verständnisprozesse mit den eigenen vergleichen bzw. Probleme klären.[52] Als Ergebnis der Gruppenarbeit erstellen die Schüler auf einer Folie eine graphisch umgesetzte Veranschaulichung der Erzählebenen in der Geschichte. Durch die Skizze von Genette (vgl. Anhang, Folie zu Erzählebenen) angeregt, können die Schüler bei dieser produktionsorientierten Aufgabe ihre eigene Kreativität umsetzen und ihre Texterschließungskompetenz beweisen, indem sie ein abstraktes Textmerkmal veranschaulichen.

In der Präsentationsphase stellen die einzelnen Gruppen ihre Graphiken mit Hilfe des Overhead-Projektors vor, wobei sie auch auf Nachfragen ihrer Mitschüler eingehen sollen. Der Lehrer hält sich in dieser Phase zurück.

Jede Gruppe erhält eine kleine vom Lehrer zuvor ausgeschnittene Erzählerfigur aus Papier, die sie im Anschluss an ihre Präsentation spontan innerhalb ihrer Graphik positionieren soll. Dabei wird die Frage thematisiert, welche Stellung die Erzählinstanz zum Geschehen einnimmt.[53]

➪ Die Schüler sollen narrative Merkmale eines Textes graphisch gestalten, um sich das Ineinandergreifen verschiedener Erzählebenen zu veranschaulichen.

3. Russland, damals – Deutschland, heute?

In einer längeren Schreibphase (z. B. als Hausaufgabe) sollen die Schüler nun die beiden Ebenen miteinander vergleichen. Auf der einen Seite schildert die Ich-Erzählerin ihre gegenwärtige Situation mit ihrem Geliebten und dessen Therapeuten, auf der anderen Seite klammert sie sich an die Geschichte aus Russland, die sie mit ihrer Urgroßmutter in Verbindung bringt. Beide narrativen

---

[51] Diese Auszüge können aus den folgenden Werken sein: Apuleius von Madaura: *Der goldene Esel* (2. Jh. n. Chr.), Patrick Süskind: *Das Parfum* (1985), Milan Kundera: *Die Unsterblichkeit* (1992), Andreas Steinhöfel: *Die Mitte der Welt* (1998) u. v. a.

[52] Vgl. Richtlinien (2000), 40.

[53] Hier bietet sich erneut eine Differenzierung zwischen Leistungs- und Grundkurs an: Stehen mehr Kapazitäten (sowohl zeitlicher als auch intellektueller Natur) zur Verfügung, kann der Lehrer an dieser Stelle weitere Aspekte von Genette einführen, nämlich die des homo- und heterodiegetischen Erzählers.

Ebenen besitzen ihre eigene Ausdruckskraft und bieten unterschiedliche Beschreibungen von Orten und Personen.[54]

⇨ Mit Hilfe der gewonnenen Erkenntnisse über die narrativen Strukturen der Geschichte sollen die Schüler einen ersten Analyseentwurf anfertigen.

4. Loslassen: Der Therapeut als 'Retter'?

Einen weiteren inhaltlichen Bezugspunkt bietet die Abschlussszene mit dem Therapeuten. Warum will die Ich-Erzählerin mit ihm reden? Welche Geschichte will sie ihm erzählen: die ihrer Urgroßmutter in Russland oder die ihrer eigenen unglücklichen Beziehung? Inwiefern 'rettet' er sie? Die Gesprächssituation in einer Therapiesitzung unterscheidet sich deutlich von Alltagsgesprächen: Wodurch kann sich das äußern?

In einer medienorientierten Phase sollen die Schüler diese Fragen als Anregung sehen, sich diese Situation genau vorzustellen und anschließend in Gruppen zu einem Hörspiel umzugestalten. Dabei sollen sie einerseits nah am Text bleiben, andererseits die auditiven Möglichkeiten voll ausschöpfen und ihre Überlegungen kreativ umsetzen. Die Ergebnisse dieser Gruppenarbeit, die sich über einen längeren Zeitraum erstrecken kann und von den Schülern größtenteils zu Hause erledigt werden sollte, können zum Abschluss des Modells zu *Rote Korallen* präsentiert werden.

⇨ Die Schüler sollen eine Gruppenarbeit selbständig organisieren, indem sie gemeinsam ein Hörspiel gestalten.

Baustein 4: Figurenkonstellation und Raumgestaltung

1. Charakterisierung

Die Figuren und deren Beziehungen zueinander machen einen wesentlichen Aspekt in einem literarischen Text aus. In der Erzählung *Rote Korallen* ist die Figurenkonstellation ausschlaggebend für den gesamten Verlauf. Um diese jedoch ausreichend erkennen zu können, ist eine Charakterisierung der einzelnen Protagonisten notwendig. Im Vorfeld sollen zur Wiederholung die wichtigsten (indirekten und direkten) Kriterien für eine Personencharakterisierung gesammelt und in einem Tafelbild (Vgl. Anhang) veranschaulicht werden.

Zu zweit sollen die Schüler nun mit Hilfe dieser Kriterien je eine Person aus der Geschichte charakterisieren. Um anschließend eine Figurenkonstellation erstellen zu können, sollen bei der Partnerarbeit darüber hinaus die folgenden Fragen im Vordergrund stehen:

➤ Zeichnet sich die Figur durch ihre Individualität oder durch eine Typ-Haftigkeit aus?

---

[54] Vgl. Kap. 1.2.1 (Teil II).

➤ Werden die Figuren klar umrissen oder bleiben sie eher verschwommen?

➤ Gibt es Widersprüche in den einzelnen Persönlichkeiten?

➤ Wandelt sich die Figur während der Handlung oder bleibt sie gleich?

➤ Gibt es einen Satz oder einen Begriff, der für diese Figur typisch ist?

Die Ergebnispräsentation soll in Form einer Vorstellung der jeweiligen Person erfolgen.

Im nächsten Schritt wechseln die Partner, so dass immer zwei zusammenarbeiten, die sich zuvor mit unterschiedlichen Figuren beschäftigt haben. Je nach Konstellation sollen die Paare nun ein Gespräch aufschreiben, dass so zwischen diesen beiden Charakteren hätte statt finden können.

⇨ Die Schüler wiederholen die wichtigsten Schritte einer Figurencharakterisierung und erstellen das Profil eines Protagonisten der Geschichte.

2. Standbild / Szenisches Interpretieren

Die Auswertung der Charakterisierung kann auch auf andere Art erfolgen: Nachdem sich die Schüler in Partner- oder Einzelarbeit näher mit den Personen auseinandergesetzt haben, finden sie sich in anderen Gruppen zusammen, in denen jeweils alle Figuren aus der Geschichte vertreten sind. Innerhalb der Gruppe wird kurz über die Beziehungen der Personen zueinander gesprochen, dann soll sich jede Gruppe auf ein Standbild[55] einigen, das ihrer Meinung nach die Figurenkonstellation in *Rote Korallen* verdeutlicht. Mit dieser Methode können die Schüler Haltungen konkretisieren, die zentral für die Rolle der Figuren sind, und sie erhalten die Möglichkeit, sich in verschiedene Rollen einzufühlen und deren Bedeutungsmuster für den Gesamtzusammenhang nachzuvollziehen.

⇨ Die Schüler entwickeln in einer Gruppe ein Standbild, um die Figurenkonstellation innerhalb der Erzählung darzustellen, indem sie eine Rolle übernehmen und diese reflektieren.

3. Requisiten für Raumgestaltung

Als eine abwechslungsreiche Methode, die auch bereits an anderer Stelle (z. B. bei der Untersuchung der Erzählebenen oder der Personencharakterisierung) angewandt werden kann, bietet sich der Arbeitsauftrag an, die Schüler Requisiten mitbringen zu lassen, die für sie im engen Zusammenhang mit der Raumgestaltung innerhalb der Geschichte stehen. Hätte der Lehrer den Text vorbereitend für die Unterrichtsreihe lesen lassen, so wäre die Requisitendarstellung ebenfalls ein gelungener Einstieg für die ersten Annäherungen an die Lektüre. Jeder Schüler stellt seinen Gegenstand vor und erläutert dessen Verknüpfung mit der Erzählung.

---

[55] Vgl. dazu die Hinweise zur Arbeit mit Standbildern bei der Szenischen Interpretation von Ingo Scheller (1996), 28.

⇨ Die Schüler wählen Gegenstände aus, die für sie eine Verbindung mit der räumlichen Gestaltung in der Geschichte darstellen, um abstrakte literarische Beschreibungen zu konkretisieren.

Baustein 5: Zugang zur Lektüre von *Sonja*

1. Antizipatives Lesen[56]

Ähnlich wie bei der ersten Geschichte soll auch der Einstieg in *Sonja* möglichst verzögert stattfinden. Auch hier bietet es sich an, zunächst den ersten Abschnitt (1–12) mit den Schülern zu lesen. Anders als der Anfang von *Rote Korallen* werfen die ersten Sätze mehr Fragen auf; zwar werden auch hier die Hauptpersonen sofort vorgestellt, allerdings ist die Sprache weniger reduziert. Um den Leseprozess zu verlangsamen und die Schüler auf Aspekte der Erzählperspektive vorzubereiten, bekommen sie ein Arbeitsblatt (vgl. Anhang), das ihnen neben dem Anfang der Erzählung auch deren Schluss und zwei andere Textenden anbietet. Indem die Schüler sich bemühen, das richtige Ende dem Textanfang zuzuordnen, beschäftigen sie sich automatisch intensiver mit zunächst unwichtig erscheinenden Einzelheiten wie z. B. der Ich-Perspektive.

Bevor der Lehrer die Auflösung verrät, sollen die Schüler ihre Entscheidungen begründen: Woran kann man erkennen, auf welchen Schluss der Erzähler hinführt?

⇨ Die Schüler verbinden den Anfang eines Textes mit seinem Ende, indem sie andere mögliche Texte aufgrund ihrer unterschiedlichen Erzählweise ausschließen.

2. Erzählperspektive

Fällt den Schülern bei der Beschäftigung mit dem Erzählanfang bereits die Erzählperspektive auf, so kann der Lehrer direkt daran anknüpfen, indem er nach ihren Vermutungen bezüglich des Geschlechts des Ich-Erzählers fragt. In *Sonja* weicht Judith Hermann von ihrer Gewohnheit ab, eine weibliche Erzählinstanz zu verwenden. In den ersten Zeilen wird lediglich eine gewisse Verknüpfung zwischen dem *Ich* und Sonja angedeutet, so dass die Entscheidung bezüglich des Geschlechts an diesem Punkt noch relativ offen bleibt.[57] Die Frage muss an dieser Stelle noch nicht beantwortet werden, da sie schließlich im Laufe der Erzählung von selbst ihre Bestätigung findet.

---

[56] Vgl. Waldmann (1999), 70.
[57] Sicherlich wird von einigen Schülern die Vermutung geäußert werden, es könne sich auch um eine homosexuelle Beziehung handeln. In jedem Fall sollte der Lehrer nicht in eine bestimmte Richtung drängen, sondern auf den weiteren Verlauf der Lektüre verweisen. Die Leerstelle, die er dadurch schafft, versetzt die Schüler möglicherweise in eine gewisse Spannung und motiviert sie, die Lektüre fortzusetzen.

Will man nun den Schülern die unterschiedlichen Erzählperspektiven eines literarischen Textes vermitteln, so stellt sich für den Lehrer die Frage, ob er dies mit Hilfe der traditionellen Begriffe von Stanzel tun möchte, oder ob er einen Schritt weitergehen und dessen Theorie mit den Schülern kritisch betrachten will.

In Form eines Lehrervortrags oder mit Schülerreferaten lässt sich hier eine vergleichende Darstellung der beiden Theoretiker (Stanzel und Genette) eingliedern. Stanzels Typenkreis soll dabei der Wiederholung und Wiedererinnerung an den Stoff der Mittelstufe dienen. Dieses Modell sollen die Schülern kritisch hinterfragen und mit Hilfe einzelner Aspekte von Genette, die ihnen innerhalb dieses Unterrichtsmodells vermittelt wurden, ergänzen.

⇨ Die Schüler setzen sich mit verschiedenen Darstellungen von Erzählperspektiven auseinander und wenden diese auf die Geschichte an.

3. Zeit und Glück – und ein ungeheures Versäumnis

Der Ich-Erzähler spricht im ersten Abschnitt von dem „Gefühl eines ungeheuren Versäumnisses" (55), an das ihn Sonja erinnert. An diesen Satz sollen die Schüler anknüpfen und in Stillarbeit eine eigene kurze Episode in ihrem Leben beschreiben, an die sie sich mit einem ähnlichen Gefühl erinnern. Die Form des Textes ist dabei frei wählbar, wichtig ist auch, dass sie wissen, dass sie allein für sich schreiben und ihr Text keine Bewertung bekommt. Die Präsentation erfolgt entweder in Partnergesprächen oder – auf Wunsch der Schüler – gar nicht. Handelt es sich um einen kleinen Kurs, in dem die Schüler keine Hemmungen haben, sich frei über private Dinge zu äußern, bietet sich eine Präsentation im Stuhlkreis an. Allerdings ist es wichtig, dass sich der Kurs zuvor gemeinsam auf bestimmte Gesprächsregeln einigt.[58]

⇨ Die Schüler verfassen einen kreativen Text indem sie an einen Satz aus der Geschichte und eigene Vorstellungsbilder anknüpfen.

Baustein 6: Zeit-Glück-Beziehungen: ein thematischer Zugang

1. Figurenbeschreibung

Nachdem die Erzählung von den Schülern zu Hause[59] gelesen wurde, sollen sie sich nun mit den einzelnen Figuren und deren Entwicklung beschäftigen. Zuvor ist der Kurs bereits in zwei Gruppen eingeteilt worden: Die eine Hälfte hat den Arbeitsauftrag, Sonja zu charakterisieren, die andere Hälfte soll sich mit dem Ich-Erzähler beschäftigen. Die Ergebnisse werden an der Tafel festgehalten, anschließend wird darüber diskutiert, wie sich die Beziehung zwischen den beiden entwickelt.

---

[58] Diese Regeln könnten z. B. sein: Sich gegenseitig ausreden zu lassen, jeden Beitrag mit positiver Verstärkung (Beifall, Lob) zu honorieren und unterschiedliche Meinungen zu akzeptieren.

[59] Vgl. oben Baustein 2, Punkt 4.

Ein mögliches Tafelbild zur Entwicklung der Beziehung zwischen dem Erzähler und Sonja befindet sich im Anhang.

⇨ Indem die Schüler zu zweit einen genauen Blick auf ausgewählte Textstellen werfen, filtern sie Argumente für oder gegen eine bestimmte Position aus dem Text heraus und vermitteln diese anschließend im Unterrichtsgespräch ihren Mitschülern.

2. Zwei Arten von 'Liebe'

Die beiden Frauen, zwischen denen der Ich-Erzähler steht, verkörpern jeweils unterschiedliche Beziehungsmodelle.[60] Warum fällt es dem Ich-Erzähler so schwer, sich zu entscheiden? Hindert ihn die Angst vor einer ungewissen Zukunft mit Sonja daran oder eher die Bequemlichkeit, die seine Beziehung mit Verena ausmacht? Die Schüler sollen den Konflikt, in dem sich der männliche Protagonist befindet, näher untersuchen und sich in seine Rolle hineinversetzen. Dabei spielen vor allem die unterschiedlichen Konzeptionen von Liebe bzw. die Auffassungen der einzelnen Personen darüber eine wichtige Rolle. Indem sie handlungs- und produktionsorientiert arbeiten, verlassen die Schüler die distanzierte Rolle, die sie zuvor bei den analytischen Schritten eingenommen haben, und lassen sich ganz von ihren subjektiven Einfällen leiten. Der Lehrer gibt die Vorgabe, den Entscheidungsprozess des Ich-Erzählers zu thematisieren, indem die Schüler einen kreativen Text verfassen. Mögliche Arbeitsaufträge sind z. B.:

➤ Verfassen Sie zwei Kontaktanzeigen, die dem Ich-Erzähler in der Zeitung auffallen könnten: Die eine ist von Sonja, die andere von Verena verfasst.

➤ Der Ich-Erzähler schreibt den beiden Frauen jeweils ein Liebesgedicht.

➤ Der Ich-Erzähler erhält zwei Briefe, einen von Verena aus dem Urlaub, einen von Sonja kurz nach ihrer Begegnung im Schwimmbad.

➤ Vor seiner Hochzeit mit Verena hat der Ich-Erzähler einen Traum von seinem zukünftigen Leben.

Die Texte können anschließend vom Lehrer eingesammelt und für alle kopiert werden.

⇨ Die Schüler verfassen produktionsorientiert kurze Texte, die die verschiedenen Beziehungsmodelle, die im Text deutlich werden, veranschaulichen.

3. Spiel auf Zeit?

Auffallend oft erwähnt der Ich-Erzähler zu Beginn eines neuen Abschnittes, welche Zeitspanne vergangen ist.[61] Diese häufige Thematisierung des zeitlichen Rahmens seiner Beziehung zu Sonja (und auch zu Verena) lässt darauf schließen, dass die Zeit bzw. das Vergehen derselben ständig in den Gedanken des Erzählers präsent ist. Er scheint unruhig zu sein, wenn lange Zeit nichts geschieht oder

---

[60] Vgl. Kap. 1.2.2 (Teil II).
[61] Hermann (1998), 55, 56, 59, 60, 61, 62, 63, 64, 73, 77, 78.

er Sonja für einige Monate nicht sieht. Dies soll als Anreiz gesehen werden, verschiedene Aspekte der Darstellung von Zeit in Erzähltexten zu wiederholen. Begriffe wie z. B. *Analepse, Prolepse, Dehnung* und *Raffung* sollten den Schülern im Umgang mit Literatur vertraut sein, weil damit wichtige Elemente eines Textes ausgedrückt werden. Mit Hilfe eines Arbeitsblattes (Vgl. Anhang) sollen sich die Schüler schon bekanntes Wissen wieder ins Gedächtnis rufen und neue Begrifflichkeiten dazulernen. Dies kann auch durch produktive Verfahren und zielgerichtete Schreibübungen geschehen.[62]

Anschließend übertragen die Schüler in einem kurzen Analyseansatz ihre Erkenntnisse auf die Erzählung *Sonja*.

⇨ Die Schüler finden Textbelege, in denen temporale Äußerungen gemacht werden und erstellen einen Analyseansatz mithilfe erarbeiteter erzähltextanalytischer Kategorien.

4. Kommunikation

„Ich redete wie zu mir selbst, und Sonja hörte zu, und oft schwiegen wir, und auch das war gut." (68) Die Figuren bei Judith Hermann führen keine wirklichen Gespräche miteinander, sie reden vielmehr aneinander vorbei. Wie schon in *Rote Korallen* zeugen die kläglichen Versuche der Personen, sich anderen mitzuteilen, von einer Unfähigkeit zu kommunizieren. Es ist den Personen (vor allem der Ich-Erzählerin in *Rote Korallen* und dem Ich-Erzähler in *Sonja*) nicht möglich, sich in ihr Gegenüber hineinzuversetzen, eine fremde Perspektive zu übernehmen und somit die Grundlagen für eine kommunikative Kompetenz zu erlangen.

Aufgrund der fehlenden Empathiefähigkeit suchen sie nach Alternativen, sich anderen mitzuteilen: In der ersten Erzählung versucht die Erzählerin über die Geschichte ihrer Urgroßmutter mit ihrem Geliebten ins Gespräch zu kommen bzw. sich dem Therapeuten mitzuteilen. In der zweiten Erzählung redet hauptsächlich der Ich-Erzähler auf Sonja ein, sie selbst spricht kaum. Dieses einseitige Verhältnis wird lediglich durch ihre Bemühungen unterbrochen, ihn mit Hilfe des Mediums Literatur zu erreichen:

> Sie brachte fast jeden Abend irgendwelche Bücher mit, die sie auf meinen Tisch legte, sie bat mich inständig, sie zu lesen, ich las sie nie und weigerte mich auf ihr Nachfragen, mit ihr darüber zu sprechen. (68 f)

Diese Kommunikationsunfähigkeit und die verzweifelten Versuche, sich über andere Wege auszudrücken, sind Aspekte, die man mit den Schülern vor allem in Bezug auf einen Vergleich mit gesellschaftlichen Verhältnissen untersuchen könnte. In welchem Rahmen findet Kommunikation in der heutigen Zeit zwischen den Menschen statt? Die Schüler werden täglich in den Medien mit sogenannten Talk-Shows, Gerichtssendungen oder Familienratgebern konfrontiert, in denen kommunikative Situationen nachgespielt oder improvisiert werden.

---

[62] Vgl. den Vorschlag von Thießen (1998), 250.

Der realistische Anspruch ist dabei allerdings eher fragwürdig. Bilden diese Sendungen tatsächlich die Wirklichkeit der Gesellschaft mit ihren Konflikten und menschlichen Verhaltensweisen ab? Oder handelt es sich dabei nicht vielmehr um eine überspitzte Darstellung medienwirksamer Ereignisse, die in grotesken Streitgesprächen gipfeln, die niemand wirklich ernst nehmen kann?

Die Schüler sollen sich mit diesem Phänomen kritisch auseinandersetzen, indem sie unter dem Motto „Du redest mit deinem Hund mehr als mit mir . . ." in drei Gruppen jeweils eine kurze Sequenz aus einer Talkshow vorbereiten, die sie anschließend den anderen Schülern präsentieren. In einer schriftlichen Nachbereitung (z. B. als Hausaufgabe) vergleichen sie dann die verschiedenen Darstellungen von Kommunikationsprozessen, die durch die einzelnen Sequenzen dargestellt wurden, mit ihren eigenen Vorstellungen und erörtern die Frage, ob die heutige Gesellschaft die Kommunikation verlernt hat.[63]

⇨ Die Schüler sollen für die Problematik der Kommunikation in der Geschichte sensibilisiert werden und mithilfe einer nachgestellten Talk-Show dieses Problem verallgemeinernd auf gesellschaftliche Entwicklungen übertragen.

5. Glück ist immer der Moment davor

Als ein thematischer Abschluss der Lektüre sollen graphische und künstlerische Gestaltungsfähigkeiten der Schüler angesprochen werden: Durch einen Impuls des Lehrers[64] werden die Schüler aufgefordert, ihre eigene Vorstellung von Glück zu visualisieren. Ohne Vorgaben der Materialien oder der Art der künstlerischen Umsetzung beschäftigen sich die Schüler mit ihren persönlichen Wünschen und Zielen für ihr Leben.

Die Präsentation erfolgt im Rahmen einer Art 'Vernissage', d. h. der Lehrer bereitet den Raum vor (am besten in einer Pause oder von einem Tag zum anderen) und positioniert die eingesammelten Werke der Klasse wie bei einer Ausstellung im ganzen Klassenraum. Die Schüler erhalten dann ausreichend Zeit, sich umzusehen und die unterschiedlichen Darstellungen zu betrachten.

⇨ Die Schüler sollen kreativ ihre eigenen Glücksvorstellungen gestalten und zugleich im Rahmen einer Art Vorführung die Arbeiten ihre Mitschüler betrachten und deren eigene Gestaltungswahl respektieren.

---

[63] Ein Transfer auf die Geschichte findet an dieser Stelle nicht statt, da dieser in der Klausur erfolgen soll. Vgl. Anhang.

[64] Der Lehrer liest die folgende Textstelle vor: „Glück ist immer der Moment davor. Die Sekunde vor dem Moment, in dem ich glücklich sein sollte, in dieser Sekunde bin ich glücklich und weiß es nicht." (158).

Baustein 7: Literatur in der Öffentlichkeit

1. Wirkung von Sprache und Bewertung von Literatur

> Die Einsicht in System und Funktion von Sprache und die Reflexion über Mittel und Möglichkeiten der Kommunikation sind geeignet, die kommunikative Handlungsfähigkeit der Schülerinnen und Schüler im Hinblick auf Studium und Beruf zu erweitern und ihre Chancen auf kulturelle Teilhabe zu mehren.[65]

In den Richtlinien und Lehrplänen nimmt der Aufgabenbereich der Sprachreflexion einen großen Stellenwert ein. Um die Schüler in die Lage zu versetzen, am literarischen Leben teilzunehmen, indem sie nicht nur passive Rezipienten sind, sondern auch Literatur und Sprache im Ansatz kritisch hinterfragen können, sollte der Lehrer auf eine Thematisierung von literarischer Wertung mit ihren verschiedenen Hilfsmitteln nicht verzichten. Besonders bei der Lektüre von Gegenwartsliteratur bietet es sich an, an eine vorangegangene Analyse der Texte ein Modul zu ihrem Rezeptions- und Wertungshintergrund anzuknüpfen.

Als Einstieg in diesen Komplex, der allerdings auf einen sehr kompetenten Literaturkurs angewiesen ist, verteilt der Lehrer mehrere Karteikarten, auf denen jeweils ein Titel einer Rezension über Judith Hermanns Buch *Sommerhaus, später* steht. (Vgl. die Liste mit Rezensionstiteln im Anhang)

In drei Schritten sollen sich die Schüler nun in Einzelarbeit mit diesen Titeln auseinandersetzen: In einem ersten Schritt formulieren sie einen vorläufigen Wirkungseindruck, den sie durch den kurzen Satz oder die wenigen Worte, die den Titel der Rezension bilden, erhalten. Im nächsten Schritt versuchen sie ein Gegenmodell zu entwerfen. Indem sie die Wirkungsabsichten der Worte untersuchen und einen Satz ermitteln, der das genaue Gegenteil ausdrückt, erhalten sie einen konkreten Eindruck davon, wie man mit wenigen Worten beschreiben und kritisieren kann. Im dritten Schritt wird der Bezug zum literarischen Text gesucht: Liefert der Titel eine ausreichende und treffende Aussage über die Erzählungen? Lassen sich vielleicht Vermutungen über die Tendenz der Rezension anstellen? Nach der Einzelarbeit kommen die Schüler in einem Sitzkreis zusammen und stellen der Reihe nach ihre Titel vor.

⇨ Die Schüler verdeutlichen, ob und inwiefern ausgewählte Rezensionstitel ihrer Meinung nach repräsentativ für eine zutreffende Bewertung der Geschichten von Judith Hermann sind.[66]

2. Rezensionen untersuchen

Die Rezension ist die am meisten verbreitete und zugleich traditionsreichste Form von (journalistischer) Literaturkritik. Sie ist die erste kritische Stellung-

---

[65] Richtlinien (2000), 21 f.
[66] Dabei ist zu beachten, dass diese Überlegungen nur auf zwei der Geschichten gerichtet sein können, da nicht alle Erzählungen aus *Sommerhaus, später* gelesen wurden.

nahme zu einer Neuerscheinung, deren Vorteil vor allem in ihrer Anpassungsfähigkeit besteht:

> Der Vorrang der Rezension [...] resultiert wohl daraus, dass sie sich historisch gewachsenen medialen Rahmenbedingungen besonders gut anpassen lässt: dem zugespitzten Aktualitätsdruck, [...] dem neueren Trend zur schnellen und oberflächlichen Rezeption.[67]

Sollen die Schüler zu kompetenten Lesern erzogen werden, die am literarischen Leben teilnehmen und eine eigene kritische Meinung entwickeln, kommt der Lehrer nicht daran vorbei, die sprachlichen Merkmale von Rezensionen zu behandeln.[68]

Eine wichtige Voraussetzung für dieses Unterrichtsmodul bildet die vorangegangene analysierende Beschäftigung mit dem rezensierten Text, damit gewährleistet ist, „dass sie [die Schüler, R.D.] vor der Begegnung mit den Urteilen anderer möglichst viele Ansätze für die eigene Kritik"[69] finden. Um den Schülern die wichtigsten Merkmale dieses literaturkritischen Instruments zu vermitteln, teilt der Lehrer eine Rezension zu Judith Hermann (Vgl. Anhang) aus. In Partnerarbeit lesen die Schüler den Text, strukturieren ihn und versuchen zu erkennen, nach welchen Kriterien die Bewertung über ein literarisches Werk erfolgt bzw. welche sprachlichen Stilmittel dafür verwendet werden.

In der Zwischenzeit beginnt der Lehrer ein Tafelbild zu schreiben, das von den Schülern anschließend im Unterrichtsgespräch vervollständigt werden soll. (Vgl. Anhang)

Zur Festigung dieser neu gewonnenen Erkenntnisse bekommen die Schüler die Hausaufgabe, über ein Buch ihrer Wahl eine Rezension zu verfassen.[70]

⇨ Die Schüler sollen ein Kategorienraster für Rezensionen erstellen und dieses auf ein ihnen bekanntes Buch anwenden.

3. Literaturkritik in der Öffentlichkeit

Betrachtet man die verschiedenen Aufträge, die Literaturkritik erfüllt, so findet sich eine Unterteilung in gesellschaftliche, kommunikative und ästhetisch-didaktische Funktionen.[71] Eine wichtige Bedeutung fällt allerdings vermehrt der Werbung zu: Einerseits wird für ein Produkt geworben, andererseits für dessen

---

[67] Albrecht (2001), 51.
[68] Darüber hinaus fordern auch die Richtlinien die Lektüre und kritische Betrachtung von Rezensionen, die unter dem Bereich der Sachbücher eingeordnet sind. Vgl. Richtlinien (2000), 19.
[69] Beste/Kämper-van den Boogaart (1999), 431.
[70] Kämper-van den Boogaart plädiert in Bezug auf Literaturkritik dafür, „das Schreiben von Rezensionen im Sinne eines Forums zu institutionalisieren" (Ders. [1998], 526) und auf eine Integration in den regulären Unterricht zu verzichten. Allerdings führt er keine Begründung dieser Forderung an, so dass nicht eindeutig ersichtlich wird, welche Gegenargumente das Verfassen von Rezensionen aus dem normalen Aufgabenbereich des Deutschunterrichts ausschließen.
[71] Vgl. Albrecht (2001), 27ff.

Hersteller. Besonders in den letzten Jahrzehnten verstärkte sich der Eindruck, dass die Person des Autors fast ebenso wichtig für die Vermarktung seines Buches ist wie dessen Qualität. So wurde an vielen Stellen kritisiert, dass der Name Judith Hermann zwangsläufig mit einem bestimmten Foto assoziiert werde, das die Autorin sehr geheimnisvoll und melodramatisch wirken lässt.[72] Können Bestseller 'gemacht' werden? Welche Rolle spielen die Literaturkritiker – in den Feuilletons und im Fernsehen – tatsächlich bei der Vermarktung eines Buches? Wie bereits oben[73] angedeutet, stehen besonders die medial aufbereiteten sogenannten Literaturgespräche in dem Ruf, lediglich der Selbstdarstellung ihrer Kandidaten zu dienen.

Um diese These zu überprüfen und um eine weitere Form von Literaturkritik kennen zu lernen, zeigt der Lehrer eine Folge[74] des *Literarischen Quartetts*, das mittlerweile eingestellt wurde. Die Schüler werden aufgefordert, sich währenddessen Notizen zu den einzelnen Beiträgen und möglichen festen Rollen innerhalb der Gruppe der Teilnehmer zu machen. In einer anschließenden Diskussion erörtern die Schüler die Frage, ob und wenn ja, inwiefern ein Autor in der heutigen Gesellschaft 'gemacht' werden kann und welche Konsequenzen dies für die Literatur mit sich bringen könnte.[75]

⇨ Die Schüler sollen sich mit ersten Verfahrensweisen der Literaturkritik vertraut machen und besonders die mediale Inszenierung von Literaturkritikern sinnvoll hinterfragen.

4. Muss ein Autor politisch sein?

Wie bereits im ersten Teil in Kapitel 2.1 dargestellt wurde, ist die Chronik der Literaturkritik in Deutschland von mehreren, zumeist politisch geführten Literaturdebatten durchzogen. Um den Schülern den Blick für die gesellschaftlichen Entwicklungen und die wichtigsten Positionen innerhalb einzelner dieser Diskussionen zu öffnen, soll ihnen in Form von Referaten[76] ein Überblick über die brisantesten Debatten der letzten Jahre vermittelt werden.

⇨ Die Schüler sollen Referate halten und ihren Mitschülern bei diesen zuhören, um ihre mündliche Kommunikationsfähigkeit zu verbessern.

5. Der Autor, sein Werk und die Medialisierung

Judith Hermanns Geschichten *Sonja* und *Rote Korallen* sind im Oktober 1999 in Bielefeld uraufgeführt worden. Sicher ist es schwer, den Zeitpunkt des Unter-

---

[72] Vgl. die Rezension im Anhang.
[73] Vgl. Kap. 2.1 (Teil I).
[74] Im Rahmen dieses Unterrichtsmodells würde es sich verständlicherweise anbieten, die Sendung vom 30.10.1998 anzuschauen, da dort das Buch von Judith Hermann besprochen wurde.
[75] Vgl. Kämper-van den Boogaart (1998), 524. Er regt u. a. die Frage an, in welchem Verhältnis die Karriere eines prominenten Schriftstellers zu den Instanzen der Literaturkritik steht.
[76] Vgl. Richtlinien (2000), 11.

richtsmodells mit dem Theaterprogramm abzugleichen, aber falls die Möglichkeit eines Aufführungsbesuches besteht, sollte diese auf jeden Fall genutzt werden. Ein Vergleich der literarischen Vorlage mit der dramatischen Umsetzung kann den Schülern weitere Merkmale der Erzählstrategie von Judith Hermann bewusst machen, da sicher einige Probleme bei der Umsetzung auffallen. Dasselbe gilt für das Hörbuch von *Sommerhaus, später*, das Judith Hermann selbst gelesen hat.

↪ Ein gemeinsamer Theaterbesuch soll den Schülern eine kulturelle Möglichkeit darbieten und sie zu einem Vergleich mit der literarischen Vorlage auffordern.

Als Abschluss des Unterrichtsmodells und vor der Klausur (Vgl. Anhang) zu Judith Hermann stellen die Schüler in einem Gesprächskreis die Lieder vor, die in ihren Augen die Stimmung der Geschichten darstellen. In einer Feedback-Runde erläutern sie, warum sie welches Lied gewählt haben und welchen abschließenden Eindruck sie mit den Geschichten verbinden. Dabei kann gleichzeitig eine kurze Stellungnahme zur Konzeption des Unterrichtsmodells erfolgen.

2. Benjamin von Stuckrad-Barre: *Soloalbum* – Pop und (k)ein Ende?

„Bin ich schön, schreib ich schön."[1]

2.1 Autor und Werk

Benjamin von Stuckrad-Barre, geboren am 27.1.1975 in Bremen, lebt zur Zeit in der Schweiz. Nachdem er zunächst als Kolumnist in verschiedenen Zeitungen (FAZ, taz, Rolling Stones, Stern) und vorübergehend als Gagschreiber für Harald Schmidt tätig war, veröffentlichte er 1998 seinen ersten Roman *Soloalbum*.

Dieser wurde nach kurzer Zeit zum Bestseller und machte aus dem Autor ein Idol der Popliteratur. Auf sein Debüt folgten die Bücher *Livealbum* (1999), das aus Erzählungen anlässlich einer Lesereise besteht, sowie der Band *Remix. Texte 96–99* (1999), eine „Auswahl von Reportagen, Porträts, Kurzgeschichten und Glossen über Alltag und Rausch, Pop und Liebe [...]"[2]. Im Jahr darauf erschien *Blackbox* (2000), das ähnlich wie *Remix* eine Sammlung verschiedener Texte präsentiert, u.a. Protokolle, Erzählungen, Märchen, Gedichte, Collagen aus Zeitungsartikel etc. In *Transkript* (2001) schließlich findet sich, in Anlehnung an *Livealbum,* eine Textsammlung in Form einer protokollhaften Wiedergabe von verschiedenen Auftritten des Autors, vom Leseabend bis zur Fernsehshow. Das aktuelle Buch von Benjamin von Stuckrad-Barre heißt *Deutsches Theater* (2002) und beschreibt einen Blick hinter „die Kulissen der allumfassenden Inszenierung des öffentlichen Lebens in deutschen Landen [...]"[3]. Die Veröffentlichung eines neuen Buches mit dem Titel *Remix II Festwertspeicher der Kontrollgesellschaft* erfolgte im Mai 2004.

Die Verfilmung seines Debüttitels *Soloalbum* startete in den deutschen Kinos am 27.3.2003.

---

[1] Dückers (2000), 1.

[2] Jung (2002c), 145.

[3] Ebd., 146. Darüber hinaus sind verschiedene CDs mit Liveaufnahmen des Autors bei Lesungen erschienen.

2.2 Sachanalyse

2.2.1 Popliteratur

„Der Autor produziert zwar noch den Text, aber noch mehr produziert der Text den Autor. Das Kunstwerk entsteht erst als Performance."[4]

Diese Aussage von Georg Seeßlen, der in dem Phänomen der Popliteratur vorrangig eine Neudefinition der Rolle des Autors sieht, deckt sich auch mit der Ansicht von Kaulen, der als hervorstechendstes Merkmal die „mediale Inszenierung der Popliteraten"[5] nennt. Damit ist bereits ein wichtiger Schritt auf dem Weg zu einer Definition dieses umstrittenen Literaturgenres getan: Indem Begriffe wie *Autor* oder *Medien* innerhalb der Diskussion vorkommen, wird ein Muster sichtbar, das für mehrere der sogenannten popliterarischen Werke greift. Denn mit den Texten sind die Namen und Fotopräsentationen ihrer Verfasser unweigerlich verbunden. Ähnlich wie bei Judith Hermann,[6] die mit einem besonders auffällig melancholischen Gesichtsausdruck abgelichtet wurde, sind auch die Bilder von Benjamin von Stuckrad-Barre oder Alexa Hennig von Lange präsent, sobald man die Titel ihrer Bücher hört.[7] Dabei spielen auch die Medien keine unwesentliche Rolle: Zum einen „positionieren sich die Popliteraten nicht abseits der Kulturindustrie, sondern als teilnehmende Beobachter im Innern der aktuellen Musik- und Medienwelten"[8]. Zum anderen zeugen ihre Texte von einem souveränen Umgang mit medialisierten Sprachelementen, was den Anschein erweckt, dass Literatur nicht nur die Themen der Populärkultur übernehmen, sondern auch ihre Sprache und äußere Gestaltung der „Videoclip-Ästhetik"[9] anpassen sollte.

So einig sich die Literaturwissenschaftler über die medialisierte Autorenrolle der Popliteraten sind, so unterschiedlicher sehen ihre Definitionsversuche im Hinblick auf die Texte aus. Wann gehört ein Buch zur Popliteratur? Diese Frage lässt sich aufgrund der Vielzahl neuer literarischer Veröffentlichungen und deren Heterogenität nur schwer beantworten.

Um eine ausreichende Definition des Begriffes zu finden, muss die Tatsache vorweggenommen werden, dass es *die* Popliteratur nicht gibt. Man mag von der Popliteratur der 50er-Jahre im Laufe der Beatnik-Bewegung, der der späten 60er-Jahre im Zuge der Studentenbewegung sowie der neueren Popliteratur der

---

[4] Seeßlen (2001–2002), 6.
[5] Kaulen (2002b), [147].
[6] Allerdings sollte man nicht der Fehleinschätzung erliegen, Judith Hermann zu den Popliteraten zu zählen, wie es Schäfer tut. Vgl. Schäfer (2001–2002), 40. Im Gegensatz zu ihm argumentiert Schweikart, Hermann sei nicht „poppig" genug. Schweikart (2001), 70.
[7] Dies wird u. a. durch die häufige Abbildung der Autoren auf den Buchumschlägen sowie deren regelmäßige Besuche in bekannten TV-Shows gefördert.
[8] Kaulen [im Druck], 1.
[9] Kaulen (2002b), 152.

90er-Jahre sprechen. Jede Phase hat ihre eigene Berechtigung, den vielschichtigen Begriff des Pop für ihre Literatur zu beanspruchen.

Der Weg zur Popliteratur seit 1990[10] ist demzufolge nicht nur lang, sondern auch durch die unterschiedlichsten äußeren Einflüsse geprägt. Insofern überrascht es nicht, dass die Werke der letzten Jahre, die als Popliteratur bezeichnet werden, durch enorme Veränderungen gekennzeichnet sind. Im Gegensatz zu den Vorgängern spielen Konsumkritik und ideologische Ansätze keine Rolle mehr.[11] Statt eines „sozialkritischen Realismus" geht es

> vielmehr um die emotionalisierte Entäußerung von 'Seelenqualen' eines orientierungslosen, gelangweilten, wenngleich keinen materiellen Notstand leidenden und nicht selten zynischen Subjekts, das sich nunmehr als Objekt einer an sich zynischen Medien-Konsum-Welt begreift.[12]

Jungs Definitionsansatz zeichnet sich neben seiner Aktualität besonders durch sein fünfteiliges Schema[13] aus, mit dessen Hilfe er die Charakteristika der popliterarischen Werke zu erfassen versucht. Im Gegensatz dazu spricht Seeßlen pauschalisierend von „einem dreifachen Code, der die Popliteratur thematisch fixiert: Alltag, Ware, Musik"[14]. Allerdings finden sich bei Jung hingegen zwei andere Punkte, die kritisch angemerkt werden müssen: Zum einen ist es die bereits oben erwähnte problematische Eingliederung der sogenannten Migrantenliteratur (u. a. von Feridun Zaimoglu) in den popliterarischen Kontext. Zum anderen finden sich, trotz aller Aktualität und vieler Sekundärbelege, keinerlei Verknüpfungen zu Heinrich Kaulens Thesen, der in den letzten Jahren einige wichtige Beiträge zur neuen Popliteratur verfasst hat. Warum Jung in seinen Ausführungen Kaulens Arbeiten gänzlich ignoriert, bleibt unergründet; offensichtlich hingegen sind die Parallelen in den Ausführungen der beiden. Denn auch bei Kaulen findet sich eine Fünf-Teilung, die sich teilweise mit der von Jung deckt.[15]

Einen neuen Aspekt bringt Moritz Baßler[16] in die Diskussion um die Vorgehensweise und den literarischen Wert der Popliteratur ein, indem er den Begriff der 'Archivisten' einführt und somit das Sammeln, Generieren und Samplen von

---

[10] Jung bevorzugt diese Bezeichnung, während Kaulen und Baßler lediglich von der „neuen Popliteratur" sprechen. Vgl. Jung (2002a), Kaulen [im Druck], Baßler (2002).

[11] Vgl. zu den weiteren Ausführungen auch oben Kap. 2.3 (Teil I).

[12] Jung (2002b), 41 f.

[13] Diese fünf Punkte sind: 1. Thematisch-inhaltliche Charakteristika, 2. Ästhetisch und stilistisch-formale Charakteristika, 3. die erkenntnistheoretisch-philosophische Dimension, 4. Zielgruppenspezifik und 5. der Vergleich mit der Avantgarde-Kunst. Vgl. Jung (2002b), 40 ff.

[14] Ebd., 41, Anm. 32.

[15] So finden sich bei Kaulen die folgenden Kategorien: 1. Thema: alltagsweltlicher Bezug, 2. Stil/Sprache: Grenzüberschreitung zwischen E- und U-Literatur, 3. Ästhetische Realisierung: Übertragung von medialen Techniken auf die Literatur, 4. Rezeption: Zielgruppenliteratur und Szenemedium und 5. Stellung des Autors: „medienkompatible Selbstinszenierung". Vgl. Kaulen (2002a), 214 ff.

[16] Vgl. Kap. 2.3 (Teil I).

Musikzitaten und sonstigen Versatzstücken in den Augen einiger Kritiker legitimiert.

Ausgehend von diesen unterschiedlichen Betrachtungsweisen stellt sich die Frage, warum diese Texte bislang von den Didaktikern nicht beachtet wurden. So fehlen nach wie vor didaktische Modelle, die das Potential der thematischen Bezüge zur Alltags- und Medienwelt der Schüler in den popliterarischen Texten erkennen. Im Folgenden sollen nun kurz einige der derzeit in der Forschung am häufigsten genannten Popliteraten und ihre Bücher vorgestellt werden, um anschließend ihren potentiellen didaktischen Wert zu untersuchen.

Eine wichtige Vorbildfunktion fällt besonders englischsprachigen Autoren zu, die allerdings das Durchschnittsalter der Popliteraten in Deutschland längst hinter sich gelassen haben. Bret Easton Ellis hat u. a. mit den Romanen *Einfach unwiderstehlich*, *Unter Null* und *American Psycho* Texte geschaffen, in denen die Suche nach der eigenen Identität nebensächlich geworden ist. Der Mensch definiert sich über seine Suche nach Erlebnissen. Bei dem zuletzt genannten Buch steigert sich diese Suche in einen endlosen Strudel von Konsumgier und unkontrollierter Gewalt.

Der Roman *High Fidelity* von dem Engländer Nick Hornby handelt „von der Unmöglichkeit des Erwachsenwerdens unter den Bedingungen exzessiven Popmusikkonsums"[17]. Der Protagonist ist älter als seine Nachfolger im deutschen popliterarischen Werk; dennoch finden sich deutliche Parallelen bei Benjamin von Stuckrad-Barre in seinem Roman *Soloalbum*. Beide Helden stehen in Verbindung zur Musikszene, beide werden von ihrer Freundin verlassen und versuchen nun auf ihre Weise damit fertig zu werden. Während in *High Fidelity* der Pop-Wirklichkeit immer noch der Gegenentwurf der bürgerlichen Welt entgegen gehalten wird, existiert in *Soloalbum* überhaupt kein pop- oder medienfreier Raum mehr.[18]

Während sich Stuckrad-Barre an Hornby orientiert, richtet sich sein Freund und Kollege Christian Kracht eher nach Bret Easton Ellis.[19] In Krachts Roman *Faserland* irrt der Erzähler durch sein 'Fatherland', von Sylt bis knapp hinter die deutsch-schweizerische Grenze auf dem Zürichsee. Der Leser lernt eine Welt kennen, die durch und durch inszeniert ist und in deren Wirklichkeit sich der dandyhafte Protagonist „nur bis zu den Zehenspitzen"[20] hineinbegibt. Ähnlich wie bei Ellis sind Konsum- und Markengüter der einzige Faktor zur Identitätsfindung, so wird die Barbourjacke zu einem leitenden Motiv bei Kracht.

---

[17] Schulte (1999), 350.
[18] Vgl. Schulte (1999), 351.
[19] Vgl. Mertens (2003), 201 ff.
[20] Frank (2000), 83.

2.2.2 *Soloalbum*[21]

Der Ich-Erzähler, der soeben von seiner Freundin per Fax verlassen wurde, versucht auf die unterschiedlichsten Weisen, mit dieser Erfahrung umzugehen. Er begibt sich auf eine mentale Wanderung durch vielschichtige Bereiche seiner Lebenswelt, wobei diese, ebenso wie seine Mitmenschen, nicht allzu gut abschneiden.

Lebensmittelpunkt ist die Britpop-Band *Oasis*, deren Songtitel als Kapitelüberschriften dienen. Die Perspektive ist durchgängig dieselbe, der Ich-Erzähler beschreibt sich und seine Umgebung stets mit derselben distanziert-zynischen Art. So verurteilt er u. a. den Vater seiner Ex-Freundin, „der so dumm war und Samstags immer betrunken vor dem Fernseher lag", [...] „ohne den Hauch einer Chance – gegen seine Tochter, seinen Bauch, meinen Haß" (17 f.). Man ist versucht, die Personen, die der Erzähler trifft, durch dieselbe wertende Brille zu betrachten, die er benutzt. Einerseits entsteht ein Hauch von amüsiertem Mitleid für die Opfer dieser literarischen Abrechnung, andererseits kommt der Leser nicht umhin, sich an manchen Stellen in *Soloalbum* wiederzuentdecken. So auch bei der Beschreibung einer der vielen Partys, durch die sich der Protagonist von seiner Langeweile und dem Verlust der Freundin ablenken will. Natürlich ist er der Einzige, der einen fundierten Einblick in „gute Musik" (210) besitzt, und diese Haltung macht er auch in jeder Zeile deutlich. Er legt bestimmte Platten auf, „um die Menschen zu ärgern" (211), und empfindet Schadenfreude beim Beobachten der tanzenden Gäste. Die Situation lädt eindeutig dazu ein, sich an eigene Erfahrungen zu erinnern. Betrunkene Jungen, die den Takt des Liedes nicht mehr richtig treffen, und Frauen, die „so verbissen darauf [achten], sinnlich auszusehen, daß man umkippt vor Schadenfreude" (212) – der Erzähler liegt hier mit seiner überspitzten Wahrnehmung bestimmt nicht ganz falsch.

Wörtliche Rede wird eher selten benutzt, es sei denn, der Erzähler ruft sich vergangene Gespräche mit seiner Freundin in Erinnerung oder versucht anhand sinnloser Party-Gespräche die Oberflächlichkeit seiner Zeitgenossen zu entlarven. Dabei hält sich der Ich-Erzähler die meiste Zeit eher im Hintergrund:

> Eine Frau heißt Amelie und will nach 'all dem Prüfungsstress endlich mal wieder ein gutes Buch lesen'. Ja, echt, sagen da alle verständnisvoll. Ich sage da mal besser nichts. [...] Neben mir brandet eine Wim Wenders- und Tom Waits–Gutfind-Diskussion los. [...] Hahahahaha. Ihr Dummies. (212)

Außerdem finden sich verschiedene Merkmale, die eher an eine Zeitungskolumne als an einen Roman erinnern. Dabei scheint der Erzähler auf der Metaebene

---

[21] Alle Zitate im Folgenden sind der im Literaturverzeichnis aufgeführten Ausgabe entnommen. Seitenzahlen werden in Klammern direkt hinter den Zitaten angegeben.

die formelhafte Sprache der Musikbranche[22] sowie manche Phrasen, die zur Abgrenzung bestimmter Gruppierungen dienen, zu ironisieren. „Der Titel ist Programm, die pumpernden, durchaus zeitgemäßen Clubsounds gemahnen an das und das" (19). Diese Sätze gehören für den Erzähler „verboten" (Ebd.), allerdings finden sich auch keine Gegenvorschläge. Im Grunde ist alles (außer *Oasis*) schrecklich und belanglos.

Die beschreibende, direkte Art, Menschen und Sprache in den ersten Augenblicken vernichtend zu bewerten,[23] vermittelt dem Leser sowohl ein Gefühl der Unmittelbarkeit der Ereignisse als auch – ähnlich wie bei Florian Illies – der Wiedererkennung:[24]

> Mit einer ziemlich schrecklichen Frau komme ich dann ins Gespräch über den Film. Ich schätze mal, über ihrem Bett hängt in DIN-A0 der sterbende Soldat, auf dem Boden steht eine Lavalampe. Sie hört gerne Reggae. Scheiß Pearl Jam findet sie „superintensiv", auf ihre CDs von Tori Amos und PJ Harvey hat sie mit Edding geschrieben „♀-Power rules", selbst einem Comeback von Ina Deter stünde sie aufgeschlossen gegenüber. Als Nachthemd dient ihr treu ein zerschlissenes „Abi 1987"-T-Shirt, neben ihrem Bett (einer Matratze!) liegen lauter Armbändchen aus Ecuador oder so [...] (32).

Trendformulierungen wie „Das hat was" (222) oder „Es kann sich nur noch um Stunden handeln" (212) werden als völlig banal und gegenstandslos offenbart. Dagegen werden Neologismen eingeführt, die verdeutlichen, wie leicht derartige kulturelle Neuschöpfungen – vor allem im sprachlichen Bereich – kritiklos übernommen werden.

Nicht nur durch seine Worte, sondern auch durch eine gewisse Kultivierung seines Lebensalltags verpasst der Erzähler der Sprach- und Medienwelt den einen oder anderen Seitenhieb. So vertreibt er sich die Zeit damit, die täglichen Aktfotos aus der Bild-Zeitung mit dazugehörigem Untertext zu sammeln und listenartig neu zu konstruieren. Auch hier wird eine vehemente Abgrenzung gegen vorgefertigte Sprachschablonen und vorformulierte Stile deutlich.

Dabei fällt dem scheinbaren Erzählgegenstand, nämlich der Trennung des Ich-Erzählers von seiner Freundin, nur eine nebensächliche Bedeutung zu. Im

---

[22] Die Tatsache, dass Benjamin von Stuckrad-Barre zeitweilig ebenso wie der Protagonist in *Soloalbum* Musikredakteur war, hat u. a. Köhnen zu der Ansicht verleitet, der Autor sei mit dem Ich-Erzähler identisch. Vgl. Köhnen (1999), 342. Sicherlich ist der Roman stark autobiographisch gefärbt, allerdings sollte man dennoch mit Textbelegen vorsichtig sein: Immerhin wird der Ich-Erzähler an keiner Stelle mit Namen genannt. So lässt sich kein Beweis dafür finden, dass er wirklich „Benjamin" heißt.

[23] Das Verfahren ist dabei immer dasselbe und „der gereizte Ton ist durch die rahmenbildenden Negativerlebnisse in Sachen Katharina stets hinreichend motiviert". Baßler (2002), 107.

[24] Sehr bezeichnend liest sich die (wohl nicht ganz ernst zu nehmende) Anekdote bei Baßler, der das Beispiel einer Bekannten aufführt, die sich in dieser Passage von *Soloalbum* so gut getroffen sah, dass sie, „bereits Tori-Amos-Hörerin, sich getrost eine CD der ihr unbekannten PJ Harvey zulegte – und selbstredend nicht enttäuscht wurde". Baßler (2002), 106.

Gegensatz zu der Verfilmung[25] des Romans, die mit einem Happy End abschließt und deren Figuren wesentlich greifbarer ausgearbeitet sind, bleiben im Roman Freundin und Kumpel nur Randfiguren im großen Selbstfindungsprozess, der eigentlich keiner ist. So dient diese Trennung, „die kein Gewicht erhält durch die Charakterzeichnung der Frau oder gemeinsame Erfahrungen [...] lediglich als Basis, um die Trennung des Erzählers von der Welt zu begründen"[26]. Diese distanzierte Haltung, die Winkels als „dramaturgisch einfallslos, aber im einzelnen durchaus auch witzig"[27] bezeichnet, scheint allerdings im Gegensatz zur narrativen Gestaltung des Romans zu stehen.

Ähnlich wie Christian Kracht in *Faserland* bedient sich Stuckrad-Barre dem Stilmittel der sekundären Oralität.[28] Indem er mit seinen Kommentaren und umgangssprachlichen Bestandsaufnahmen einen „semi-orale[n]"[29] Stil simuliert, verleiht er dem Text einen Effekt von Mündlichkeit, der den Kommunikationsprozess zwischen Erzähler und Leser verstärkt.

Auffällig sind außerdem die Stellen, an denen der Erzähler assoziiert und seine Vermutungen über die Menschen äußert. In einer Art enzyklopädischem Verfahren werden bestimmte Paradigmen der Medien- und Jugendkultur benutzt, um „Archivierungsarbeit" zu leisten, wie sie so „vielleicht nur im Medium Literatur möglich ist"[30]. So hat möglicherweise der eine oder andere Leser den unvermeidlichen Werbespot mitsamt der Titelmusik (Suddenly all your friends are here./ Friends – and Crunchips! Mmh! That's clear!) im Kopf, wenn er in *Soloalbum* die Passage zum Thema Freundeskreise liest: „Und sie bereiten den Nährboden für Pizza-Taxen, Videotheken, Magnum-Dreierpacks, Chips-Partytüten und solchen Dreck." (37).

2.3 Methodisch-didaktische Überlegungen

Da häufig die Tendenz besteht, in den Klassen 9 oder 10 Texte zu lesen, die bezüglich ihres Anspruchs auch für die Oberstufe geeignet wären, sollte man nicht den Fehler machen, den Bereich der Popliteratur aufgrund des leicht zugänglichen Themas als passend für die Sekundarstufe I zu bewerten. Es könnte even-

---

[25] Vergleicht man *Soloalbum* mit seinem literarischen Vorbild *High Fidelity*, so wird schnell klar, dass Stuckrad-Barres Buch nicht annähernd für eine Verfilmung gedacht und geeignet ist. Vgl. dazu auch Baßler (2002), 109. Dennoch ließ sich die Filmindustrie nicht abschrecken und im März 2003 kam der Film in die Kinos. Wie allerdings vorherzusehen war, gibt es nur noch geringe Parallelen zum Buch, was auch die distanzierte Haltung des Autor dem Film gegenüber erklärt. Vgl. Ahne (2002).

[26] Winkels (1999), 607.

[27] Ebd.

[28] Vgl. Döring (1996), 231 ff.

[29] Ebd., 232. Dies wird durch viele Einschränkungspartikel unterstützt, die dem Text einen Anschein von Spontaneität und ein sprachliches „Zu-sich-selber-in-Distanz-treten" (ebd.) verleihen.

[30] Baßler (2002), 105.

tuell das Problem entstehen, dass nicht über den Inhalt hinaus gelesen wird und viele der Möglichkeiten, die dieses Thema bietet, nicht genutzt würden.

Daher sollte der Roman *Soloalbum* nicht eher als in der Jahrgangsstufe 12 gelesen werden, da seine thematische Vielschichtigkeit für die Mittelstufe überfordernd sein könnte. So ist auch die deutliche Thematisierung des zwanglosen Umgangs mit Drogen, Sex und Alkohol nicht ganz unproblematisch. Jüngere Schüler sind wahrscheinlich weniger in der Lage, über derartige Reizthemen hinweg zu lesen und sich distanziert mit dem Werk an sich auseinander zu setzen.

Im weiteren Verlauf soll überlegt werden, welche Aspekte der Popliteratur im Unterricht behandelt werden sollen und welche unterstützenden Gründe die Forschung bzw. die Richtlinien für das Fach Deutsch für diese Thematik aufführen.

Die Sekundarstufe II baut auf den Kenntnissen und erworbenen Kompetenzen auf, die in der Sekundarstufe I, vor allem im Bereich *Umgang mit Sprache und Medien* erlangt wurden. So lässt sich an der spezifischen Sprache einiger popliterarischer Werke, die von jugendlichen Jargons und kulturspezifischen Merkmalen geprägt ist, die bewusste Wahrnehmung verschiedener Sprachebenen schulen. In diesem Zusammenhang erscheint auch die Auseinandersetzung mit dem Phänomen der Sprachveränderung relevant, denn „[i]n diesen Veränderungsprozessen sind Jugendliche in besonderem Maße involviert, und in einigen Bereichen stellen sie die eigentlichen 'Sprachexperten' dar."[31]

Besonders am Beispiel des Romans *Soloalbum* lässt sich der Ansatz einer Reflexion <u>über</u> Sprache <u>durch</u> Sprache entwickeln.[32] Die Teilaspekte der Sprachkritik und der Bedeutung von Sprache und Wirklichkeit stellen eine Herausforderung an die Schüler dar, die zu einer kritischen Haltung und einem distanzierten Umgang mit Sprachnormen führen kann.

Im Rahmen verschiedener Arbeitstechniken, sowohl wissenschaftlich-propädeutischer als auch handlungs- und produktionsorientierter Art, kann man den Bereich der Popliteratur auch unter der Fragestellung nach der Rolle des Autors bearbeiten. Unter Bezugnahme medien-ästhetischer Ansätze sollen die Schüler die eigenen Vorstellungen vom Autor als unabhängige Instanz angesichts der medialen Inszenierung der Popliteraten überprüfen und kritische Argumentationen entwickeln.

Die thematische Anbindung wird dadurch erfüllt, dass nahezu alle popliterarischen Werke in der jugendlichen Alltagswelt lokalisiert sind. Der deutliche Bezug zu den Medien verhilft den Schülern, die zum großen Teil mit einer hohen Medienkompetenz aufwachsen, zu einem leichten Einstieg in die Texte. Betrachtet man Kaulens Ausführungen zum postmodernen Adoleszenzroman, so zeigt

---

[31] Steets (2003), 240.
[32] Vgl. Richtlinien (2000), 24.

sich, dass sich einige seiner didaktischen Argumente durchaus auch auf die
Popliteratur und speziell auf *Soloalbum* anwenden lassen.

So sieht er in der Beschreibung jugendlicher Lebenswelten aus der fiktiven Binnensicht eines Beteiligten die Chance, erhebliche zeitdiagnostische Qualitäten
zu erlangen. Durch eine distanzierte Lektüre gewinnen die Jugendlichen Eindrücke über sich selbst, „indem sie [die Romane, R.D.] ihnen auf der Ebene der
Fiktion ein Medium zur Reflexion ihrer Umwelt, zur Auseinandersetzung mit
persönlichen Lebensproblemen und zur Selbstformulierung ihrer eigenen Identität anbieten"[33].

Die Popliteratur unterliegt einem zeitgenössischen Phänomen, dessen Potential
dem Unterricht zugute kommen kann, wenn der Lehrer bereit ist, sich auf eine
unkonventionelle Lektüre einzulassen. Unkonventionell aus verschiedenen
Gründen: *Soloalbum* hat erstens viele kontroverse Stimmen ausgelöst und
weicht so vom sicheren Weg der anerkannten 'guten' Literatur ab. Zweitens liegt
hier kein Roman im eigentlichen Sinne vor, statt dessen schreibt Benjamin von
Stuckrad-Barre, wie bereits erwähnt, im Stil einer Essaysammlung aus dem
Feuilleton. Drittens mag die offene Zurschaustellung von Drogen- und Alkoholkonsum so manchen Lehrer abschrecken, schließlich muss er damit rechnen,
dass die Schüler darauf reagieren und nicht damit umgehen können.

Diese drei Gründe, von *Soloalbum* als Unterrichtsgegenstand abzusehen, lassen
sich jedoch ebenso im positiven Sinne als Argumente verwenden. So kann gerade die kontroverse Bewertung des Textes zu interessanten Gesprächen führen:
Wer dieses Buch kennt, so die eigene Erfahrung, hasst es entweder abgrundtief
oder ist hellauf begeistert. Indem die Schüler ihre Positionen mit sinnvollen Argumenten stärken und sich auf eine kommunikative und sachliche Diskussion
mit ihren Mitschülern einlassen, werden mündliche Kompetenzen und der soziale Umgang miteinander geschult.

Bezüglich der außergewöhnlichen Erzählform des Buches wird deutlich, wie
wichtig, gerade anhand der vorliegenden Erzählperspektive und Darstellung der
Ereignisse, eine genaue Vermittlung erzähltextanalytischer Kriterien ist. So
muss man als Leser an einigen Stellen genau aufpassen, damit man die Übergänge von einer Sequenz, in der der Ich-Erzähler seine Mitmenschen wertend beschreibt,[34] zurück zur eigentlichen Handlung bzw. dem regulären inneren Monolog des Erzählers erkennt, der nur durch wenige direkte Redephasen unterbrochen wird.

Die sicherlich nicht unproblematische Darstellung des Drogen- und Alkoholkonsums sollte der Lehrer aus einfachen Gründen nicht ignorieren: Auch wenn
es so mancher Pädagoge vielleicht nicht wahrhaben will, so begleiten doch heut-

---

[33] Kaulen (1999), 335.
[34] Vgl. von Stuckrad-Barre (2000), 32, 83: „Ich schätze mal [...]".

zutage derartige Genussmittel das soziale Umfeld der Schüler, sei es nun auf dem Schulhof oder zu Hause. Der Lehrer sollte sich nicht davor scheuen, diese Themen mit den Schülern anzusprechen und – im geschützten Rahmen des literarischen Textes – zu diskutieren.

Popliteratur umfasst darüber hinaus weitere interessante Aspekte: Auf der einen Seite gibt es viele inhaltliche Bezüge zur jugendlichen Lebenswelt, auf der anderen Seite vereinen die Texte, und als herausragendes Beispiel *Soloalbum*, unterschiedliche sprachliche und gesellschaftlich-kulturelle Probleme, deren Bearbeitung den Unterricht bereichern können. Als methodische Grundlage bietet sich hier die Projektarbeit an: In eigenständigen Arbeitsphasen sollen die Schüler in Kleingruppen verschiedene Textstellen unter bestimmten Gesichtspunkten für sich erschließen.[35] Diese Projektphasen laufen parallel zum regulären Unterrichtsgespräch, das mit unterschiedlichen Methoden wichtige Aspekte des Themas erarbeitet, die nicht für eine Gruppen- bzw. Projektarbeit geeignet zu sein scheinen.

Die Schüler bekommen für die Projektphase konkrete Aufgabenstellungen, die sie handelnd-lernend bearbeiten sollen. Dabei liegen die Schwerpunkte vorrangig auf den Bereichen der Selbstplanung, der Selbstverantwortung und der praktischen Umsetzung durch die Schüler.[36]

2.4 Konzeption der Bausteine

Im folgenden Unterrichtsmodell (12. Jahrgang) zum Thema Popliteratur, speziell am Beispiel des Romans *Soloalbum* von Benjamin von Stuckrad-Barre, sind die einzelnen Bausteine abwechselnd als Empfehlungen für den Lehrer und als Arbeitsvorschläge für die Projektarbeit der Schüler anzusehen. In der Praxis können die einzelnen Module miteinander kombiniert werden, d.h. dass der Lehrer zunächst mit seinem Modul beginnt und anschließend den Schülern den Rest der Stunde Zeit gibt, an ihren Projekten in den Gruppen zu arbeiten. Eine andere Möglichkeit und vermutlich einfacher zu organisieren wäre die Alternation der einzelnen Unterrichtsformen: In einer Stunde leitet der Lehrer regulär den Unterricht, in der nächsten Stunde arbeiten die Schüler komplett selbständig und der Lehrer hat lediglich eine Beraterfunktion.

Dieses Modell kann sicherlich nur unter günstigen Bedingungen durchgeführt werden. Zum einen bedarf es eines sehr aufgeschlossenen Lehrers, der geneigt ist, für längere Zeit mit seinen Schüler in Projekten zu arbeiten, d.h. auch bereit ist, für einzelne Arbeitsphasen aus seiner Leitrolle herauszutreten. Zum anderen sollte dieses Modell nicht unter Leistungsdruck durchgeführt werden. Am besten eignet sich ein Zeitraum, in dem keine wichtigen schriftlichen Prüfungen anstehen, sondern eher die Betonung auf die mündliche Mitarbeit gelegt werden

---

[35] Vgl. Richtlinien (2000), 45 ff., 71.
[36] Vgl. Gudjons (2001), 274.

kann, z. B. am Ende eines Halbjahres. So besteht die Möglichkeit, die Leistungen der Schüler am Schluss nicht durch eine Klausur zu überprüfen, sondern statt dessen die mündliche Mitarbeit zu bewerten, die anhand der selbständig erarbeiteten Präsentation der Projekte ersichtlich wird.[37]

Im Unterrichtsgespräch und in den Projektphasen wird der Roman lediglich in Auszügen gelesen, weil sich dessen Struktur dafür anbietet: Es fehlt ein linearer Handlungsstrang; die einzelnen Kapitel sind formal und sprachlich einander so ähnlich,[38] dass die Betrachtung einzelner Textstellen ausreicht, um einen Überblick über den Schreibstil des gesamten Buches zu bekommen. Allerdings sollte natürlich eine mögliche Bereitschaft der Schüler, den gesamten Roman zu lesen, unterstützt werden.

Baustein 1 begleitet die Schüler während ihrer Lektüre und vermittelt grundlegende Einsichten in übergeordnete Zusammenhänge der Popliteratur. In Baustein 2 werden die Situation des Ich-Erzählers und die Erzählperspektive sowie dessen Abgrenzungsversuche zu seiner Umgebung untersucht. Baustein 3 thematisiert das Verhältnis zwischen dem Autor und dem Erzähler, das durch offensichtliche autobiographische Züge gekennzeichnet ist. Der Frage nach literarischen Vorbildern und einer möglichen Zukunftsprognose der Popliteratur geht Baustein 4 nach, indem weitere Texte von Benjamin von Stuckrad-Barre angesprochen werden.

Die Bausteine 5 bis 8 bestehen aus Aufgaben für die einzelnen Projektgruppen und werden von den Schülern parallel zu den Bausteinen 1 bis 4 bearbeitet. In Baustein 5 sollen sich die Schüler mit dem Verhalten und den Beobachtungen des Ich-Erzählers als Folge seiner Beziehungskrise auseinander setzen. Der Baustein 6 löst sich teilweise vom Roman und fordert die Schüler auf, sich kulturellen Paradigmen und jugendlichen Generationskonstrukten kritisch zu nähern. Baustein 7 findet erneut einen Bezug zur Popliteratur und ihren Vertretern, indem die Schüler in diesem Projekt die mediale Inszenierung der Autoren untersuchen sollen. Abschließend wird der Bereich der Literaturkritik am Beispiel von *Soloalbum* in Baustein 8 behandelt.

Als Groblernziel steht diesem Modell die Vermittlung wichtiger Merkmale eines zeitgenössischen Phänomens in Form der Popliteratur voran, das vorrangig anhand von medien- und produktionsorientierten Methoden vermittelt wird.

Den Phasen, in denen die Schüler in den Projektgruppen arbeiten, sind keine Feinlernziele vorangestellt, da hier mehrere Lernziele ineinander greifen und je nach Verlauf des Arbeitsprozesses modifiziert werden können. Ein übergreifendes Lernziel für die Projektarbeit ist die selbständige und gruppenorganisierte Erarbeitung eines komplexen Sachverhalts, angeregt durch eine konkrete Aufgabenstellung.

---

[37] Vgl. Richtlinien (2000), 40: „Forschendes Arbeiten ist [...] überall da praktikabel, wo durch die Integration mehrerer Lernbereiche komplexe Aufgaben zur gemeinsamen Planung eines Arbeitsprozesses und zur Erprobung von Denkwegen, Methoden und Sozialformen auffordern."

[38] Vgl. oben Kap. 2.2.2 (Teil II).

2.5 Das Unterrichtsmodell[39]

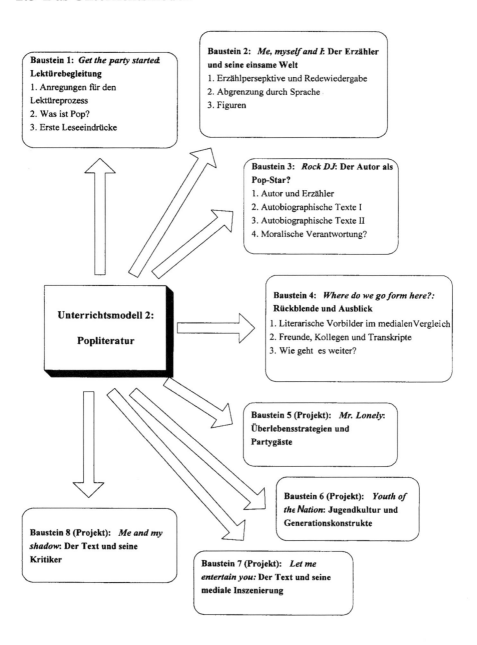

Baustein 1: *Get the party started*
Lektürebegleitung
1. Anregungen für den Lektüreprozess
2. Was ist Pop?
3. Erste Leseeindrücke

Baustein 2: *Me, myself and I*: Der Erzähler und seine einsame Welt
1. Erzählperspektive und Redewiedergabe
2. Abgrenzung durch Sprache
3. Figuren

Baustein 3: *Rock DJ*: Der Autor als Pop-Star?
1. Autor und Erzähler
2. Autobiographische Texte I
3. Autobiographische Texte II
4. Moralische Verantwortung?

Unterrichtsmodell 2:
Popliteratur

Baustein 4: *Where do we go form here?*: Rückblende und Ausblick
1. Literarische Vorbilder im medialen Vergleich
2. Freunde, Kollegen und Transkripte
3. Wie geht es weiter?

Baustein 5 (Projekt): *Mr. Lonely*: Überlebensstrategien und Partygäste

Baustein 6 (Projekt): *Youth of the Nation*: Jugendkultur und Generationskonstrukte

Baustein 8 (Projekt): *Me and my shadow*: Der Text und seine Kritiker

Baustein 7 (Projekt): *Let me entertain you:* Der Text und seine mediale Inszenierung

---

[39] Titelgebend für die Bausteine sind die Lieder von folgenden Interpreten: Baustein 1 – Pink, Baustein 2 – Billie Holiday, Baustein 3 – Robbie Williams, Baustein 4 – Jamiroquai, Baustein 5 – Cultured Pearls, Baustein 6 – P.O.D., Baustein 7 – Robbie Williams, Baustein 8 – Robbie Williams.

Baustein 1: *Get the party started*: Lektürebegleitung

1. Anregungen für den Lektüreprozess

Bevor das Thema der Unterrichtsreihe und der Titel des Buches genannt werden, erhalten die Schüler durch einen Fragebogen (Vgl. Anhang) die Möglichkeit zu einer subjektiven und wohlmöglich ganz amüsanten Begegnung mit sich selbst. Indem die Schüler nach persönlichen Erfahrungen gefragt werden, können zugleich einige Aspekte der Lektüre vorab thematisiert werden.[40] Die Auswertung kann auf verschiedene Weisen erfolgen: Entweder stellen die Schüler im Plenum ihre Ergebnisse vor oder sie bilden Kleingruppen. Wichtig ist eine vorherige gemeinsame Absprache innerhalb des Kurses; so kann auf Wunsch der Schüler die Bearbeitung des Fragebogens in Einzelarbeit ohne ein sich anschließendes Gespräch erfolgen. Dabei sollte allerdings beachtet werden, dass während des Unterrichtsmodells zur Popliteratur vereinzelt auf Fragen und Anregungen aus dem Arbeitsblatt eingegangen werden sollte, um den Bezug zum Text herzustellen – falls dies nicht schon durch die Schüler passiert.

⇨ Die Schüler füllen einen Fragebogen aus und beschäftigen sich dadurch bereits vor Beginn der Lektüre mit inhaltlichen Aspekten, die an ihre eigene Erfahrungswelt anknüpfen.

2. Was ist Pop?

Die Popliteratur ist ein literarisches Phänomen mit einer langen Geschichte. Wie bereits oben erläutert,[41] reichen ihre Anfänge bis in die 60er-Jahre zurück und ihre Wurzeln sind mit verschiedenen kulturellen Dimensionen verknüpft. Wichtige Einflüsse kommen aus der Musik- und der Kunstwelt, aber auch gesellschaftliche Entwicklungen ebnen den Weg zur Literatur. So steht der Begriff des Pop für eine bestimmte Lebensauffassung und außergewöhnliche Stilrichtungen in Kunst, Musik und Literatur. Um sich über die verschiedenen Ausdrucksformen und die wichtigsten Merkmale zu informieren, sollen die Schüler selbständig im Internet recherchieren.[42]

Anschließend erstellen sie eine Linkliste zur Popliteratur, die im gemeinsamen Unterrichtsgespräch vervollständigt wird.

⇨ Die Schüler sollen sich mit verschiedenen Suchmaschinen des Internets vertraut machen, indem sie sich über die Hintergründe der Popliteratur informieren.

---

[40] Vgl. Waldherr (1999), 16. Das Arbeitsblatt ermöglicht einen „eher unbefangenen und undogmatischen Zugang" (ebd.), Gefühle und Anschauungen der Schüler werden in den Leseprozess integriert.

[41] Vgl. Kap. 2.2.2 (Teil II).

[42] Vgl. Richtlinien (2000), 40.

3. Erste Leseindrücke

Als Einstieg in die Lektüre werden die ersten Seiten gemeinsam laut vorgelesen. Anschließend wird das Textverständnis überprüft, indem der Lehrer fragt, in welcher Verfassung die nächtlichen Besucher den Ich-Erzähler vorfinden. Die Schüler sollen in einer Art Brainstorming an der Tafel erste Eindrücke (sowohl inhaltlicher als auch sprachlicher Natur) sammeln. Vorbereitende Lektüre zu Hause für den nächsten Baustein sind die Kapitel ab S. 24 und S. 99.

➪ Die Schüler sollen den Inhalt einer kurzen Textpassage rekapitulieren.

Baustein 2: *Me, myself and I*: Der Erzähler und seine einsame Welt

1. Erzählerperspektive und Redewiedergabe

In *Soloalbum* dominiert ein Ich-Erzähler, der überaus eindimensional und subjektiv seine Umgebung beschreibt und seine Mitmenschen bewertet. Diese Erzählperspektive ist gekennzeichnet durch ein allgemeines Monologisieren, das nur stellenweise von direkter Rede unterbrochen wird. Anhand der Kapitel ab S. 24 und S. 99 sollen die Schüler die Besonderheiten der Erzählinstanz herausarbeiten und bewerten. Dabei soll die Technik des systematischen Aufzählens (von Freundinnen und Passanten, die dem Erzähler begegnen) im Vordergrund stehen. Was erfährt der Leser über diese Menschen, die der Ich-Erzähler beschreibt? Was erfährt man über den Erzähler selbst? Die Ergebnissicherung findet in Form einer Mind-Map statt, die die Schüler zunächst in kleinen Gruppen entwickeln und im anschließenden Plenumsgespräch vorstellen.[43]

➪ Die Schüler visualisieren ihre Beobachtungen zur Erzählerperspektive, um einen wesentlichen Aspekt des Romans zu erschließen.

2. Abgrenzung durch Sprache

Der Ich-Erzähler kritisiert seine Umgebung ständig: die Musik, die Menschen, die Sprache. Anhand des Kapitels *Live forever* ab S. 209 sollen die Schüler die verschiedenen 'Feindbilder' des Erzählers genauer unter die Lupe nehmen. Zunächst wird der Text genau gelesen, dann entwickeln die Schüler in Gruppen kurze Szenen, die die Haltung des Ich-Erzählers gegenüber bestimmten Gruppen darstellen. Einmal werden die Rollenspiele mit und einmal ohne sprachliche Artikulationen präsentiert. Dabei führt eine Gruppe ihre Szene vor, während die andere Gruppe ein beobachtendes Protokoll schreibt. Welche Unterschiede in der Spielweise und den Versuchen sich abzugrenzen werden durch die verschiedenen Versionen deutlich?

➪ Die Schüler entwickeln kurze Rollenspiele, um sich in das Verhalten des Ich-Erzählers hineinzuversetzen.

---

[43] Zur ausführlichen Bearbeitung der Erzählperspektive vgl. oben Kap. 1.5 (Teil II), Baustein 5, Punkt 2.

3. Figuren

Der Erzähler beschreibt ununterbrochen die Menschen, denen er begegnet, ohne sie dabei mit echten Konturen auszustatten. Statt dessen bedient er sich Klischees, mit denen er ein Bild erzeugt, das bei dem Leser das Gefühl der Wiedererkennung weckt und somit dieser Figur anhaftet. Die Schüler sollen eine Tabelle erstellen, in der sie die verschiedenen Figuren und Personengruppen, denen der Ich-Erzähler begegnet, mit ihren direkten und indirekten Merkmalen aufführen. Dabei sollen sie versuchen, den narrativen Stil des Erzählers zu übernehmen, den er u. a. bei der Aufzählung seiner verschiedenen „Soloprojekte" (25) verwendet.[44]

⇨ Die Schüler erstellen eine Charakterisierung und passen dabei ihren Schreibstil dem des Romans an, wobei sie sich mit stilistischen Methoden (wie z. B. dem Archivieren) vertraut machen.

Baustein 3: *Rock DJ*: Der Autor als Pop-Star?

1. Autor und Erzähler

Da zwischen der Biographie des Ich-Erzählers und dem Leben des Autors einige Ähnlichkeiten bestehen, kann man im Ansatz von autobiographischen Zügen sprechen, die Benjamin von Stuckrad-Barre seinem Werk verleiht.[45] Allerdings spielt der Autor auch eindeutig mit den Erwartungen des Lesers, der durch die undistanzierte subjektive Erzählweise dazu verleitet werden könnte, den Autor mit dem Erzähler gleichzusetzen. Besonders im Hinblick auf die Schüler sollte darauf geachtet werden, diese Beobachtung zu thematisieren, da noch zu häufig im Deutschunterricht die Gefahr besteht, den Autor und den Erzähler zu verwechseln.[46]

Mit Hilfe der Begriffe *konkreter* (oder *historischer*) *Autor, konkreter* (oder *historischer*) *Leser, abstrakter Autor, abstrakter Leser* versucht der Lehrer mit den Schülern ein Schema zu erarbeiten, das einerseits die Wechselbeziehung zwischen den einzelnen Instanzen veranschaulicht und andererseits die einzelnen Begriffe anhand von Beispielen so definiert, dass den Schülern deren Bedeutung für den Text klar wird.[47]

Ein anschließender Transfer auf die Erzählinstanzen bei *Soloalbum* soll den Schülern die Einsicht vermitteln, dass eine Unterscheidung in den konkreten Autor Benjamin von Stuckrad-Barre und den abstrakten Autor (der scheinbar auch im Musikgeschäft arbeitet, jung ist und gerade von seiner Freundin ver-

---

[44] Vgl. die Anmerkungen zu Baßler in Kap. 2.3 (Teil I) und Kap. 2.2.1 (Teil II).

[45] Vgl. oben Kap. 2.2.2 (Teil II), Anm. 22.

[46] „Die Autor/Erzähler-Unterscheidung ist [...] inzwischen zu einem Dogma geronnen, das den Blick auf die Praxis der narrativen Kommunikation mehr verstellt als erhellt." Jannidis (2002), 540.

[47] Ein mögliches Tafelbild befindet sich im Anhang.

lassen wurde) hilfreich für eine weitere distanzierte Betrachtung des Textes sein kann. Denn so offenbart sich eine Erzählstrategie, die deutlich mit derartigen Grenzüberschreitungen sowie narrativen Formen wie dem Inneren Monolog spielt.

Ein weiteres Problem stellt die sogenannte Autorintention dar. So muss den Schülern klar sein, dass die Bedeutung eines literarischen Werkes nicht das ist, „was der Autor zu irgendeinem gegebenen Zeitpunkt im Sinn hatte, noch ist sie eine bloße Eigenschaft des Textes oder der Erfahrungswert eines Lesers."[48]

➪ Die Schüler sollen die narrativen Kompetenzen erlangen, die sie bei der Differenzierung zwischen Autor und Erzähler eines literarischen Textes unterstützen.

2. Autobiographische Texte I[49]

In einer Taschenbuchausgabe von *Soloalbum* befindet sich auf den letzten Seiten der Abdruck eines Briefes (vgl. Anhang) von einem Journalisten an Benjamin von Stuckrad-Barre. Darin wird der Autor gefragt, inwiefern die Darstellung des Drogenkonsums im Buch autobiographische Hintergründe hat. Die Schüler sollen sich mit der Antwort von Benjamin von Stuckrad-Barre auseinandersetzen und diese im Hinblick auf die Frage bewerten, aus welchem Grund dieser Brief wohl im Anschluss an die Geschichte abgedruckt ist. Ihre Stellungnahme verschriftlichen die Schüler, indem sie einen zweiten Antwortbrief an den Journalisten schreiben. In diesem sollen sie die Problematik von autobiographischen Elementen, die ein Text enthalten kann, erörtern.

➪ Die Schüler übertragen reale Äußerungen des Autors auf den Text und setzen sich kritisch mit seinen Ansichten auseinander.

3. Autobiographische Texte II

Nachdem die Schüler kurze Ausschnitte aus weiteren Texten von Benjamin von Stuckrad-Barre gelesen haben, untersuchen sie diese ebenfalls auf autobiographische Elemente. Anbieten würden sich hierfür Ausschnitte aus *Livealbum* und *Transkript*.[50] Nachdem an der Tafel die wichtigsten Merkmale für eine Autobiographie gesammelt wurden, verfassen die Schüler einen eigenen kurzen biographischen Text. In kleinen Gruppen werden diese Texte anschließend untereinander ausgetauscht und anonym vorgelesen, so dass die anderen herausfinden sollen, wer der Verfasser ist.

---

[48] Culler (2002), 98.
[49] Bevor Baustein 2 und 3 durchgeführt werden können, muss gewährleistet sein, dass die Schüler über den biographischen Hintergrund des Autors Bescheid wissen. Dies kann durch einen kurzen Vortrag des Lehrers geschehen oder auch durch ein Informationsblatt der Projektgruppe, die sich mit der medialen Inszenierung der Popliteraten beschäftigt.
[50] Vgl. Knoche (2002), 14.

⇨ Die Schüler sollen die grundlegenden Aspekte autobiographischen Schreibens kennen lernen und an eigenen Texten anwenden.

4. Moralische Verantwortung?

Die Frage, inwiefern mit der öffentlichen Rolle eines Autors zugleich auch eine moralische Verantwortung verbunden ist, würde sich an dieser Stelle als ergänzende Aufgabenstellung anbieten. Der Ablauf ist identisch mit Baustein 7 in Kapitel 1.5 (Teil II), Punkt 4.

Baustein 4: *Where do we go from here?*: Rückblende und Ausblick

1. Literarische Vorbilder im medialen Vergleich

Der Roman *Soloalbum* weist deutliche Parallelen zu *High Fidelity* von Nick Hornby auf.[51] Nach der Trennung von seiner Freundin lässt der Protagonist sein Leben Revue passieren und veranschaulicht dem Leser die Zusammenhänge bestimmter Entwicklungen in seinem Leben mit seiner musikalischen Sozialisation. Durch einen Vergleich der Romanverfilmungen sowie einen Transfer bestimmter wiederkehrender Elemente auf die literarische Grundlage, werden den Schülern medienorientierte Arbeitsweisen und eine andere Sichtweise auf popliterarische Werke vermittelt. Mit der Hilfe eines Arbeitsblattes zur Filmanalyse (Vgl. Anhang) erarbeiten die Schüler in Gruppen bis zu 6 Personen wichtige Instrumente der medialen Vermittlung am Beispiel der Filme *Soloalbum* und *High Fidelity* und stellen diese anschließend in einem kurzen Vortrag den anderen Gruppen vor.

⇨ Die Schüler erarbeiten in Kleingruppen einen filmanalytischen Vergleich.

2. Freunde, Kollegen und Transkriptionen

Um die Schüler mit weiteren Texten der Popliteratur bekannt zu machen, teilt der Lehrer verschiedene Auszüge[52] aus, die die Schüler lesen und miteinander vergleichen sollen. Wo finden sich popliterarische Elemente und wodurch unterscheiden sich die Texte?

⇨ Die Schüler wenden die bisher gewonnenen Erkenntnisse zur Popliteratur auf weitere Texte an, indem sie diese mit *Soloalbum* vergleichen und auf ihren popliterarischen Bezug hin untersuchen.

3. Wie geht es weiter?

In einer kurzen Stellungnahme erörtern die Schüler die Frage, ob die Popliteratur eine Zukunft hat. Immerhin sind die Themen, auf die Bezug genommen

---

[51] Vgl. Kap. 2.2.1 (Teil II).

[52] Geeignet wäre hierfür u. a. Auszüge aus Christian Kracht: *Faserland* (1995), Alexa Henning von Lange: *Relax* (1999) und Bret Easton Ellis: *American Psycho* (1991).

wird, von einer Aktualität geprägt, die der Gefahr der Kurzlebigkeit unterliegt. Wie schätzen die Schüler dies ein?

⇨ Indem sie die Position der Rezipienten einnehmen und überlegen, ob die Texte auch noch in zehn Jahren aktuell sind, beschäftigen sich die Schüler intensiv mit einem wichtigen Kritikpunkt an der Popliteratur.

Baustein 5 (Projekt): *Mr. Lonely*: Überlebensstrategien und Partygäste

Arbeitsauftrag für diese Projektgruppe:

Versuchen Sie sich anhand der folgenden Textstellen einen Eindruck über das Verhalten des Ich-Erzählers zu verschaffen. Wie kommt er über das Ende seiner Beziehung hinweg? Welchen Bezug hat er dabei zu seiner Umwelt? Beachten Sie dabei besonders die Partyszenen.

Entwickeln Sie in Ihrer Gruppe ein Konzept für eine Präsentation, durch die Sie ihren Mitschülern das Verhalten des Ich-Erzählers verdeutlichen. Dies kann im Rahmen einer multimedial inszenierten Lesung geschehen oder einer Videodarstellung oder . . .

Textstellen: 13–35, 56–62, 73–85, 209–228

Baustein 6 (Projekt): *Youth of the Nation*: Jugendkultur und Generationskonstrukte

Arbeitsauftrag für diese Projektgruppe:

Informieren Sie sich über verschiedene Generationskonstrukte, die in den letzten Jahren entworfen wurden. Nehmen Sie dazu die folgenden Textstellen aus *Soloalbum* sowie die Passagen aus *Generation Golf* und *Generation Ally*[53] zu Hilfe und entwickeln Sie einen Überblick über die verschiedenen Bilder, die von den Generationen der letzten Jahre gezeichnet wurden. Diskutieren Sie diese in ihrer Gruppe und entwerfen Sie eine Präsentation, in der Sie Ihren Mitschülern diesen Überblick vermitteln sowie eine kritische Debatte hervorrufen. Dies kann in Form einer inszenierten Lesung mit Medieneinsatz, einer Talk-Show etc. geschehen.

Textstellen:

Soloalbum: 36–55, 159–166, 209–228

Generation Golf: 9–40, 125–134, 137–160

Generation Ally: 7–40

---

[53] Vgl. oben Kap. 1.3 (Teil I).

Baustein 7 (Projekt): *Let me entertain you:* Der Text und seine mediale Inszenierung

Arbeitsauftrag für diese Gruppe:

Informieren Sie sich (z. B. im Internet) über den Ablauf einer Lesung von Benjamin von Stuckrad-Barre. Wie verhält es sich mit der Selbstdarstellung dieses Autors? Welche Rolle spielen die Medien und die Bezüge zu anderen in der Öffentlichkeit stehenden Personen?

Versuchen Sie im Rahmen eines Dreierschritts (Inszenierung – Medialisierung – Ent-Literarisierung) eine Konzeption des popliterarischen Verständnisses von Literatur zu entwickeln, das Sie in einer abschließenden Präsentation Ihren Mitschülern vorstellen.

Baustein 8 (Projekt): *Me and my shadow:* Der Text und seine Kritiker

Arbeitsauftrag für diese Projektgruppe:

Informieren Sie sich anhand von verschiedenen Rezensionen[54] über den Werdegang von Benjamin von Stuckrad-Barre. Entwickeln Sie eine Hypothese, wie dieser Autor 'gemacht' wurde, vergleichen Sie die verschiedenen Rezensionen und erstellen Sie einen Überblick in Form einer Wandzeitung oder einer multimedialen Präsentation.

Den Abschluss dieses Unterrichtsmodells bildet eine Präsentation der verschiedenen Arbeitsergebnisse.

---

[54] In diesem Zusammenhang sollte der Lehrer in einer kurzen Zwischenphase den Schülern erläutern, wie man sich Rezensionen zu bestimmten Büchern verschaffen kann. (Anschreiben an Verlage, Autorendokumentation in Dortmund).

3. Peter Stamm: *Agnes* – Die literarische Konstruktion von Wirklichkeit

„Agnes ist tot. Eine Geschichte hat sie getötet."[1]

3.1 Autor und Werk

Agnes ist der vielgelobte Debütroman von Peter Stamm, der 1963 in Einfelden in der Schweiz geboren wurde. Neben längeren Auslandsaufenthalten u. a. in Paris, New York und Skandinavien absolvierte er ein Studium der Fächer Anglistik, Psychologie, Psychopathologie und Wirtschaftsinformatik. 1990 nahm er seine Tätigkeit als freier Schriftsteller auf, wobei er zunächst Artikel für die Neue Zürcher Zeitung, das Tages-Anzeigen-Magazin und die Weltwoche verfasste. Bevor *Agnes* im Jahr 1998 erschien, hat sich Stamm vor allem durch das Schreiben von Hörspielen ausgezeichnet. Auch *Agnes* wird vertont, ein Jahr später wird ihm der Rauriser Literaturpreis, der wichtigste österreichische Debütantenpreis, für *Agnes* verliehen. Stamms Erzählband *Blitzeis* erscheint ebenfalls im Jahr 1999, daraufhin erhält er ein dreimonatiges Berlin-Stipendium des Kantons Zürich.

Sein letzter Roman *Ungefähre Landschaft* (2001) ist etwas umfangreicher als *Agnes* und wurde von der Presse hochgelobt. Ein weiterer Erzählband mit dem Titel *In fremden Gärten* folgte 2003, zuletzt war Stamm Herausgeber einer Sammlung von Geschichten verschiedener Autoren (*Diensttage*, 2003).

Peter Stamm reiht sich in eine Liste neuer Schweizer Autoren ein, die ein Rezensent als „Stillers Kinder"[2] bezeichnet hat. So ist *Agnes* für Isenschmid die Metapher für „ein Land, das so neutral ist, daß es sich noch nicht einmal in die eigenen Verhältnisse einmischt"[3]. Auffällig oft thematisieren die Texte der Schweizer Autoren das Leben im Ausland, primär Amerika.[4]

3.2 Sachanalyse

3.2.1 *Agnes* als Beispiel postmodernen Erzählens

Das Schwanken zwischen Fiktion und Wirklichkeit, welches viele moderne Romane kennzeichnet, kann sich auf verschiedene Weise manifestieren: als Schwanken

---

[1] Stamm (1998), 9. Alle Zitate im Folgenden sind der im Literaturverzeichnis angegebenen Ausgabe entnommen. Textbelege erscheinen primär im laufenden Text.

[2] Isenschmid (1998), 15. Weitere Autoren sind Zoë Jenny, Thomas Hürlimann, Peter Weber u. a.

[3] Ebd., 16.

[4] Vgl. Sabalius (1997), 11.

zwischen Erfundenem und Realität, zwischen Traum und Wirklichkeit und, als besondere Form, zwischen Bild und Wirklichkeit.[5]

Diese Ausführungen von Rosmarie Zeller zur Wirklichkeitsdarstellung im neuen Roman der Schweiz lässt sich eindeutig auf *Agnes* übertragen. Mit dem Debütroman von Peter Stamm liegt ein literarisches Zeugnis postmodernen Erzählens vor, das sich vorrangig durch die eindrucksvolle Darstellung von der „Unerzählbarkeit der Welt"[6] auszeichnet. Durch verschiedene Kennzeichen offenbart der Text seinen fiktionalen Charakter und wird als Konstrukt sichtbar. So finden sich auf der einen Seite diverse intertextuelle Bezüge auf Personen und Werke aus den Bereichen Literatur und Kunst. Auf der anderen Seite wird der Akt des Erzählens an sich verstärkt thematisiert, denn wichtige Komponenten eines literarischen Textes erscheinen als Verdopplung. Der Ich-Erzähler, der namenlos bleibt und bis auf wenige Details nichts über sein Leben preis gibt, ist zugleich Schriftsteller von Berufswegen und, in einer zweiten Funktion, ebenfalls Autor der intradiegetischen Erzählung *Agnes*, die er auf Wunsch seiner gleichnamigen Freundin schreibt. Diese Geschichte stellt eine weitere Verdopplung dar, immerhin ist sie Bestandteil einer extradiegetischen Rahmenhandlung, die ebenfalls den Titel *Agnes* trägt. Eine dritte Form der Verdopplung findet sich in der Figur der Agnes. Auch sie existiert auf verschiedenen Ebenen: innerhalb der fiktiven Realität der extradiegetischen Erzählung und innerhalb der fiktiven Geschichte, die der Ich-Erzähler als intradiegetische Binnenerzählung schreibt.

Die Verknüpfung dieser beiden Ebenen, durch die der Ich-Erzähler versucht, die Realität der einen durch die der anderen auszutauschen, lässt die Grenzen von Wirklichkeit und Fiktion verschwimmen.[7] Dies wird von einer zunehmenden Unzuverlässigkeit des Erzählers begleitet: Besonders der namenlose Ich-Erzähler, der vermehrt in den postmodernen Texten auftritt, vermittelt durch seine unsichere Identität ein Bild, das ihn von „vorneherein weniger glaubwürdig"[8] erscheinen lässt. Daran lässt sich die Auffassung knüpfen, dass die Problematisierung der Wirklichkeitsdarstellung sehr eng mit der Art zusammenhängt, „wie der Erzähler dem Leser den Stoff vermittelt"[9]. Man spricht in diesem Zusammenhang häufig von einer Art stillschweigendem Vertrag, den der Leser mit dem Erzähler bei Beginn einer Lektüre abschließt. Man verlässt sich darauf, dass die Darstellung von Orten, Situationen und Personen so viel Informationen wie möglich, aber auch nicht mehr als nötig, enthält. Führt ein Erzähler den Leser absichtlich in die Irre oder gibt er vor, mehr zu wissen, als es der Wirklichkeit ent-

---

[5] Zeller (1992), 46.
[6] Ebd.
[7] Vgl. die Ausführungen zur narrativen Metalepse in Kap. 1.2.2 (Teil II).
[8] Zeller (1992), 61. Zur Unsicherheit über die Identität des Ich-Erzählers vgl. auch ebd., 78 und 123.
[9] Zeller (1992), 61.

spricht, so bezeichnet man dies als *unzuverlässiges Erzählen*,[10] ein vermehrt auftretendes Charakteristikum in postmodernen Texten.

Der Ich-Erzähler in *Agnes* beweist seine Unzuverlässigkeit besonders an den Stellen, wo er behauptet, die Geschichte seiner Erinnerung entsprechend aufzuschreiben. Es wird im Verlauf der Erzählung deutlich – auch im Gespräch mit Agnes –wie unzutreffend diese Erinnerungen teilweise sind.[11] Die eingeschränkte Sichtweise, die dem Leser durch die subjektive Erzählinstanz vermittelt wird, verlangt einen *lector scrupulosus*, der nicht alles widerstandslos akzeptiert, was der Erzähler über seine Beziehung zu Agnes schreibt.

Weitere Merkmale postmodernen Erzählens finden sich im Bereich der sprachlichen und stilistischen Gestaltung des Romans. So verzichtet Peter Stamm, als Hörspielautor versiert im Umgang mit dem pointierten Wort, auf jeden Schnörkel oder rhetorisch schmückendes Beiwerk für seine Geschichte. Statt dessen vollzieht er, ähnlich wie Judith Hermann, eine konsequente Reduktion der Sprache auf ihre wichtigsten und wirkungsvollsten Möglichkeiten. Ebenso gibt es weder erklärende Übergänge zwischen einzelnen Episoden noch ausführliche Beschreibungen. Logische Verknüpfungen muss der Leser selbst herstellen, er wird dadurch zu einer Art Co-Autor, wie ihn auch schon die Rezeptionsästhetik postuliert hat. Die Dialoge zwischen dem Ich-Erzähler und Agnes sind keine Gespräche in einem kommunikativ-gleichwertigen Sinne, sondern nicht viel mehr als bezugslose Wortwechsel.[12] Diese Unfähigkeit miteinander zu reden steht stellvertretend für einen Mangel an Einfühlungsvermögen und die Angst sich dem Gegenüber zu öffnen. So weicht auch der Ich-Erzähler Agnes' Frage nach seinem Motiv zum Schreiben aus, entweder, weil sie der Wahrheit zu nahe kommt, oder aber, weil er sich darüber bislang keine Gedanken gemacht hat:

> „Schreibst du deshalb Bücher? Weil du keine Kinder hast?" „Ich will nicht ewig leben. Im Gegenteil. Ich möchte keine Spuren hinterlassen." „Doch", sagte Agnes. „Komm", sagte ich, „gehen wir zurück ins Bett. Es ist noch zu früh." (28)

Während Agnes nicht in der Lage ist, zu fragen, warum er keine Spuren hinterlassen möchte, und statt dessen auf ihrer Meinung beharrt, weicht ihr der Ich-Erzähler aus und bricht das Gespräch ab.

Diese Darstellung von Kommunikationslosigkeit und der sich daraus andeutenden Beziehungsunfähigkeit, wie sie ebenfalls in Judith Hermanns Texten zu beobachten ist, zeichnet ein thematisches Bild der zeitgenössischen Literatur, das u. a. durch eine unerfüllte Sehnsucht der heutigen Menschen nach Liebe und Ge-

---

[10] Vgl. Martinez/Scheffel (2002), 95 ff.

[11] So meint der Ich-Erzähler sich daran erinnern zu können, dass sie bei ihrer ersten Verabredung in einem chinesischen Restaurant waren. In Wirklichkeit war es aber ein indisches Restaurant, wobei bereits sogar die erste Erwähnung dieser Verabredung, in der Rahmenerzählung, durch falsche Erinnerung des Erzählers beeinflusst ist. Vgl. Stamm (1998), 22 und 56.

[12] Vgl. Werth (1999), 14.

borgenheit geprägt ist.[13] Die Beziehungen werden als unterkühlt und distanziert beschrieben; trotz ihres Zusammenseins bleiben die Menschen allein und sich selbst überlassen, aus Angst vor Enttäuschung oder Zurückweisung. Der Leser erhält bei *Agnes* eindrückliche Bilder von unterdrückten Ängsten, dem Gefühl von Bedeutungsverlust und der Fremdheit. So schreibt ein Rezensent über die Beziehung zwischen Agnes und dem Ich-Erzähler, dass sie eine Fremdheit verkörpert, die „erst dann so richtig furchterregend [wird], wenn sie sich auftut zwischen Menschen, die sich zu lieben glauben"[14].

Die Betonung der Fremdheit zwischen den beiden scheint unaufhaltsam auf ein Ende hinzusteuern, das sich in einer Reihe von Motiven realisiert: die Schwächeanfälle von Agnes, ihre ständige Müdigkeit, die Kälte der Stadt Chicago, die Binnenerzählung von der toten Frau auf dem Bürgersteig und als Höhepunkt der Verlust des Kindes. Der Roman beginnt und schließt mit einem Ende: Der erste Satz impliziert den Tod von Agnes, der letzte beschreibt das abrupte Ende eines Videobandes, das die letzte Erinnerung an Agnes für den Erzähler manifestiert.

3.2.2 *Agnes* – eine Liebesgeschichte?

Der Roman ist in 36 kurze Kapitel unterteilt, die keine Überschrift besitzen. Das erste und das letzte Kapitel fallen aus der chronologischen Ordnung heraus, sie sind zeitlich in der Gegenwart anzuordnen, was auch durch die Verwendung des Präsens deutlich wird. Die anderen 34 Kapitel werden von diesen beiden Sequenzen eingerahmt; sie bestehen aus der eigentlichen Geschichte, die der Ich-Erzähler aus seiner Erinnerung heraus, einer Beichte gleich,[15] zu erzählen vorgibt. Diese Geschichte wird in der Vergangenheitsform wiedergegeben.

Die erzählte Zeit umfasst genau 9 Monate, den Anfang bildet eine abrupte Feststellung: „Agnes ist tot. Eine Geschichte hat sie getötet. Nichts ist mir von ihr geblieben als diese Geschichte." (9) Gefiltert durch die Perspektive des männlichen Erzählers,[16] erfährt der Leser von der aufkeimenden Beziehung zwischen Agnes, einer diplomierten Physikerin, die in Chicago an ihrer Dissertation arbeitet, und dem Ich-Erzähler, der aus der Schweiz kommt und Schriftsteller ist. Zum Zeitpunkt ihrer Begegnung arbeitet er gerade an einem Buch über Luxuseisenbahnen. Trotz des Altersunterschieds – er ist etwa 40 Jahre alt, sie ist 25 – entwickelt sich die Beziehung erstaunlich rasch. Agnes, die selbst von sich behauptet, „kein sehr sozialer Mensch" (20) zu sein, übt auf den Ich-Erzähler eine Faszination aus, die dieser sich selbst nicht genau erklären kann. Eine gewisse Vorsicht und Unschlüssigkeit klingt aus seinen Worten, wenn er ihre ersten Begegnungen beschreibt:

---

[13] Vgl. Möckel (2001), 15.
[14] Hamm (1998), 184.
[15] Vgl. Staub (1998), 33.
[16] Die eindimensionale männliche Perspektive kritisiert Wirth (1998), 47.

> Oft rauchten wir zusammen auf der Treppe oder tranken Kaffee, und langsam ge-
> wöhnten wir uns aneinander, wie man sich an ein neues Kleidungsstück gewöhnt,
> das man erst für einige Zeit in den Schrank hängt, bevor man wagt, es anzuziehen.
> (22)

Bald zieht Agnes bei ihm ein und wird schließlich schwanger. Die Beziehung zer-
bricht an der Ignoranz des Ich-Erzählers, der nicht mit der Vorstellung von einer
schwangeren Agnes umgehen kann. Denn längst hat er sich in seinem selbst ge-
strickten Netz aus fiktiven Situationen und herbeigewünschten Entwicklungen
in ihrer Beziehung ein Bild von Agnes gemacht, dem die reale Frau nicht entsprechen kann und will. Auslöser für diese Verknüpfung von Realität und Fiktionalität ist der Wunsch von Agnes, ihr Geliebter solle ein literarisches Portrait von ihr
und der Beziehung anfertigen. Der Erzähler schreibt die Geschichte ihrer Beziehung auf, nennt diese *Agnes* und verstrickt sich immer mehr in der unwirklichen
Welt seiner eigenen Worte. In dem Moment, wo die intradiegetische Erzählung
die Gegenwart der Rahmenhandlung erreicht, wandelt sich die Beziehung zwischen den beiden. Der Ich-Erzähler fühlt „eine fast körperliche Abhängigkeit"
von Agnes, er hat das „demütigende Gefühl, nur ein halber Mensch zu sein"
(61), wenn sie nicht da ist. Zugleich entwickelt er allerdings auch ein befremdli-
ches Gefühl ihr gegenüber. Erst jetzt erkennt er, wie wenig er eigentlich über sie
weiß, und er betrachtet sie zuweilen mit „erstaunten Blicke[n]" (62).

Im Rahmen der Binnenerzählung, die mittlerweile in die Zukunft vorgestoßen
ist, verschafft er sich wieder die Kontrolle über sich und Agnes. Zuvor hatte er
„zum erstenmal in [s]einem Leben das Gefühl, etwas dringe von außen in [ihn]
ein, etwas Fremdes, Unverständliches." (61) Nun wird Agnes zu seinem „Geschöpf" (62). Während für den Ich-Erzähler die Geschichte zu einer Art Lebens-
ersatz wird, erträgt Agnes diese fiktive Liebe nicht. Zum Schluss scheint sie dem
Leben, das der Ich-Erzähler für sie erdichtet hat, durch Selbstmord zu entfliehen
– so wie er es für sie in einer zweiten Version seiner Geschichte am Ende vorgesehen hat.

Der Roman ist durchzogen von vielen intertextuellen Bezügen, die teilweise
durch ihre leitmotivischen Positionen die Stimmung und den Stil der Erzählung
eindrucksvoll verstärken. So stehen diese Einschübe, ebenso wie viele kurze intradiegetische Erzählungen, in einer sprachlichen Wechselwirkung mit der an-
sonsten eher kurzen und sparsamen Ausdrucksweise des Erzählers. Die Sätze
sind einfach, meist parataktisch angeordnet, die Worte sind mit Bedacht gewählt
und beschränken sich auf das Wesentliche. Zunächst unwichtig erscheinende Informationen enthüllen bei näherer Betrachtung eine besondere Anziehungskraft. Immerhin spielt die Einteilung des Romans in 36 Kapitel ebenso wie die erzählte Zeit von 9 Monaten auf die Dauer einer Schwangerschaft an: Indem er
sein Werk in diesem Rahmen präsentiert, simuliert er sozusagen symbolisch die
Geburt eines Kindes. Unter diesem Aspekt liest sich auch die bereits oben
zitierte Frage von Agnes unter einem neuen Licht:

„Schreibst du deshalb Bücher? Weil du keine Kinder hast?" (28) An dieser Stelle
verneint der Ich-Erzähler zwar ihre Vermutung, als sie jedoch schließlich ihr gemeinsames Kind verliert, schafft er sich im doppelten Sinn dennoch einen Nach-
kommen: Zunächst schreibt er auf Agnes' Wunsch hin ihre gemeinsame Geschichte weiter, als wäre das Kind gesund zur Welt gekommen. Die Realität ver-
schwimmt mit dem Erdachten, als beide anfangen, Kinderkleidung und Spielsa-
chen für ein nicht existierendes Kind zu kaufen. Dieses Kind manifestiert sich
schließlich in der Erzählung *Agnes*, denn „nichts ist [ihm] von ihr geblieben als
diese Geschichte" (9).

3.3 Methodisch-didaktische Überlegungen

Als ein sehr vielseitiges Beispiel postmodernen Erzählens ist der Roman *Agnes*
von Peter Stamm aus verschiedenen Gründen für den Literaturunterricht der
Oberstufe geeignet. Um allerdings sein ganzes Potential nutzen zu können und
ein Unterrichtsmodell durchzuführen, dessen Schwerpunkte auf den Aspekten
der Intertextualität und der Wirklichkeitsdarstellung liegen sollen, sollte der Roman nicht vor der 12. Jahrgangsstufe gelesen werden. Wie oben gezeigt, entfaltet
der Text seine Wirkung besonders durch die Fragwürdigkeit der Erzählerfigur
und die daraus resultierenden Unsicherheiten, inwiefern Realität und Fiktionalität, in Bezug auf die dargestellte Beziehung ebenso wie auf das literarische Werk
an sich, im Verhältnis zueinander stehen.[17]

Agnes zeichnet sich besonders dadurch aus, dass mit einem Bild von der Wirklichkeit gespielt wird. Indem der Ich-Erzähler seine eigene kleine Welt innerhalb
seiner Beziehung zu Agnes schafft und er versucht, diese Welt auch in der Realität aufrecht zu erhalten, wird eine anti-mimetische Haltung provoziert, die typisch für die Literatur der Gegenwart ist.[18] Diese Gegenwart selbst ist eine Welt,
die immer vielfältiger wird und sich einer einfachen und endgültig richtigen Beschreibung entzieht. Neue Entdeckungen und das Wissen über die unterschiedlichsten Bereiche in Kultur, Geisteswissenschaften oder Technik schaffen uner-
messliche Möglichkeiten. Durch die technischen Fortschritte und die Medien
können Wirklichkeiten simuliert oder auch manipuliert werden. Sei es in einem
interaktiven Computerspiel, in Filmen, die selbst die Realität in Frage stellen,[19]
sei es in Talk-Shows und sogenannten Reality-Soaps: Das Angebot an fiktiven
Realitäten ist groß.

Der selbstverständliche Umgang mit den unterschiedlichen Medien hinterlässt
vor allem bei den Jugendlichen eine große Wirkung auf die Wahrnehmungsweisen:

---

[17] Ein Unterrichtsmodell zu *Agnes*, primär unter dem Thema der Dekonstruktion des Ichs stellt
Reckefuß [im Druck] vor.
[18] Vgl. Sprenger (1999), 128.
[19] So z. B. *Total Recall, Minority Report, Matrix, The Truman Show, Adaption, Memento, Gothica.*

Wirklichkeiten erfahren Heranwachsende immer mehr als etwas Konstruiertes und Konstruierbares, als *Erfahrungswirklichkeit* und *Medienwirklichkeit*. Die schon von klein auf gemachte Bekanntschaft mit verschiedenen Wirklichkeitsmodi ermöglicht es Kindern und Jugendlichen oft besser als Erwachsenen, verschiedene Wahrnehmungsweisen wie selbstverständlich in ihren Alltag einzubeziehen und miteinander zu verknüpfen.[20]

Nehmen sie also auch das, was sie lesen, als mögliche Wahrheit hin oder sind sie in der Lage, selbstbewusst einen Text und seinen Erzähler in Frage zu stellen und sich nicht in die Irre führen zu lassen? Um die Schüler zum kritischen Lesen zu erziehen und ihnen im Umgang mit Texten der Gegenwart, die sich durch die oben genannten Merkmale auszeichnen, einen kompetenten, weil misstrauischen, Blick anzugewöhnen, ist es nötig, dieses Thema ausführlich zu behandeln.

Darüber hinaus bietet sich der Roman an, um interdisziplinär bzw. fächerübergreifend zu arbeiten. Die verschiedenen intertextuellen Bezüge bestehen hauptsächlich aus Namen von Dichtern oder Schriftstellern[21] und bildenden Künstlern[22] sowie aus Anspielungen auf einzelne ihrer Werke. Die Richtlinien für den Literaturunterricht der Oberstufe empfehlen in diesem Zusammenhang das fächerverbindende Arbeiten, weil

[u]nterschiedliche Formen der Wirklichkeitserschließung in der Literatur [...] die jugendlichen Leserinnen und Leser [auffordern], sich auf fremde Einstellungen einzulassen, und [...] so das Verständnis für unterschiedliche Sichtweisen der Wirklichkeit fördern.[23]

Zunächst ist es jedoch wichtig, mit den Schülern diese intertextuellen Bezüge aufzudecken und ihre Bedeutung für den literarischen Text zu untersuchen. Sind die Schüler fähig, diese Anspielungen auf verschiedene kulturelle Bereiche zu durchschauen und für ein vertieftes Textverständnis zu nutzen, ermöglichen ihnen diese gewonnenen Erkenntnisse neue Zugänge zur Literatur, „die das Lesevergnügen steigern"[24].

Um dieses Ziel zu erreichen soll der Schwerpunkt des Unterrichtsmodells auf einer textgenauen, die intertextuellen Bezüge aufgreifenden, Lektüre[25] liegen und

---

[20] Barth (1999), 12.

[21] Agatha Christie (97), Robert Frost (25), Ernest Hemingway (100/102), Hermann Hesse (119), William Shakespeare (48), Thoreau (101), Dylan Thomas (130), Paul Valery (101).

[22] Ernst Ludwig Kirchner (39), Oskar Kokoschka (39), Georges Seurat (67). Neben diesen werden der amerikanische Industrielle Georges Mortimer Pulmann (100) und der Architekt Frank Lloyd Wright (100) genannt.

[23] Richtlinien (2000), 46.

[24] Ebd., 17.

[25] Schon Roland Barthes, auf den sich Paefgen bei ihren Ausführungen zum textnahen Lesen stützt, betonte, dass die Literatur einen „Aufbewahrungsort für das Wissen, für die Wissenschaften der Welt" darstelle und dies durch ihre intertextuelle Vernetzung beweise. Paefgen (1997), 250. Der Leser aktiviert bei der Lektüre sein angesammeltes eigenes Wissen und entschlüsselt so jeden Text aufs Neue für sich.

durch eine medialisierte Umsetzung des Romans innerhalb eines Internetprojekts erweitert werden. Da im Jahrgang 12 eine wissenschaftliche Facharbeit[26] von den Schülern anstelle von einer Klausur geschrieben werden kann, würde sich ein computerunterstützter Unterricht[27] anbieten, der die literar-analytischen Prozesse mit Grundlagen der elektronischen Textverarbeitung kombiniert.

Der Einsatz von Filmen ist für das Modul über medialisierte Wirklichkeitsvorstellungen vorgesehen, wobei es sich zwar nicht um Literaturverfilmungen, wie sie die Richtlinien fordern,[28] handelt, sondern um verschiedene Darstellungen von fiktiven Realitäten, in denen die Grenzen zwischen Wirklichkeit und Fiktion wie bei *Agnes* überschritten werden. Ein Lehrer, der den Schülern ermöglicht, Erfahrungen, die sie außerhalb der Schule machen (Filme, Homepages erstellen etc.), in den Unterricht mit einzubringen, kann eine motivierte Haltung und größeres Interesse am Lehrstoff erwarten.

Diese intrinsische Motivation wird noch durch die thematische Anknüpfung an die Lebenswelt der Schüler gesteigert: Im Roman von Peter Stamm finden sich Konzepte von Beziehungsmustern, dem Wunsch nach Liebe und Kontakt in der heutigen Gesellschaft sowie das Problem der Kommunikationsunfähigkeit und der Angst, die Kontrolle über sich oder sein Leben zu verlieren.

Diese thematischen Schwerpunkte kennzeichnen den Roman, ebenso wie seine narrativen Elemente,[29] als einen wichtigen Vertreter des postmodernen Erzählstils.

3.4 Konzeption der Bausteine

Im Folgenden wird das Unterrichtsmodell 3 vorgestellt, dessen Grundlage der Roman *Agnes* von Peter Stamm ist. Das Modell sollte in einem Leistungskurs durchgeführt werden, dessen Schüler sowohl Erfahrungen in der Arbeit mit dem PC als auch bereits einige Vorkenntnisse im Bereich der Erzähltextanalyse besitzen. Auf der Basis grundlegender narrativer Kenntnisse sollen die Schüler kritisch die Zuverlässigkeit des Erzählers in Frage stellen und sich mit dem Konstruktcharakter von Literatur auseinandersetzen. Als Einstieg in den Text wird auch hier die Methode des verzögerten Lesens angewandt, um besonders der sprachlichen Ausdruckskraft der ersten Sätze gerecht zu werden. Danach lesen die Schüler das Buch zu Hause zu Ende, spätestens bei der Durchführung von Baustein 3 sollte der Roman vollständig bekannt sein. Eine mögliche Klausur, die das Modell zu *Agnes* abschließt, findet sich im Anhang.

---

[26] Vgl. Richtlinien (2000), 43.
[27] Vgl. Barth (1999), 15.
[28] Vgl. Richtlinien (2000), 20.
[29] Vgl. oben Kap. 3.2.1 (Teil II).

Für die Durchführung des Internet-Projekts ist es notwendig, dass die Schule eine eigene Homepage besitzt, auf der die Schüler ihre Ergebnisse präsentieren können.

Baustein 1 legt das Grundkonzept der medialen Umsetzung einzelner Bereiche des Romans fest: Zum einen besteht dies aus einer Lesedatei, die die Schüler zu Hause als Lektürebegleitung anlegen sollen, und zum anderen aus einem Konzept, das sich im Laufe des Modells zu einer Präsentation im Rahmen der Schul-Homepage entwickelt. Baustein 2 eröffnet den Einstieg in den Roman mit der Frage nach der Erzählerperspektive, die in Baustein 3 um eine genaue Charakterisierung der Figuren und ihrer Beziehung erweitert wird. Die Bausteine 4 und 5 untersuchen grundlegende Merkmale postmodernen Erzählens, die der Roman *Agnes* in sich trägt. Baustein 6 thematisiert, ausgehend von einem Zitat von Max Frisch, das Problem des literarischen Portraits, das der Erzähler erschafft. Der Tod der Figur Agnes wird in Baustein 7 diskutiert: Kann man dem Ich-Erzähler die Schuld dafür geben? Der abschließende Baustein 8 dient – wie auch schon in den Unterrichtsmodellen 1 und 2 – der Vermittlung wichtiger literaturkritischer Aspekte.

Das vorliegende Modell basiert erneut auf den Methoden des textnahen Lesens, da so bestimmte narrative Eigenschaften des literarischen Werkes genau bestimmt werden können. Darüber hinaus gibt es eine deutliche Medienorientierung, die sich besonders durch einen verstärkten Einsatz von Filmen, dem Computer und dem Internet ausweist.

Das Groblernziel dieses Unterrichtsentwurfs besteht darin, dass die Schüler postmoderne Merkmale eines literarischen Textes kennen lernen und diese auf ihre Ausdrucksmöglichkeiten und ihre Wirkung hin untersuchen sollen. Dabei sollen sie besonders auf die Darstellung von Wirklichkeit und den Einsatz intertextueller Bezüge aufmerksam gemacht werden.

3.5 Das Unterrichtsmodell

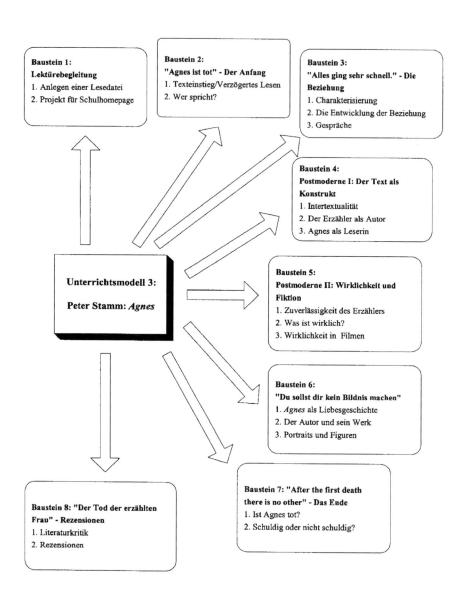

Baustein 1:
Lektürebegleitung
1. Anlegen einer Lesedatei
2. Projekt für Schulhomepage

Baustein 2:
"Agnes ist tot" - Der Anfang
1. Texteinstieg/Verzögertes Lesen
2. Wer spricht?

Baustein 3:
"Alles ging sehr schnell." - Die
Beziehung
1. Charakterisierung
2. Die Entwicklung der Beziehung
3. Gespräche

Baustein 4:
Postmoderne I: Der Text als
Konstrukt
1. Intertextualität
2. Der Erzähler als Autor
3. Agnes als Leserin

Unterrichtsmodell 3:

Peter Stamm: *Agnes*

Baustein 5:
Postmoderne II: Wirklichkeit und
Fiktion
1. Zuverlässigkeit des Erzählers
2. Was ist wirklich?
3. Wirklichkeit in Filmen

Baustein 6:
"Du sollst dir kein Bildnis machen"
1. *Agnes* als Liebesgeschichte
2. Der Autor und sein Werk
3. Portraits und Figuren

Baustein 8: "Der Tod der erzählten
Frau" - Rezensionen
1. Literaturkritik
2. Rezensionen

Baustein 7: "After the first death
there is no other" - Das Ende
1. Ist Agnes tot?
2. Schuldig oder nicht schuldig?

Baustein 1: Lektürebegleitung

1. Anlegen einer 'Lesedatei'

Als lektürebegleitende Methode würde sich für den Roman *Agnes* aus verschiedenen Gründen ein Variante des Lesetagebuchs anbieten. Da in der Jahrgangsstufe 12 die mündliche Mitarbeit einen großen Anteil an der Note hat und die Schüler, die sich auf dem Weg zum Abitur befinden, vermehrt unter Druck stehen, kann es wohlmöglich problematisch sein, die Lesemotivation der Schüler über einen längeren Zeitraum hinweg aufrechtzuerhalten. Zu verlockend sind die Möglichkeiten, über das Internet an die nötigen Informationen zu einem Buch oder an Interpretationshilfen zu gelangen. Fixieren die Schüler allerdings in einer Art Tagebuch regelmäßig ihre Leseerlebnisse, so ist die Chance größer, dass „die Selbständigkeit des Schülers beim Umgang mit literarischen Texten"[30] gefördert wird.

Um die Schüler zu motivieren, sich intensiv mit dem Text zu beschäftigen und darüber hinaus weiterführende fächerübergreifende Überlegungen als Herausforderung und Bereicherung anzusehen, sollte der Lehrer u. a. an ihre Interessen anknüpfen. In der Oberstufe ist es nicht sinnvoll, dasselbe Konzept eines Lesetagebuchs wie in der Sekundarstufe I zu verwenden, da mit zunehmendem Alter eine Verlagerung der individuellen Arbeitstechniken und Schwerpunkte stattfindet. Statt dessen sollte die wissenschaftspropädeutische Arbeit, die auch von den Richtlinien empfohlen wird,[31] miteinbezogen werden. Indem die Schüler ihre Notizen und Beobachtungen aus den Unterrichtsstunden zu Hause mit Hilfe des PCs ordnen und selbständig weiterführen, erlangen sie wichtige Kompetenzen im Bereich der Textverarbeitung und der Informationsbeschaffung.

⇨ Die Schüler sollen selbständig ihre Notizen zur Lektüre organisieren und eine Datei erstellen, die sie während des Modells laufend erweitern.

2. Projekt für Schulhomepage

Als ein gemeinsames Ergebnis aus der Beschäftigung mit dem Buch und den verschiedenen Lesedateien, erstellen die Schüler eine Homepage für die Schulseite. Die Aufgaben werden zu Beginn des Modells klar an einzelne Gruppen verteilt: Eine Gruppe organisiert die technische Realisierung der Internet-Seiten und die Einbindung in die Homepage der Schule, während die anderen Gruppen die verschiedenen Aufgaben bearbeiten. Jede Gruppe tippt einen kurzen Textabschnitt ab, der die intertextuellen Bezüge als Hyperlinks darstellt, die den Benutzer zu weiteren Informationen über den jeweiligen Künstler oder seine Werke führen. Darüber hinaus können verschiedene Arbeitsergebnisse aus den Unterrichtsmodulen (z. B. ein Hörspiel oder einzelne Schreibaufgaben) ebenfalls als Zu-

---

[30] Schubert-Felmy (2003), 113.
[31] Vgl. Richtlinien (2000), 30 f.

satzmaterial zum Bestandteil der Homepage werden. Texte können im Hypertext mit weiteren Materialien verbunden, variiert und unter beliebigen Aspekten archiviert werden:

> Dadurch wird auch mit jeglichem Ganzheitsbegriff gebrochen, der mit Textanfang und -ende rechnet: Das ästhetische Gebilde erweist sich als Gefüge, das de-komponiert und re-komponiert werden kann, womit ein stärkeres Bewußtsein der Prozeßhaftigkeit des Schreibens eröffnet wird: jede Botschaft ist gemacht, sie besteht aus Teilen und ist prinzipiell unabgeschlossen.[32]

Die fertige Homepage kann als ein ausführliches Informationsportal über den Autor Peter Stamm, seinen Roman *Agnes* sowie über die durchgeführte Unterrichtsreihe auch für andere Schüler und Lehrer (auch über die Schulgrenze hinaus) von Interesse sein. Mögliche Aufgaben für die Schüler wären z. B.:

➤ Erstellen Sie eine Liste mit den wichtigsten Merkmalen postmodernen Erzählens und führen Sie Beispiele auf!

➤ Stellen Sie eine Liste zusammen, die spannende Filme enthält, welche die Darstellung von fiktiven Wirklichkeiten zum Thema haben!

➤ Suchen Sie Links zu Peter Stamm und seinen Werken und informieren Sie sich über weitere Autoren aus der Schweiz.

➤ Schreiben Sie einen Entwurf für ein Drehbuch für *Agnes*, bei dem Sie die Wahl der Schauspieler, die Drehorte und die Musik beachten!

Der Zeitrahmen dieses Bausteins umfasst das gesamte Unterrichtsmodell, wobei ein Teil der Arbeit von den Schülern auch zu Hause in Gruppen oder allein erledigt werden kann. Die Evaluation kann über Teilleistungen einzelner Bestandteile der Homepage erfolgen bzw. wird am Ende des Modells durch eine Klausur gewährleistet.

➪ Die Schüler entwickeln in Gruppen eine Internetseite, wobei diese aus den Bestandteilen der einzelnen Arbeitsergebnisse zu einem Ganzen zusammengefügt wird.

Baustein 2: „Agnes ist tot."[33] – Der Anfang

1. Texteinstieg/Verzögertes Lesen

Den Schülern werden ohne jegliche Einleitung die ersten fünf Sätze aus *Agnes* diktiert: Der Lehrer teilt ihnen lediglich mit, dass es sich dabei um den Anfang eines Romans handelt, deren Autor oder Titel er nicht nennt. Nun sollen die Schüler die aufgeschriebenen Sätze mit Kommentaren, Fragen oder Überlegungen versehen. Dabei werden sie aufgefordert, wirklich auf jeden einzelnen Satz

---

[32] Köhnen (1997), 79.
[33] Stamm (1998), 9.

einzugehen und eine entsprechende Formatierung bei diesem doppelten Schreiben vorzunehmen, so dass ersichtlich ist, was eigentlicher Text und was Schülerkommentar ist. Sie können dabei z. B. Denkblasen an den Rand malen oder mit Klammern die unterschiedlichen Ebenen kennzeichnen.

Durch diese doppelte Konzentration auf den Text – einmal durch das erste Aufschreiben beim Diktieren, einmal beim Kommentieren – sind die Schüler aufgefordert, sprachlichen Einzelheiten besondere Aufmerksamkeit zu schenken. Außerdem sind sie so offener dafür, „den Anfang einer Erzählung genau zu registrieren, den man sonst überliest, weil man aufs zügige Weiterlesen aus ist"[34].

Eine andere Variante wäre es, die ersten Sätze jeweils einzeln auf ein Plakat zu schreiben, diese im Raum zu verteilen und die Schüler aufzufordern, die Sätze zu lesen und diese mit Fragen und Kommentaren zu versehen. Der Nachteil dieser Methode ist, dass eine erste Fokussierung auf den Text entfällt, da er nicht diktiert wird. Anbieten würde sich diese Form der Textannäherung allerdings, weil die Kommentare der Schüler auf einen Blick ersichtlich und für alle vergleichbar wären. Wendet man die erste Methode an, sollte sich der Lehrer vorher überlegen, ob er die diktierten und kommentierten Sätze der Schüler einsammelt und ihnen später als Zusammenstellung präsentiert oder ob er einzelne Schüler vorlesen lässt.

⇨ Die Schüler kommentieren einzelne Sätze der Geschichte und verknüpfen dabei spontane Gedanken und Assoziationen mit dem Textanfang, der dadurch mit allen Einzelheiten wahrgenommen wird.

2. Wer spricht?

Das erste Kapitel wird vorgelesen. Im Unterrichtsgespräch wird der Inhalt geklärt und vom Lehrer die Frage nach der Erzählperspektive gestellt.[35] Die Schüler nennen erste Eindrücke über die Situation, in der sie den Ich-Erzähler vermuten, und versuchen, rückblickend auf den ersten Satz, einen möglichen Handlungsrahmen für den Roman zu entwerfen, den sie schriftlich festhalten und später mit dem tatsächlichen Verlauf der Geschichte vergleichen können.

⇨ Die Schüler setzen sich mit verschiedenen Darstellungen von Erzählperspektiven auseinander und wenden diese auf die Geschichte an.

Baustein 3: „Alles ging sehr schnell."[36] – Die Beziehung

1. Charakterisierung und Erzählebenen

Der Roman ist von mehreren intradiegetischen Erzählungen durchzogen, die auf den ersten Blick keinen kausalen Zusammenhang zur Rahmenhandlung

---

[34] Paefgen (2003), 193 f.
[35] Vgl. Kap. 1.5 (Teil II), Baustein 5, Punkt 2.
[36] Stamm (1998), 26.

haben. Betrachtet man allerdings ihre Inhalte genauer, so entdeckt man Verweise auf bestimmte Leitmotive und indirekte Charakterisierungen der beiden Protagonisten. So deuten die tote Frau auf dem Bürgersteig (Vgl. 22 f.) und die Erzählung von Agnes, die als Kind den Tod einer Nachbarstochter beobachtet (Vgl. 32), auf die Fixiertheit von Agnes auf ihr eigenes Ende hin. Der Ich-Erzähler begegnet im Zug einer Frau, die auf dem Weg zu einem ihr unbekannten Mann ist, den sie für einen guten Menschen hält, weil er „so schöne Briefe schreibt" (37). Hier deutet sich eine Anspielung auf die Konzeption einer 'richtigen Beziehung' an, wie sie der Ich-Erzähler erwarten könnte.

Nachdem der Lehrer kurz mit Hilfe der Folie zu den unterschiedlichen Erzählebenen (Vgl. Anhang) die Zusammenhänge zwischen Rahmen- und Binnenerzählung erläutert hat, sollen die Schüler in Partnerarbeit die unterschiedlichen Binnenerzählungen des Romans untersuchen. Welche Funktionen haben sie in den jeweiligen Situationen? Welche Rolle spielen dabei Agnes und der Ich-Erzähler?

An der Tafel werden anschließend die Ergebnisse zusammengetragen, wobei die beiden Figuren ausgehend von den intradiegetischen Erzählungen und mit Hilfe weiterer Textstellen charakterisiert werden sollen. Dabei ist vom Lehrer vorrangig auf eine Unterteilung in direkte und indirekte Charakterisierung zu achten.[37]

⇨ Die Schüler wiederholen die wichtigsten Schritte einer Figurencharakterisierung und erstellen das Profil eines Protagonisten, ausgehend von einer Beschreibung der verschiedenen Erzählebenen in der Geschichte.

2. Die Entwicklung der Beziehung

Der Ich-Erzähler ist als Schweizer in der amerikanischen Stadt nicht wirklich zu Hause. Diese Fremdheit wird von ihm allerdings nicht negativ bewertet, statt dessen scheint sie eine Art Schutzraum um ihn zu bilden. Dies wird z. B. durch die Wahl seines Stamm-Cafés deutlich:

> [I]ch mochte das Lokal, weil mich noch immer keine der Kellnerinnen kannte und mit mir zu plaudern versuchte, weil mir kein Lieblingstisch freigehalten wurde und weil ich jeden Morgen gefragt wurde, was ich wünschte, obwohl es immer dasselbe war. (19 f.)

Eventuell aufkeimende Gefühle für andere Menschen erstickt er im Keim, „bevor sie zu einer Bedrohung wurden" (15). Er hat sich mit seiner Einsamkeit abgefunden und trifft in dieser Lage nun auf Agnes. Diese Ausgangssituation ist für den Fortgang des Romans nicht unerheblich, da schon hier ein Bild von dem Ich-Erzähler entworfen wird, welches seine späteren Handlungen erklärt. Die Schüler sollen sich in diesem Zusammenhang näher mit den Anfängen der Beziehung zu Agnes beschäftigen. In Einzelarbeit entwerfen sie eine kurze Zeitleiste, die

---

[37] Vgl. oben Kap. 1.5 (Teil II), Baustein 4, Punkt 1.

die ersten Wochen der Beziehung veranschaulicht und folgende Fragen beinhalten sollte: Wie lernen sich die beiden kennen? Wie stark nimmt die Nähe zwischen den beiden zu? Gibt es wichtige Textstellen, die auf einen weiteren Verlauf der Beziehung hinweisen?

Anschließend erarbeiten die Schüler in Zweiergruppen die Kennenlernszene als kleines Rollenspiel. Die eine Hälfte des Kurses hält sich dabei an den Text, die anderen Schüler denken sich eine Situation aus, in welcher der Ich-Erzähler in seinem Café sitzt, Agnes hereinkommt und ihn anspricht.

Im Anschluss an die Szenen vergleichen die Schüler ihre Beobachtungen. Hat sich die Situation dadurch verändert, dass die Initiative von Agnes ausgegangen ist? Wie haben die Schüler die Übernahme der verschiedenen Rollen wahrgenommen?

⇨ Indem sich die Schüler in eine Person hineinversetzen, übernehmen sie eine fremde Perspektive und entwickeln ein genaueres Verständnis für deren Beweggründe und Emotionen.

3. Gespräche

Wie oben beschrieben wurde, sind die Unterhaltungen der Protagonisten teilweise durch zusammenhanglose Wortwechsel geprägt. Zwar sind die Themen, über die sie sprechen, tiefgreifend, aber sie halten einander auch dadurch auf Distanz.[38] Sie sprechen über ihre Ängste und Schwächen, als wollten sie ihr Gegenüber testen oder von vorneherein auf das Schlimmste vorbereiten. Dabei sollte zusätzlich beachtet werden, dass der Ich-Erzähler als Schweizer in einer für ihn fremden Sprache mit Agnes, die kein Deutsch kann, spricht.

Die Schüler sollen in kleinen Gruppen jeweils eine Gesprächsszene zwischen Agnes und dem Ich-Erzähler auswählen und diese in ein Hörspiel umgestalten. Die Präsentation dieser Projektphase, die von den Schülern teilweise zu Hause erarbeitet werden soll, kann zunächst in der Klasse, anschließend im Rahmen der Homepage erfolgen.

⇨ Die Schüler sollen eine Gruppenarbeit selbständig organisieren, indem sie gemeinsam ein Hörspiel gestalten.

Baustein 4: Postmoderne I: Der Text als Konstrukt

1. Intertextualität

Um den Schülern die Merkmale von Intertextualität in einem literarischen Text näher zu bringen, teilt der Lehrer zu Beginn ein Arbeitsblatt (Vgl. Anhang) mit zwei Erzählanfängen aus.[39] Die Schüler lesen die Texte, vergleichen sie mit-

---

[38] Besonders eindrücklich ist das Gespräch auf Seite 128 f, das durch seine kurzen Sätze und das prekäre Thema (Louise) viel Imaginationspotential bietet.

[39] Der eine Anfang gehört zu dem Roman *Das Parfum* (1985) von Patrick Süskind, der andere leitet die Erzählung *Michael Kohlhaas* (1810/1811) von Heinrich von Kleist ein. Bereits in den ersten Sätzen weisen diese Anfänge starke Parallelen auf.

einander und besprechen ihre Ergebnisse in Partnerarbeit. Dann stellt der Lehrer die Frage, wie die Schüler diese Ähnlichkeiten der Textstellen bewerten. Nach einer kurzen Diskussion wird der Begriff der Intertextualität erläutert und anhand einer Passage aus *Agnes* verdeutlicht: Auf Agnes' Bitte hin, ein literarisches Portrait von ihr zu verfassen, zitiert der Ich-Erzähler den Anfang des 18. Sonetts von Shakespeare (Vgl. 48). An dieser Textstelle sollen die Schüler die Funktion und Wirkung von intertextuellen Einschüben untersuchen.

Als nächsten Schritt sollen sie selbständig alle Passagen herausarbeiten, in denen auf andere Künstler oder Werke Bezug genommen wird. Nachdem an der Tafel alle intertextuellen Stellen zusammengetragen wurden, werden diese auf die Schüler aufgeteilt, so dass sie sich immer zu zweit oder zu dritt mit einer Person oder einem Werk beschäftigen. Die Schüler tippen ihre jeweiligen Textstellen ab, verfassen zu jedem intertextuellen Bezug einen kleinen Informationstext und reichen ihre Gruppenarbeitsergebnisse beim Lehrer ein. Diese werden gesichtet und der Gruppe an Schülern weitergereicht, die die Homepage gestalten.[40]

➪ Die Schüler lernen den Begriff der Intertextualität kennen und erhalten einen anschaulichen Eindruck von der Vernetztheit eines Textes sowie den weitreichenden Möglichkeiten, von einem Text auf einen anderen zu schließen.

2. Der Erzähler als Autor

Der Roman ist durchzogen von metafiktiven Anspielungen: Der Autor wird zum Erzähler, dieser ist wiederum ein Autor, der eine Geschichte schreibt. Bestimmte Elemente des Textes werden doppelt dargestellt und das Schreiben wird ebenso thematisiert wie das Lesen und die Bedeutung von Büchern für die beiden Protagonisten. In einer graphischen Darstellung sollen die Schüler alle Textstellen zusammenstellen, in denen sich solche metafiktiven Anspielungen finden. Wie spricht der Erzähler über seine Tätigkeit als Schriftsteller, welche Rolle nimmt sein Beruf in der Beziehung ein?

Um die narrativen Strukturen und die postmodernen Tendenzen des Romans zu erkennen, sollen die Schüler in Einzelarbeit (oder als Hausaufgabe) eine Kurzfassung des Romans schreiben, wobei sie allerdings ein zentrales Element ändern: den Beruf des Erzählers. Wie könnte der Roman verlaufen, wenn er kein Schriftsteller wäre?

➪ Die Schüler sollen erkennen, dass bestimmte Kernpassagen die Grundkonstitution eines Textes bestimmen.

3. Agnes als Leserin

„Als Kind waren die Figuren der Bücher, die ich las, meine besten Freunde", sagte sie, „meine einzigen Freunde eigentlich. Auch später noch. Nachdem ich *Siddharta* gelesen hatte, stellte ich mich eine Stunde lang barfuß in den Garten, um meine

---

[40] Vgl. oben Baustein 1, Punkt 1.

Gefühle abzutöten. Das einzige Gefühl, das ich abtötete, war das in meinen Füßen. Es lag Schnee." (119)

Anhand dieser Textstelle[41] soll kurz die eigene Lesesozialisation reflektiert werden: Können die Schüler den Wunsch von Agnes, die Figuren aus den Büchern als Freunde zu haben, nachvollziehen? In einer stillen Einzelarbeit schreiben sie eine Liste mit Büchern, die einen besonderen Eindruck bei ihnen hinterlassen haben, und überlegen, ob sie in irgendeiner Weise durch die Identifikation mit Figuren beeinflusst wurden.

Anschließend ordnen die Schüler die oben zitierte Textstelle in den Gesamtkontext der Geschichte ein: Inwiefern wird deutlich, dass sich Agnes' Haltung Büchern gegenüber seit ihrer Kindheit geändert hat?

⇨ Die Schüler erinnern sich an eigene Leseerfahrungen und beurteilen die Haltung von Agnes, die sie als Leserin einnimmt, indem sie diese mit ihren eigenen Ansichten vergleichen.

Baustein 5: Postmoderne II: Wirklichkeit und Fiktion

1. Die Zuverlässigkeit des Erzählers

Der Ich-Erzähler erinnert sich rückblickend an Agnes und seine Beziehung zu ihr. Dabei treten verschiedene Probleme auf, die an seiner Zuverlässigkeit als narrative Instanz zweifeln lassen. In seiner Erinnerung schafft er einen Wirklichkeitsentwurf, dessen Künstlichkeit durch ein Verschmelzen der Erfahrungsgrenzen betont wird. Schon im ersten Kapitel finden sich Hinweise darauf, dass die erlebte Gegenwart des Erzählers und seine Erinnerung zu einer Einheit verschmelzen, wobei die Wirklichkeitsgrenzen nicht klar zu trennen sind. So erscheinen ihm auch die unwirklichen Bilder im Fernsehen realer als alles andere: „Die Bilder erscheinen mir wirklicher als die dunkle Wohnung, die mich umgibt." (10)

Sprachlich wird auf Unsicherheiten hingewiesen, indem häufig Begriffe wie „schien", „erahne ich", „man hatte den Eindruck", „bildete mir ein", „es war als habe sie ...", etc. auftauchen und die Glaubwürdigkeit des Erzählers in Frage stellen. Ebenso gehört zum „Spiel mit der Wirklichkeit"[42], dass der Erzähler vorgibt, er könne sich noch wortgenau an die Kurzgeschichte, die ihm Agnes zeigt, erinnern. Dies würde allerdings einen logischen Widerspruch enthalten, da sie diese sofort löscht, nachdem er den Text lediglich „schnell und oberflächlich" (42) gelesen hat.

Der Erzähler suggeriert eine Authentizität, die er auch mithilfe seiner eigenen Schreiberfahrung aufrecht erhalten kann: Immerhin ist er als Autor ein Profi, wenn es darum geht, Sprache wirkungsvoll einzusetzen.

---

[41] Der Lehrer sollte zuvor kurz den Inhalt von *Siddharta* (1922) von Hermann Hesse wiedergeben, sofern dieser nicht bekannt ist.
[42] Möckel (2001), 89.

Die Schüler sollen sich diesem Aspekt als äußerst kritische Leser nähern, da er ihnen eine wichtige Einsicht in zeitgenössische Erzählstrategien vermittelt. Um an die bisher vermutlich unbekannte Kategorie des unzuverlässigen Erzählens herangeführt zu werden, verfassen die Schüler zunächst in Einzelarbeit einen kurzen literarischen Text, in dem sie eine Episode aus ihrem Leben (Alltag, Familie, Schule etc.) beschreiben, der Unstimmigkeiten und logische Widersprüche enthält. Dann lesen sie diesen Text einem Partner vor, der diese Brüche aufdecken soll. Woran lassen sich diese Fehler in der logischen Welt einer Erzählung erkennen?

Anschließend suchen die Schüler zu zweit in *Agnes* nach solchen Unstimmigkeiten und notieren ihre Beobachtungen. Im Plenum werden die Textstellen besprochen und auf ihre Funktion für den Gesamtkontext in der Geschichte hin untersucht.

Zu Hause sollen die Schüler einen Interpretationsansatz schreiben, dessen Grundlage die Seiten 42f. und die Kapitel 15, 16 und 35 bilden. Der Impuls des Lehrers lautet dabei:[43]

Untersuchen Sie, inwiefern die folgenden Textpassagen inhaltlich und stilistisch miteinander verknüpft sind. Leiten Sie daraus eine Hypothese über den Text als konstruierte Wirklichkeit ab.

▷ Den Schülern soll das kritische Bewusstsein vermittelt werden, dass eine Erzählinstanz, und besonders ein sich erinnernder Ich-Erzähler, nicht zwangsläufig glaubwürdig sein muss und seine Unzuverlässigkeit ein postmodernes Instrument sein kann, das mit der Erwartung des Lesers spielt.

2. Was ist wirklich?

[Daraus] ergibt sich auch, daß es nicht Aufgabe des Dichters ist mitzuteilen, was wirklich geschehen ist, sondern vielmehr, was geschehen könnte, d. h. das nach den Regeln der Wahrscheinlichkeit oder Notwendigkeit Mögliche. Denn der Geschichtsschreiber und der Dichter unterscheiden sich nicht dadurch voneinander, daß sich der eine in Versen und der andere in Prosa mitteilt [...], sie unterscheiden sich vielmehr dadurch, daß der eine das wirklich Geschehene mitteilt, der andere, was geschehen könnte.[44]

Mit diesem vielzitierten Ausschnitt aus der *Poetik* des Aristoteles stellt der Lehrer eine Möglichkeit vor, das Problem der Wirklichkeit in literarischen Texten zu entschlüsseln. In einer interdisziplinären Arbeitsphase[45] sollen sich die Schüler selbständig über weitere philosophische und literarische Ansichten informieren und ihre Ergebnisse anschließend auf einer Folie präsentieren.

---

[43] Vgl. ebd., 106.
[44] Aristoteles (1982), 29.
[45] Diese Phase kann z. B. durch eine Recherche im Internet, einen Besuch in der Bibliothek oder die Einsicht in ein philosophisches Wörterbuch gefüllt werden.

⇨ Die Schüler erarbeiten ein abstraktes Problem, indem sie fächerübergreifend Informationen einholen.

3. Filme

In den Filmen *Total Recall, Matrix, The Truman Show* und *Memento*[46] wird eine Realität entworfen, welche die Protagonisten an ihrer Wirklichkeitswahrnehmung zweifeln lässt. So lebt der Hauptdarsteller in der *Truman Show* in einer idyllischen Scheinwelt, die nur für ihn real wirkt. Alle anderen wissen, dass er lediglich der Hauptakteur in einer lebenslangen Reality-Show ist, der nichts von seinem Schicksal ahnt.

Der Film *Memento* hingegen inszeniert eine Verknüpfung der realen und der fiktiven Ebene, indem er mit der Chronologie der Szenen spielt: Der Film wird bis auf wenige Szenen rückwärts erzählt, damit entschlüsselt sich die Handlung für den Zuschauer linear zu der Hauptperson, die an einem Verlust ihres Kurzzeitgedächtnisses leidet und einen Mord aufdecken will. Nichts ist so wie es scheint, sondern alles bloß ein Spiel mit dem Bild, das sich der Zuschauer von der dargestellten Realität macht.

Die Schüler sollen sich mit diesen und weiteren Filmen näher beschäftigen, indem sie in Gruppen jeweils einen Film untersuchen. Dabei stehen die Darstellung der Wirklichkeit und die dafür verwendeten medialen Stilmittel im Vordergrund. Mithilfe eines Arbeitsblatts zur Film- und Fernsehanalyse (Vgl. Anhang) lernen die Schüler grundlegende Fachbegriffe kennen und setzen sie bei der Analyse ein. Bei der anschließenden Ergebnissicherung zeigen die Gruppen jeweils kurze Ausschnitte aus den Filmen und erläutern deren Handlungsrahmen in Bezug auf die zuvor genannten Aspekte der Wirklichkeitskonstruktion. Vorrangiges Ziel dieses Moduls ist die Entfaltung einer ästhetischen Kompetenz, die der medienintegrative Deutschunterricht fördert:[47]

> Kinder und Jugendliche dürfen die Konstruiertheit und Konstruierbarkeit von Wirklichkeiten, Erfahrungs- und Medienwirklichkeiten nicht einfach nur wie selbstverständlich *leben*, diese Wirklichkeiten sollen für sie vielmehr *erlebbar* werden, ohne dass sie dabei auf den Genuss, den die Angebote der Medien ihnen bieten, verzichten. Sie sollen den vielfältigen kommunikativen Qualitäten [...] mit Feinnervigkeit begegnen.[48]

⇨ Die Schüler erarbeiten in Kleingruppen einen kurzen filmanalytischen Vortrag, der ihren Mitschülern einen Überblick über die Darstellung von Wirklichkeit in einzelne Filmen vermitteln soll.

---

[46] Diese Liste kann sicherlich noch um viele weitere ergänzt werden.
[47] Vgl. oben Kap. 3.2.4 (Teil I).
[48] Barth (1999), 16.

Baustein 6: „Du sollst dir kein Bildnis machen …" [49]

1. *Agnes* als Liebesgeschichte

Agnes und Louise lernen sich nicht kennen, haben aber beide scheinbar eine Vorstellung von der jeweils anderen Frau, die lediglich auf wenigen Informationen von Seiten des Ich-Erzählers beruht. Welchen Einfluss hat Louise auf die Entwicklung der Beziehung der beiden? Welches Interesse hat sie an dem Schriftsteller? Anhand der Kapitel 18, 21, 22, 23, 28 und 34 sollen die Schüler die Rolle von Louise in der Geschichte nachvollziehen. Sie entwickeln ein fiktives Gespräch zwischen Agnes und Louise, das zu einem beliebigen Zeitpunkt hätte statt finden können.

↪ Die Schüler schreiben produktionsorientiert ein Gespräch auf, das die Haltung der beiden Frauengestalten in Bezug auf den Ich-Erzähler veranschaulicht.

2. Der Autor und sein Werk

Ausgehend von der Frage von Agnes, warum der Ich-Erzähler keine Kinder habe, sollen die Schüler erörtern, welche Bedeutung der Roman für den Erzähler hat. Was sind seine Beweggründe, die Geschichte, die nach seinen eigenen Worten alles ist, was ihm „von ihr geblieben" (9) ist, aufzuschreiben? Was bedeutet das Schreiben generell für ihn? Ist seine Motivation „Neugier" (14), das Streben nach einer Art verschlüsseltem Gedächtnis (Vgl. 31) oder der Wunsch nach einem „Experiment" (49)? Besonders die Einteilung in 36 Kapitel und die erzählte Zeit von neun Monaten, was der Dauer einer normalen Schwangerschaft entspricht, lässt darauf schließen, dass das Buch für den Ich-Erzähler doch zu einer Art Kind geworden ist – zwar nicht von Agnes geboren, allerdings durch seine Erinnerung ins Leben gerufen.

↪ Die Schüler schreiben einen Analyseansatz, indem sie die Frage erörtern, inwiefern der Roman *Agnes* (bzw. die intradiegetische Geschichte *Agnes*) als das Symbol für ein Kind des Ich-Erzählers (bzw. des Autors) gesehen werden kann.

3. Portraits und Figuren

Der Lehrer zeigt das Bild von Seurat[50] (Vgl. Anhang) und fordert die Schüler auf, sich eine der dargestellten Figuren auszusuchen und deren Gedanken aufzuschreiben. Anschließend werden Gruppen eingeteilt, die nach den Personen sortiert sind, die die Schüler beschrieben haben. In diesen Gruppen tauschen sie sich über die dargestellten Personen aus und vergleichen ihre Vorstellungen miteinander.

---

[49] Frisch (1950), 31.

[50] Falls eine vergrößerte Darstellung des Bildes mithilfe eines Beamers nicht möglich ist, sollte jeder Schüler eine Farbkopie bekommen, da der Overhead-Projektor nicht ausreicht, um den Schülern einen vollständigen Eindruck über das Bild zu vermitteln.

Der Transfer auf den Text erfolgt, indem die Textstelle (68), an welcher der Ich-Erzähler und Agnes das Bild betrachten, laut vorgelesen wird und die Schüler die Frage diskutieren, welches Problem zwischen den beiden während ihres Gesprächs deutlich wird. Warum gehen ihre Vorstellungen über den anderen so weit auseinander?

Die Schüler wählen nun eine der beiden Figuren (Agnes oder den Ich-Erzähler) aus und charakterisieren sie erneut. Die bisherigen Erkenntnisse können den ersten Eindruck, der in Baustein 3, Punkt 1 festgehalten wurde, verändert haben. Durch eine metaphorische Schreibphase sollen die Schüler nun ihre Charakterisierung vom Anfang vervollständigen. Dazu überlegen sie zunächst, was die von ihnen gewählte Person wäre als

– Gewässer

– Pflanze

– Landschaft

– Wetter

– Tier

Anschließend wird eine Metapher gewählt und zum Kern eines Clusters gemacht. Der letzte Schritt und eine mögliche Hausaufgabe ist schließlich die Umsetzung der Assoziationen in einen lyrischen Text.

⇨ Die Schüler erkennen, welche Probleme bei der Einschätzung und Charakterisierung von fiktiven Personen auftreten können und übertragen diese Erkenntnisse auf den Text und die Beziehung zwischen Agnes und dem Ich-Erzähler.

Baustein 7: „... and miles to go before I sleep"[51] – Das Ende

1. Ist Agnes tot?

Der Lehrer verteilt das Gedicht von Robert Frost (Vgl. Anhang) und die Schüler ermitteln dessen Zusammenhang mit der Erzählung ausgehend von dem Gespräch zwischen Agnes und dem Ich-Erzähler zum Thema Tod.(24) In dem Gedicht finden sich verschiedene Motive zum Thema Tod, Verlassenheit oder Einsamkeit, diese und weitere Eindrücke sammeln die Schüler in einem offenen Unterrichtsgespräch an der Tafel. Welche der Leitmotive, die den Roman ausmachen, finden sich auch in dem lyrischen Text wieder? Nachdem ein Tafelbild verfasst wurde, das eine Übersicht über die wichtigsten Leitmotive bietet, sollen die Schüler die Frage erörtern, ob Agnes wirklich tot ist und inwiefern die Leitmotive auf ihr Schicksal vorausweisen.

⇨ Die Schüler erfassen die Funktionen von Leitmotiven und ihre vorausdeutende Wirkung für einen literarischen Text.

---

[51] Frost (1959), 100. Vgl. Anhang.

2. Schuldig oder nicht schuldig?

Trägt der Ich-Erzähler die Schuld am – vermeintlichen – Tod von Agnes? Dieser Frage sollen die Schüler zum Abschluss der Lektüre in Form einer Gerichtsverhandlung nachgehen. Der Ich-Erzähler ist angeklagt, seine Freundin ermordet zu haben und muss sich nun vor Gericht verteidigen. Die Schüler übernehmen verschiedene Rollen (Angeklagter, Richter, Anwälte, Zeugen, Reporter etc.) und führen zur Beweisführung ihrer Argumentation Textbelege auf.[52] Der Lehrer kann diese Verhandlung mit einer Kamera filmen, so dass das fertige Produkt anschließend gemeinsam betrachtet und auch auf der Internetseite präsentiert werden kann.

⇨ Die Schüler erarbeiten einen zentralen thematischen Aspekt der Lektüre, indem sie eine fingierte Gerichtsverhandlung inszenieren.

Baustein 8: „Der Tod der erzählten Frau" – Rezensionen und Selbstvermittlung

Als Abschluss des Modells zu *Agnes* würde es sich – wie auch schon bei den Modellen zuvor – anbieten, literaturkritische Aspekte anhand einer Rezension (Vgl. Anhang) mit den Schülern zu erarbeiten. Der Baustein verläuft dabei wie in Kapitel 5.1.5, Baustein 7, Punkt 2. Darüber hinaus erscheint es sinnvoll, die Selbstdarstellung des Autors anhand seiner eigenen Homepage zu untersuchen.[53] Unter anderem beschreibt Stamm dort, auf welchem Weg er zum Schreiben gekommen ist und welches Selbstverständnis er von sich als Autor besitzt. Die Schüler könnten seine Homepage mit anderen Autoren vergleichen und in einer schriftlichen Stellungnahme die Frage erörtern, welche Bedeutung das Internet und dessen Möglichkeiten für den Beruf des Autors haben kann.

Den Abschluss des Unterrichtsmodells bildet eine vierstündige Klausur. (Vgl. Anhang)

---

[52] Vgl. Richtlinien (2000), 40. Diese Arbeitsformen dienen besonders dem Fördern kommunikativer Kompetenzen.
[53] www.peterstamm.ch

Fazit

Der Moment ist gekommen, daß auch du dich nun äußerst. „Meine Herren, ich muß vorausschicken", sagst du, „mir gefällt es, in den Büchern nur das zu lesen, was da-steht; und die Details mit dem Ganzen zu verbinden; und gewisse Lektüren als defi-nitiv zu betrachten; und mir gefällt es, die einzelnen Bücher auseinanderzuhalten, je-des nach dem, was es an Neuem und Besonderem hat; und vor allem gefallen mir Bü-cher, die man zügig durchlesen kann, von Anfang bis Ende. Aber seit einiger Zeit geht mir irgendwie alles schief: Mir scheint, es gibt heutzutage auf der Welt nur noch Geschichten, die in der Schwebe bleiben oder sich unterwegs verlieren.[1]

Italo Calvinos Roman *Wenn ein Reisender in einer Winternacht* ist neben einzel-nen Werken von Umberto Eco das bekannteste italienische Beispiel für metafikti-ves Erzählen.[2] Sein verwirrendes Spiel um die Identität des Erzählers, um die Ver-knüpfung von Erzählen und dem Erzählten und um die Erwartungshaltung des Lesers gipfelt in einer nie enden wollenden Geschichte, die die Illusion der darge-stellten Wirklichkeit aufdeckt. Der Leser ist Teil der Erzählung, wird mit „Du" angeredet und verfolgt somit während der Lektüre seine eigene Geschichte.

Die oben zitierte Darstellung, welche Bedeutung das Lesen für den Angespro-chenen hat, findet in dieser Arbeit viele Anknüpfungspunkte. Die Literatur der 90er-Jahre befindet sich 'in der Schwebe', die Geschichten, die erzählt werden, und die Figuren, die in ihnen agieren, sind nicht länger feste Elemente in einem vorgeschriebenen Rahmen, statt dessen geraten sie häufig in Gefahr, sich 'unter-wegs zu verlieren'. Als Leser dieser als postmoderne Literatur bezeichneten Bücher ist man versucht, sich eine ähnliche Lesart wie Calvinos Erzähler anzu-eignen: Alle literarischen Werke werden für sich betrachtet und als einzelne Kunstwerke gelesen; nur das, was sie vordergründig an Inhalt und Stoff enthal-ten, wird wahrgenommen. Einzelheiten erschließen das Gesamtbild und im gün-stigsten Fall ist die Lektüre zügig und es fällt nicht schwer, von Anfang bis Ende zu lesen. In diesen wenigen Sätzen verbergen sich unterschiedliche literaturtheo-retische Ansätze, die sich jedoch nicht widersprechen, sondern das Bild einer Le-sehaltung entwerfen, das durch die Irritation der letzten Sätze noch erweitert wird.

Diese differenzierte Lesehaltung sollte ein Vorbild dafür sein, wie man im Unter-richt mit literarischen Texten umgeht und sie den Schülern nahe bringt. Denn es kann nicht das Ziel des Deutschunterrichts sein, literarische Bildung auf mono-tonen Pfaden zu vermitteln, einzig aus dem Grund, weil gerade besondere Kon-zepte oder Theorien in 'Mode' sind. Die wichtigen Entwicklungen, die zu einem großen Anteil durch rezeptionsästhetische und poststrukturalistische Einflüsse in den Literaturunterricht Einzug gehalten haben, sind nicht zu übersehen. Allerdings darf man bei aller Euphorie über die neuen Literaturtheorien nicht die wesentlichen Probleme aus den Augen verlieren: Der heutige Deutschunter-

---

[1] Calvino (1985), 292.
[2] Vgl. Sprenger (1999), 23.

richt muss sich gegen eine Vielzahl von ungünstigen Faktoren behaupten, die eine homogene Sozialisation und gleiche Bildungsbedingungen für die Schüler erschweren.

In den entworfenen Unterrichtsmodellen wurde gezeigt, dass es möglich ist, die Erschließung wichtiger, für die Literatur der 90er-Jahre charakteristischer, erzähltheoretischer Aspekte mit schülerorientierten Aufgaben zu verbinden. Dabei kamen sowohl handlungs- und produktionsorientierte Verfahren zum Einsatz als auch medienintegrierende Unterrichtsphasen. Die Schüler sollten auf der einen Seite an vorrätiges Wissen anknüpfen, auf der anderen Seite neue, anspruchsvolle narrative Merkmale kennen lernen. Die Auswahl der literarischen Texte resultierte vorrangig aus ihrem Bezug zur Lebenswelt der Jugendlichen sowie aus ihrer Beispielhaftigkeit. So veranschaulichen die beiden Erzählungen von Judith Hermann, mit welchen einfachen sprachlichen Mitteln äußerst intensive Leseeindrücke evoziert werden können. Darüber hinaus können die Themen und widersprüchlichen Figuren zu angeregten Diskussionen mit den Schülern beitragen.

Während im ersten Unterrichtsmodell die Betonung auf einer erzähltheoretischen Erschließung lag, wurde der Roman *Soloalbum* in einen Gesamtkontext des zeitgenössischen Phänomens der Popliteratur gestellt. Dabei ging es weniger um narrative Besonderheiten als um Fragen der medialen Inszenierung von Text und Autor sowie um einen thematischen Vergleich mit der Lebenswelt der Jugendlichen. Der Roman *Agnes* von Peter Stamm schließlich bietet vielfältige Möglichkeiten für den Unterricht: Zum einen weist er intertextuelle Bezüge auf, die in Form eines fächerübergreifenden Unterrichts besprochen werden können, zum anderen thematisiert er eindrucksvoll die postmodernen Elemente der Unzuverlässigkeit des Erzählers und der Konstruierbarkeit von Realität.

Die vorgestellten Unterrichtsmodelle können nur einen Ausschnitt aus den vielen Möglichkeiten darstellen, die die Literatur der 90er-Jahre für eine ergiebige Beschäftigung bietet. Die Entwicklung des Autorbegriffs, sein performatives Selbstverständnis und der Einfluss der Medien auf die Literatur sind, auch losgelöst von dem Phänomen der Popliteratur, wichtige Faktoren in einem langsamen Prozess, der die Bedingungen von Literatur an die der Gesellschaft anpasst. Der Deutschunterricht sollte diese Entwicklung nicht aus den Augen verlieren, wenn er nicht zugleich den Anschluss an das kulturelle und gesellschaftliche Leben verlieren will.

Die 90er-Jahre sind von einer Vielschichtigkeit geprägt, sowohl in Bezug auf politische, gesellschaftliche als auch literarische Veränderungen, die als eine Chance für den Unterricht gesehen werden sollten. Die Heterogenität der Texte, die Auswahl der Methoden, die Integration von Medien – dies alles sind Möglichkeiten und Angebote für den Lehrer, seinen Schülern einen Unterricht zu bieten, der sowohl der Persönlichkeitsbildung als auch einer literarischen Emanzipation dient, indem sie scheinbar zuverlässige Ordnungen kritisch hinterfragen.

Anhang

Anhang[1]

Titelblatt des Spiegels

„Lesezettel" für die Lektüre der Erzählungen

Arbeitsblatt 1 (Fiktionalität)

Folie zu Genettes Erzählebenen

Mögliches Tafelbild zur Charakterisierung

Arbeitsblatt 2 (Erzählperspektive)

Mögliches Tafelbild zur Figurenkonstellation in *Sonja*

Infoblatt zur Kategorie der Zeit in narrativen Texten

Liste mit Rezensionstiteln zu Judith Hermanns *Sommerhaus, später*

Rezension zu *Sommerhaus, später*

Mögliches Tafelbild zur Bearbeitung von Rezensionen

Unterrichtsmodell 1: Klausur

Arbeitsblatt 3: Fragebogen

Infoblatt zur Filmanalyse

Mögliches Tafelbild zu dem Verhältnis Autor – Leser

Autobiographische Texte: Anhang in *Soloalbum*

Rezension zu *Soloalbum*

Arbeitsblatt zur Intertextualität

Bild von Seurat

Arbeitsblatt zu Leitmotiven in *Agnes*

Rezension zu *Agnes*

Unterrichtsmodell 3: Klausur

---

[1] Sämtliche Texte und Hilfsmittel, die im Anhang genannt werden, werden in den Fußnoten belegt. Eine erneute Nennung im Literaturverzeichnis entfällt, sofern es sich um Primärtexte handelt.

Titelblatt des Spiegels[2]

[2] http://www.spiegel.de/spiegel/inhalt/0.1518.ausg-437.00.html

„Lesezettel"[3] für die Lektüre der Erzählungen

Dieses Arbeitsblatt soll Sie während der Lektüre der beiden Geschichten von Judith Hermann begleiten, Anregungen für das Unterrichtsgespräch geben und auf das aufmerksam machen, was Ihnen persönlich an der Lektüre wichtig ist. Wählen Sie während des Lesens eine oder mehrere Textstellen aus, die in Ihnen etwas ansprechen, und lassen Sie sich dabei von folgenden Fragen anregen: Welche Gedanken, Gefühle, Erinnerungen löst die Textstelle in mir aus ... Welche Bilder entstehen in meiner Fantasie ... Was macht mich nachdenklich ... Welchen Haltungen und Äußerungen von Figuren stimme ich gerne zu ... Welche Haltungen und Äußerungen von Figuren empören mich so, dass ich mit den Figuren streiten möchte ...?

Gewählte Textstelle		Notizen zur Textwahl
Rote Korallen	Sonja	

---

[3] Vgl. zu den folgenden Ausführungen Waldherr (1999), 18.

Arbeitsblatt 1 (Fiktionalität):

Vergleichen Sie die beiden Texte miteinander und schreiben Sie ihre Eindrücke auf!

Mein erster und einziger Besuch bei einem Therapeuten kostete mich das rote Korallenarmband und meinen Geliebten.

Das rote Korallenarmband kam aus Russland. Es kam, genauer gesagt aus Petersburg, es war über hundert Jahre alt, meine Urgroßmutter hatte es ums linke Handgelenk getragen, meinen Urgroßvater hatte es ums Leben gebracht. Ist das die Geschichte, die ich erzählen will? Ich bin nicht sicher. Nicht wirklich sicher.[4]

Sankt Petersburg, russ. Sankt Peterburg, 1914 bis 1924 Petrograd, 1924 bis 1991 Leningrad, Gebietshptst. in Russland, 4,6 Mio. Ew.; liegt an der Mündung der Newa in den Finn. Meerbusen, z.T. auf Inseln. Das histor. Zentrum gehört zum Weltkulturerbe, berühmte Museen (Bildergalerie „Eremitage"), große Staatsbibliothek (eine der größten Buch- und Handschriftensammlungen der Erde), Theater, Univ., Forschungsinstitute; Werften, Elektro-, feinmechan., Textil-, chem. Ind.; 1703 von Peter d. Gr. gegr., war bis 1917 Residenz der russ. Kaiser.[5]

---

[4] Hermann (1998), 11.
[5] Brockhaus (1998), 785.

Folie zu Genettes Erzählebenen:

Ort des Erzählens (Auf welcher Ebene wird erzählt?)[6]

Die Rahmenhandlung kann Binnenerzählungen enthalten, die unter anderen
Bedingungen (Ort, Zeit, Raum) spielen können.

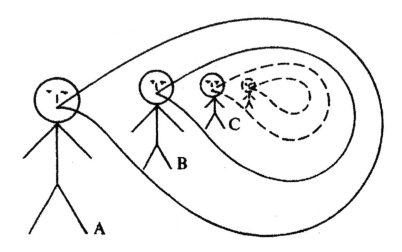

1.   Extradiegetische Ebene (eigentlicher Erzählakt)

2.   Intradiegetische Ebene (1. Binnenerzählung)

3.   Metadiegetische Ebene (Metaebene, 2. Binnenerzählung)

---

[6] Vgl. Genette (1998), [249 ff.].

Mögliches Tafelbild zur Charakterisierung[7]:

Chararkterisierung der Personen der Handlung	
Direkte Charakterisierung	**Indirekte Charakterisierung**
– Eigenschaften einer Figur werden vom Erzähler beschrieben – Ein Ich-Erzähler gibt ein Selbstbild – Eine Figur beschreibt Eigenschaften einer anderen Figur der Handlung	– Eine Figur setzt den Leser durch ihre Handlungen, ihr Verhalten oder ihre sprachlichen Äußerungen über ihren Charakter in Kenntnis

---

[7] Vgl. Hermes (2000), 37.

Arbeitsblatt 2 (Erzählperspektive)[8]:

Lesen Sie Textauszug 1, der den Beginn einer Erzählung darstellt, und die Textauszüge 2–4, die jeweils den Schluss von drei unterschiedlichen Erzählungen bilden. Nur ein Schluss gehört zum Anfang der Erzählung, die Textausschnitt 1 einleitet. Überlegen Sie, welcher Schluss der richtige sein könnte, und begründen
Sie ihre Entscheidung!

Text 1:

Sonja war biegsam. Ich meine nicht dieses „biegsam wie eine Gerte", nicht körper-
lich. Sonja war biegsam – im Kopf. Es ist schwierig zu erklären. Vielleicht – daß sie mir
jede Projektion erlaubte. Sie erlaubte mir jede mögliche Wunschvorstellung von ihrer
Person, sie konnte eine Unbekannte sein, eine kleine Muse, jene Frau, der man einmal auf der Straße begegnet und an die man sich noch Jahre später mit dem Gefühl eines ungeheuren Versäumnisses erinnert. Sie konnte dumm sein und bieder, zynisch
und klug. Sie konnte herrlich sein und schön, und es gab Augenblicke, da war sie ein
Mädchen, blass im braunen Mantel und wirklich unwichtig; ich glaube, sie war so
biegsam, weil sie eigentlich nichts war.

Text 2

[…] Es war ihnen, wenngleich im Magen etwas schwer, im Herzen durchaus leicht zu-
mute. In ihren finsteren Seelen schwankte es mit einem Mal so angenehm heiter. Und
auf ihren Gesichtern lag ein mädchenhafter, zarter Glanz von Glück. Daher vielleicht
die Scheu, den Blick zu heben und sich gegenseitig in die Augen zu sehen.

Als sie es dennoch wagten, verstohlen erst und dann ganz offen, da mußten sie lä-
cheln. Sie waren außerordentlich stolz. Sie hatten zum ersten Mal etwas aus Liebe getan.

Text 3:

[…] Manchmal habe ich auf der Straße das Gefühl, jemand liefe dicht hinter mir her,
ich drehe mich dann um, und da ist niemand, aber das Gefühl der Irritation bleibt.

Text 4:

[…] Die riesige Eidechse, das winzige Mädchen – für den Bruchteil einer Sekunde
sah er das Bild, das René Dalmann hatte schützen und auf die Flucht mitnehmen wollen. Dann brannte die Leinwand lichterloh.

Als das Feuer zusammenfiel, schob er die Glut mit der Schuhspitze zu- und aufeinander. Er wartete nicht, bis alles ausgeglüht und zu Asche geworden war. Eine Weile
schaute er den blauroten Flämmchen zu. Dann ging er nach Hause.

---

[8] Text 1: Judith Hermann: *Sommerhaus, später* (1998), 55. Text 2: Patrick Süskind: *Das Parfum*
(1985), [320]. Text 3: Judith Hermann: *Sommerhaus, später* (1998), 84. Text 4: Bernhard Schlink:
Liebesfluchten (2000), 54.

Mögliches Tafelbild zur Figurenkonstellation in *Sonja:* [9]

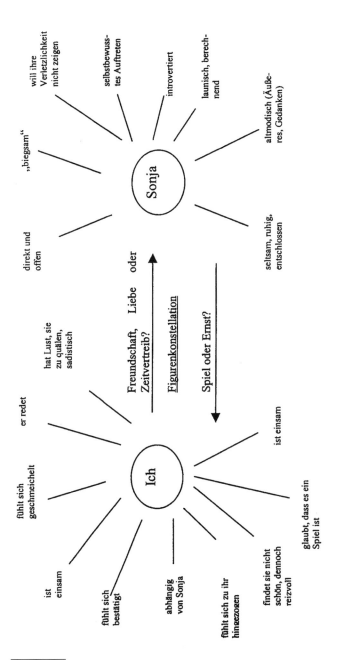

Infoblatt zur Kategorie der Zeit in narrativen Texten[10]

<u>Kategorie ZEIT</u>

a) Ordnung (In welcher Reihenfolge?)

Analepse (Rückwendung):

Bei der Analepse wird die zeitlich lineare Ereignisfolge ABC umgeordnet zu BAC, d. h. es wird ein Ereignis nachträglich dargestellt, das zu einem früheren Zeitpunkt stattgefunden hat als dem, den die Erzählung bereits erreicht hat. Ein typischer Fall ist z. B. das Nachreichen von biographischen Informationen über eine Handlungsfigur.

Prolepse (Vorausdeutung):

Bei der Prolepse wird die zeitlich lineare Ereignisfolge ABC zu ACB umgeordnet, d. h. es wird ein noch in der Zukunft liegendes Ereignis vorwegnehmend erzählt. Ein typischer Fall ist z. B. die ausdrückliche Andeutung eines späteren Ereignisses.

b) Dauer (Wie lange?)

<u>Erzählzeit</u>: Die Zeit, die man 'braucht' um eine Geschichte zu erzählen. (Seitenzahlen eines Buches)

<u>Erzählte Zeit</u>: Die Zeitspanne, die den Rahmen der Erzählung bildet.

	Erzählzeit	Verhältnis ←——→	Erzählte Zeit
1. **Szene**: Zeitdeckendes Erzählen, vor allem im Drama	Erzählung	Gleich	Geschehen
2. **Dehnung**: Schnell ablaufende Bewusstseinsprozesse können sprachlich wiedergegeben werden	Erzählung	Länger als	Geschehen
3. **Raffung**: In den meisten Erzählungen dominiert das zeitraffende Erzählen, mit dem der Erzähler Ereignisse in verschiedenen Formen zusammenfassen kann.	Erzählung	Kürzer als	Geschehen
4. **Ellipse**: Hier wird Zeit übersprungen, um viel Geschichte in wenig Handlung unterzubringen.	Erzählung steht still		Geschehen geht weiter
5. **Pause**: Hier wird der Fortgang der Geschichte angehalten, um eine Beschreibung oder einen Kommentar einzufügen.	Erzählung geht weiter		Geschehen steht still

---

[10] Vgl. Genette (1998), 205 ff.

Liste mit Rezensionstiteln zu
Judith Hermanns *Sommerhaus, später*

1)   Jugend, augenblicklich

2)   Vorbeifahrende Züge wecken das Fernweh

3)   Literatur, kühl und jung

4)   Über Nacht zum Literatur-Star

5)   Das Traurige, das Schöne

6)   Wo schöne Menschen lange warten

7)   Von vernarbten Herzen und niedergebrannten Hoffnungen

8)   Glück ist immer der Moment davor

9)   Nichts in Sicht

10)   Alle haben den Blues und wissen nicht warum

11)   Die Traumwandlerin

12)   Die Melancholie des leeren Raums

13)   Betörende Sachlichkeit

Rezension[11] zu *Sommerhaus, später*

KULTUR ■ PODIUM

Betörende Sachlichkeit

Judith Hermann liest in der tri-bühne aus ihrem Erzählband

Von Roland Müller

Es schade nicht, wenn man als Schriftstellerin auch noch gut aussieht, Judith Hermann sieht gut aus, zumindest auf dem Porträt, das den Buchumschlag ziert. Das Gesicht schmal und ebenmäßig, der Blick entrückt und wie aus Träumen kommend, die Haare geschürzt und streng nach hinten gebunden – mit geheimnisvoller Anmut tritt uns die neunundzwanzigjährige Erzählerin auf dem Cover von „Sommerhaus, später" entgegen, ihrem ersten und bis jetzt einzigen Buch. Und Wendelin Niedlich findet für den Zauber des Porträts die richtigen Worte. Ein modiglianischer Hauch, sagt der Buchhändler, umwehe das Gesicht, herrührend vielleicht vom Glück des Schreibens. Vielleicht.

Judith Hermann sitzt nun, eingeladen von Niedlich, in der Stuttgarter tri-bühne und liest zwei Geschichten aus „Sommerhaus, später". Die Erzählsammlung avancierte in den vergangenen Monaten zum heimlichen Bestseller und geht, nachdem die Kritik heftig dafür geworben hat, bis heute auch ordentlich über die Ladentheke. Denn auf eine Autorin wie die in Berlin am Prenzlauer Berg lebende Judith Hermann mußte man lange warten: Präzise beschreibt sie Leute von heute, kein Wort ist zu viel und keine Beobachtung überflüssig, wenn sie die Rat- und Rastlosigkeit, die Kühle und Kälte ihrer Generation einfängt. Und doch sind ihre Kurzgeschichten keine zynischen Abrechnungen mit den Großstädtern – Trauer und Schwermut schwingen mit, wenn sie die Figuren auf den Irrwegen durch die Stadt- und Gefühlslandschaft begleitet. Modigliani, auch hier.

Und dann: die Stimme! Trocken, spröde, etwas rauchig und verschmirgelt, dabei absolut nüchtern und ohne falsche Emotion. Sie ist so wie die Geschichten, die Judith Hermann schreibt, vollkommen sachlich. Und je länger man dieser einprägsamen Stimme nachlauscht, desto schwerer fällt die Vorstellung, jemand anders als die Verfasserin selbst könnte die Shortstorys lesen. Die junge Frau, die einige Zeit als Rundfunkjournalistin gearbeitet hat, macht das fast perfekt, auch bei den zwei sonderbaren Liebes- und Beziehungsgeschichten, die sie mitgebracht hat: „Sonja" und „Bali-Frau".

Beide Geschichten handeln im Grunde von der Einsamkeit im Großstadtlärm und den Versuchen, dieser Einsamkeit zu entkommen. Und beide handeln von Frauen, deren inneres Wesen zutiefst rätselhaft bleibt und die eben darum eine magische Anziehungskraft auf ihre Mitmenschen ausüben. Sonja und die Bali-Frau, die Titelheldinnen, sind Schwestern im Geiste: Sie geben ihr Geheimnis nicht preis – weil sie es ja selbst nicht kennen. Und je sachlicher, je neusachlicher die Erzählerin ihre Gestalten schreibend umstellt, desto mehr entgleiten sie ihr, desto ferner rücken sie auch dem Leser. Zurück bleibt eine Verstörung, eine Irritation und das Gefühl, nur so, genau beobachtend, ohne Kraftmeiereien, also mit ganz altmodischer Prosa, die Fremdheit zwischen Menschen auf Papier bringen zu können.

Zurück bleibt aber auch das Gefühl, etwas vom Glück des Zuhörens erfahren zu haben. Judith Hermann öffnet mit ihrem Timbre neue Wege zu den Dunkelstellen der Erzählungen, die man – Debüt hin, Debüt her – fast als meisterhaft bezeichnen möchte. Schon hat man der Autorin das Etikett des „literarischen Fräuleinwunders" angeheftet. Im November zieht sie ins Esslinger Bahnwärterhaus, um ein dreimonatiges Stipendium anzutreten. Vielleicht findet sie ja Zeit, nochmals als Vorleserin tätig zu werden.

Kein Wort zuviel, keines zuwenig: Judith Hermann

Foto Steinert

---

[11] Stuttgart Zeitung Nr. 236, 12.10.1999.

Mögliches Tafelbild zur Bearbeitung von Rezensionen:

Rezension

Def.: kritische Besprechung/Beurteilung eines literarischen Werkes (oder eines Theaterstücks) in einer Zeitung oder Zeitschrift durch einen Rezensenten (Literaturkritiker)

Welche Informationen über ein Buch liefert die Rezension?[12]

Gesamteindruck	Stoff	Form	Wirkung bzw. Adressat
Innovation	Aktualität	formale Innovation	Wer schreibt für wen?
Provokation	Relevanz		
		Aufhebung der Gattungsnormen	Wertevermittlung
Konvention	Weltanschauung des Autors		
		Erzählstrategie	
	Mehrdeutigkeit des Textes		
	Verzicht auf Spannung und Heldenfiguren		

---

[12] Vgl. Albrecht (2001), 73 f.

Unterrichtsmodell 1: Klausur

1. Lesen Sie die Seiten 19 bis 25 aus *Rote Korallen*. Fassen Sie kurz den Inhalt zusammen und ordnen Sie die Szene in den Gesamtzusammenhang der Geschichte ein!

2. Vergleichen Sie die dargestellte Kommunikationssituation mit dem Auszug aus *Winter* und entwickeln Sie einen Interpretationsansatz mit Hilfe der im Unterricht untersuchten narrativen Kategorien!

3. Überlegen Sie, wie das Gespräch zwischen der Frau und dem Mann in *Winter* weitergehen könnte! Schreiben Sie es auf, indem Sie den Stil übernehmen.

Winter[13] von Jon Fosse

Personen: Die Frau

            Der Mann

Ort: Leerer Raum. Eine Bank.

I.

Dunkel. Licht an. Eine Parkbank. Ein Mann kommt von rechts, er trägt einen schwarzen Mantel, setzt sich ans äußerste linke Ende der Bank. Eine Frau kommt gleich nach ihm, sie ist dünn angezogen, auch sie setzt sich auf die Bank, ans entgegengesetzte Ende. Der Mann steht fast sofort auf, geht nach links.

DIE FRAU
Dem Mann hinterher
Du
Du
Du
Der Mann geht weiter
Du
Du da
Du
Der Mann bleibt stehen, dreht sich zur Frau um
Ja du
Was bildest du dir eigentlich ein verdammt
Einfach so weggehen
Ja
Ja ich rede mit dir
Verstehst du nicht
Ich rede mit dir
Ja tu ich
Mit wem denn sonst
Verdammt ich rede mit dir
Aber du
Was machst du
Ja du

---

[13] Fosse (2001), 223 ff.

Steht auf, fällt beinahe hin
Ja du
Du gehst einfach so weiter verdammt
Als würde ich nicht mit dir reden
Aber ich rede mit dir
Das hörst du doch
Oder ist hier
Schaut sich um
Sonst noch wer
Vielleicht denkst du das
Ja dass da noch wer ist
Ja dass ich
Bricht ab
Verstehst du
Oder verstehst du nicht
Verstehst du nichts
Oder
Nichts
Ziemlich laut
Ich rede mit dir
Und du gehst einfach weg
Was zum Teufel
Du
Ja
Ziemlich leise
Ja du
Du
Was machst du hier
Aufrichtig
Warum bist du hier
Gibt es einen Grund dafür
Lacht in sich hinein
Ja natürlich
Ja
Bricht ab
Ja also
Ja natürlich
Du hast bestimmt einen Grund
Das verstehe ich schon
Ja
Ja natürlich
Ich verstehe das
Ich verstehe schon dass du einen Grund hast
Ich verstehe ja alles
Ich verstehe
Alles verstehe ich
Ich verstehe
Ich verstehe

Alles verstehe ich
Unvermittelt ziemlich laut
Du
Ja du
Der Mann dreht sich um, scheint fortgehen zu wollen
Ja du
Du
Du
Du
Du
Ich rede mit dir
Hörst du nicht
Ja
Jede Silbe betont
Ich rede mit dir
Fast bettelnd
Hörst du
Wütend
Ich rede mit dir
Jetzt hör schon
Verdammt noch mal
Nichts
Warum hörst du nicht zu verdammt
Ich rede
Kurze Pause
Mit dir
Mit dir

DER MANN
Sieht sie an
Ja

DIE FRAU
Ich rede mit dir
Und was sagst du
Du sagst einfach nur ja
Ja
Ja
Ja
Ja verdammte Scheiße
Der Mann dreht sich um, will gehen
Nein geh nicht
Rede ein bisschen mit mir
Geh nicht einfach
Du darfst nicht einfach gehen
Sieht ihn an, steht auf, geht ein paar Schritte auf ihn zu
Siehst du nicht
Siehst du denn gar nichts
[…]

Arbeitsblatt 3: Fragebogen

1. Welche Lieder von der Gruppe *Oasis* kennen Sie?

2. Was würden Sie alles für eine Konzertkarte Ihres Lieblingsmusikers tun?

3. Wählen Sie Ihre persönliche Top-Five mit den besten Songs zum Verlieben!

4. Hand aufs Herz: Hat Ihnen schon mal jemand den Laufpass gegeben?

5. Wenn ja: Wie kommen Sie am besten wieder auf andere Gedanken?

6. Let's Party: Was reizt Sie an Partys besonders und was können Sie am wenigsten leiden?

7. Was verbinden Sie mit der Vorstellung von einer Autorenlesung?

8. Wenn Sie eine 'Hymne' für Ihr Leben wählen müssten: Auf welches Lied würde Ihre Wahl fallen?

Infoblatt zur Filmanalyse

<u>Begriffe der Film- und Fernsehanalyse</u>[14]:

a) Einstellungsgrößen:

(Bestimmen, wie groß ein Mensch oder ein Gegenstand im Bild zu sehen ist und somit die Nähe bzw. Entfernung zum Zuschauer)

1. Weite:	Weite Landschaften werden so gezeigt, dass sich der Einzelne im Bild verliert.
2. Totale:	Es wird ein Überblick über das Geschehen, ein Eindruck vom Ganzen vermittelt, in dem der Einzelne aber noch zu erkennen ist.
3. Halbtotale:	Die Figur ist ganz zu sehen, ihre Körpersprache dominiert, es ist Raum für Aktion.
4. Halbnah:	Die Figur ist bis zu den Oberschenkeln bzw. bis zu den Knien zu sehen. Die Figur tritt mit anderen Figuren in deutliche Beziehung, wobei die Gestik eine wichtige Rolle spielt.
5. Nah:	Die Figur ist bis zur Brust bzw. bis zum Bauch zu sehen. Neben der Mimik ist auch die Gestik der Hände wichtig.
6. Groß:	Ein Kopf wird bis zum Hals oder bis zur Schulter gezeigt. Der Zuschauer kann so die Mimik genau verfolgen.
7. Detail:	Hier sieht man nur einen kleinen Ausschnitt: ein Auge, einen Mund, einen Finger. Detailaufnahmen dienen der Spannungssteigerung und der Betonung von emotionalen Höhepunkten.

b) Perspektiven

(Die Kamera kann ein Geschehen aus verschiedenen Positionen aufnehmen, die dann die Sicht des Zuschauers auf das Geschehen prägen)

1. Normalsicht	Eine Kamerahöhe von etwa 1,70 m, die etwa der Augenhöhe eines erwachsenen Menschen entspricht. Sie gilt als normal, weil sie unserer alltäglichen Wahrnehmung entspricht.
2. Froschperspektive	Ein Kamerablick von unten nach oben
3. Vogelperspektive	Ein Kamerablick von oben nach unten

---

[14] Vgl. Hickethier (1996), 58ff. Bei der Darstellung wird auf die Aspekte der Kamera- und Objektbewegung, des Lichts und der Musik verzichtet, weil die Schüler zunächst erst mal nur Grundlagen kennen lernen sollen.

Mögliches Tafelbild zu dem Verhältnis Autor – Leser:[15]

<u>Wer erzählt wem?</u>

⇨ historisch und biographisch fassbare Figuren, die nicht Teil des literarischen Werkes sind, sondern außerhalb stehen und zur realen geschichtlichen Lebenswelt gehören

⇨ Goethe, Schiller, Rowling etc. und alle Leser der literarischen Texte von damals bis heute.

⇨ im literarischen Werk aufgenommen, ohne jedoch direkt repräsentiert zu sein

⇨ der <u>abstrakte Autor</u> ist eine literarische Projektion des konkreten Autors und fungiert gelegentlich als dessen Sprachrohr (Übereinstimung oder Ironisierung von ideologischen oder ästhetischen Positionen)

⇨ der <u>abstrakte Leser</u> ist teilweise ein Bild des Adressaten, wie ihn das Werk voraussetzt, oder teilweise ein Bild des idealen (oder intendierten) Rezipienten überhaupt

---

[15] Diese Unterscheidungen nimmt u. a. Lintvelt vor, ein Schüler von Genette. Seine Erweiterungen der Kategorie <u>Stimme</u> können in Auszügen für die manchmal problematische Unterscheidung zwischen Autor und Erzähler wichtig sein. Vgl. Linvelt (1981), zit. n. Hofmann (1997), 147 ff.

Autobiographische Texte: Anhang in *Soloalbum*[16]

Köln, 26. August 1998

Sehr geehrter Ulrich Hoffmann,

„I did experiments with substances / but all it did was make me ill"

Jarvis Cocker: „Glory days"

Kaufen Sie sich die Platte „This is hardcore" von Pulp. Könnte helfen.
Als Symbol für ein Lebensgefühl stehe ich nicht zur Verfügung.

Alles Gute: B. v. Stuckrad-Barre

Ulrich Hoffmann
Journalist & Autor & Übersetzer

Ulrich Hoffmann · ▬▬▬ · 22087 Hamburg
Fax an:
Benjamin von Stuckrad-Barre

Seiten ges.:
1/eine

Hamburg, 24. August 1998

Sehr geehrter Herr von Stuckrad-Barre,

ich schreibe für die MAXI eine Geschichte mit dem Arbeitstitel "Kein Kult ohne Koks". Dazu würde ich gerne mit Ihnen über "Soloalbum" sprechen. Wenn die Zeit es nicht anders erlaubt, nehme ich sonst auch eine rückgefaxte Antwort.

• Der Held in "Soloalbum" ist dem Drogenkonsum ja zumindest nicht abgeneigt, ist das drogenverherrlichend?
• Sind Drogen "schick", oder gefährlich, oder beides – oder was?
• Steht der erwähnte Drogenkonsum tatsächlich für Tatsachen, oder (auch) als Symbol für ein Lebensgefühl?
• Haben Sie selbst auch schon Drogen genommen, d. h. sind Ihre Berichte hierzu mehr oder weniger autobiographisch, oder ist das alles "nur" gut recherchiert?

Mit Dank und Grüßen
Ulrich Hoffmann

· 22087 Hamburg

---

[16] Von Stuckrad-Barre (1998), 248 f.

Rezension zu *Soloalbum*[17]

Mein Bauch ist der Nabel der Welt

Benjamin von Stuckrad-Barre macht in einem Roman allein Musik und sorgt sich um seine schlanke Linie

Von Silke Schnettler

Eigentlich wollte dieses Buch gar kein Buch werden, sondern eine Schallplatte. Reste von diesem Wunsch sind noch zwischen den Pappdeckeln zu finden: Es hat eine B-Seite, alle Kapitel tragen Titel wie Songs der Britpop-Band "Oasis", und dann heißt es auch noch "Soloalbum". So meint jemand eine Platte, der sich von seiner Band getrennt hat und der jetzt allein Karriere zu machen gedenkt.

Das hat auch der Ich-Erzähler in Benjamin von Stuckrad-Barres erstem Roman vor – wenn auch mehr aus Zwang denn aus eigenem Antrieb. Während der Zeit mit Katharina habe ich vorschriftsmäßig an Soloprojekten gearbeitet. Die hießen Isabell, Susanne, Katinka zum Beispiel." Aber nachdem Ka-

tharina ihm per Fax die Liebe aufgekündigt hat, bedeutet sie ihm mehr als je zuvor. "Soloalben sind fast immer scheiße."

Und wir sind nicht zu um diesef Den enormen Medienrummel zufolge, den das Buch ausgelöst hat, muß es fast schon Kultcharakter sein. Doch hängt der vor allem mit der Tatsache zusammen, daß der Autor erst gar nicht verwacht hat, autobiographische Elemente zu kaschieren. Der 23jährige Benjamin von Stuckrad-Barre ist trefflich geeignet, zum Identifikationsobjekt zu werden: Er war Musikjournalist bei "Rolling Stone", "Woche" und "taz" und arbeitet als Gagschreiber für die "Harald Schmidt Show". Schmidt hat sich dem auch mit dem Satz "Jugend der Welt – kauf dieses Buch und lies es!" auf dem Buchrücken verewigt. Dem Mann ist nichts zu peinlich.

"Soloalbum" muß sich an den groben Pop-Romanen der letzten

Jahre messen lassen, vor allem an Nick Hornbys "High Fidelity". 1996 interviewte Stuckrad-Barre in "Rolling Stone" den Briten Hornby. Zwei Jahre später schon hat der kleine Benjamin selbst ein Buch über Plattensammeln, Rockjournalismus und das dazugehörige Lebensgefühl geschrieben. Doch "Soloalbum" ist mehr als ein Hornby-Remix für die Oasis-Generation. Denn Stuckrad-Barre gelingt ein schärfer und oft auch witziger Blick auf die Gegenwart. Dabei passiert nicht viel: Der Erzähler hängt zu Hause ab und ist stolz auf seine verstufte Bude (nach dem Motto: "Nein, Mama, ich will mein Zimmer nicht aufräumen."), er gammelt auf Partys herum, versucht mit Koks und bei Prostituierten auf tollen Typ zu machen – und kommentiert seinen Frust mit schlechtgelaunten Traktaten. Über das "Galileri... schlebende ... über das Repetiergewehr" Alfred Biolek oder

ein Hetero-Pärchen, vertieft in einer Schwulenkneipe: "Ach ja", denken die zwei, "Toleranz oho und werden strechtfreundlich und gucken mittädig bis zwölüräsn umher. Zum Glück fragt der Junge nicht, ob er einen echten Schwulen anlassen darf, denn das würde der echte Schwale ihm gestattet nicht verbieten, und dann aber puh."

Im Grunde dreht sich in diesem Buch fast alles um eines: den nichtigen Geschmack. Den Rest der Welt macht Stuckrad-Barre in so ertraumgloxem Tempo fertig, daß wir beim Lesen hin und wieder rot oder ärgerlich oder beides werden, weil wir auch schon absolut uncoole Sätze gesagt haben und absolut geschmackspolitisch unkorrekte CD im Regal stehen haben; (wenigstens keiner Kunschrad-Sampler!) Immerhin: Daß er gnadenlos genau beobachten kann, das muß man Stuckrad-Barre lassen. All die kleinen Momente des Wiedererkennens

machen das Buch trotz seiner pubertären Arroganz lesenswert.

Und man kann diesen Typen ja auch verstehen, es geht ihm einfach schlecht, weil er Katharina nicht aus dem Kopf bekommt. Er startet chaotische Rückgewinn-Aktionen, nach denen er sich noch mieser fühlt als vorher. Für Außenstehende ist klar: Wenn er akzeptieren könnte, was Sache ist, ginge es ihm besser. Aber genau das verzeicht er ja die ganze Zeit. Männliche Larmoyanz, Eitelkeit und Komplexe. Wie er gegen seinen Rauchausatz ankämpft, das ist kein konkretes, grelles Bild für seinen Zustand, aber besser läßt sich seine Selbstablehnung kaum verführen.

In zu einem Schlamassel kann das Glück nicht länger dauern als ein Song. Und es ist ein dunkles Glück, die ewige Melancholie des Pop. Für den Rest der Zeit können bissige Wortschriften ein gutes Mit-

tel sein, das Unglück nicht so nah an sich ranzulassen. Wie heißt es im "Soloalbum" über Oasis' "Großartige Jungen-Band; haben nichts zu sagen, aber das sagen sie laut.

Vielleicht wird Benjamin von Stuckrad-Barre (respektive sein Ich-Erzähler) ja irgendwann erwachsen. Was nicht allzulang klingen soll oder so naiv, daß dann alles gut wird. Sondern daß er bekommt, was ihm bei all seinem wütenden Sarkasmus fehlt: soviel Distanz zu sich und zum Leben um ihn herum, daß er eine Haltung entwickelt, die mit Leichtigkeit zu tun hat. Wer die besitzt, kann Sympathie haben für die Schrullen dieses Lebens. Vielleicht sogar: Leute mögen, die sich Kaugehrock-Sampler kaufen. Gerade, weil das ihr Geschmack ist.

Benjamin von Stuckrad-Barre: Soloalbum. Kiepenheuer & Witsch, Köln. 216 S., 16,90 Mark.

Die Welt N. 007 9.1.1999 r10

---

[17] Die Welt Nr. 7, 9.1.1999.

Arbeitsblatt zur Intertextualität

Lesen Sie die beiden Texte und notieren Sie stichpunktartig, was Ihnen auffällt!

Heinrich von Kleist: *Michael Kohlhaas*[18]

An den Ufern der Havel lebte, um die Mitte des sechzehnten Jahrhunderts, ein Rosshändler, Namens *Michael Kohlhaas*, Sohn eines Schulmeisters, einer der rechtschaffensten zugleich und entsetzlichsten Menschen seiner Zeit. – Dieser außerordentliche Mann würde, bis in sein dreißigstes Jahr für das Muster eines guten Staatsbürgers haben gelten können.

Patrick Süskind: *Das Parfum*[19]

Im achtzehnten Jahrhundert lebte in Frankreich ein Mann, der zu den genialsten und abscheulichsten Gestalten dieser an genialen und abscheulichen Gestalten nicht armen Epoche gehörte. Seine Geschichte soll hier erzählt werden. Er hieß Jean-Baptiste Grenouille, und wenn sein Name im Gegensatz zu den Namen anderer genialer Scheusale, wie etwa de Sades, Saint-Justs, Fouchés, Bonapartes usw., heute in Vergessenheit geraten ist, so sicher nicht deshalb, weil Grenouille diesen berühmten Finstermännern an Selbstüberhebung, Menschenverachtung, Immoralität, kurz an Gottlosigkeit nachgestanden hätte, sondern weil sich sein Genie und sein einziger Ehrgeiz auf ein Gebiet beschränkte, welches in der Geschichte keine Spuren hinterläßt: auf das flüchtige Reich der Gerüche.

---

[18] Heinrich von Kleist: *Sämtliche Erzählungen* (2002), 9.
[19] Patrick Süskind: *Das Parfum* (1985), 5.

Bild von Seurat[20]

George Seurat, *Ein Sonntag auf der Île de la grande jatte*

Arbeitsblatt zu Leitmotiven in *Agnes*

Robert Frost:

Stopping by Woods on a Snowy Evening[21]

Whose woods these are I think I know.
His house is in the village though;
He will not see me stopping here
To watch his woods fill up with snow.

My little horse must think it queer
To stop without a farmhouse near
Between the woods and frozen lake
The darkest evening of the year.

He gives his harness bells a shake
To ask if there is some mistake.
The only other sound's the sweep
Of easy wind and downy flake.

The woods are lovely, dark and deep,
But I have promises to keep,
And miles to go before I sleep,
And miles to go before I sleep.

---

[21] Smith, Wilkins (Hrsg.): *The Sheldon Book of Verse* (1959), 100.

Rezension zu *Agnes*[22]

Frankfurter Allgemeine Zeitung Nr. 94, 23.4.1999

Eiswinde in Chicago

An der Literatur erfroren: Peter Stamms gelungener Debüt-Roman

Es ist ein naiver Glaube, daß in Amerika alle Geschichten gut ausgehen. Das muß auch der Ich-Erzähler dieses schmalen Romans erfahren. Und dabei fängt alles vielversprechend an: Seine Recherchen über Luxuseisenbahnwagen haben den Schweizer Sachbuchautor nach Chicago geführt, wo er Tag für Tag im viel zu warmen Lesesaal der Public Library sitzt. Aber die Eisenbahnen verlieren ihren Reiz, sobald er Agnes kennenlernt. Die fünfundzwanzigjährige Physikstudentin schwärmt für Kristalle und könnte fast seine Tochter sein. Rasch kommt man sich näher, das gemeinsame Glück scheint vollkommen. Selbst in der Großstadt ist noch Raum für romantische Zweisamkeiten zu entdecken.

Soweit ist es eine alltägliche Geschichte. Doch Peter Stamm begnügt sich nicht damit, Bekanntes neu zu erzählen; sein Roman ist auch eine verstörende Parabel über die Macht der Literatur. Denn eines Tages besinnt sich Agnes auf den Beruf ihres Geliebten: „Schreib eine Geschichte über mich", bittet sie ihn, „damit ich weiß, was Du von mir hältst." Der Vorschlag setzt ein tödliches Spiel in Gang. Zögernd schreibt der Autor die Chronik ihrer Begegnung nieder, und Agnes liest zufrieden die immer länger werdende Erzählung, in deren Hauptfigur sie sich wiedererkennt. Bis der Bericht eines Tages die Gegenwart eingeholt hat: Wie soll es weitergehen mit der literarischen Agnes und ihrem ebenfalls literarischen Schweizer Gefährten? Zunächst bleibt die Erfindung der Wirklichkeit nur um wenige Sätze voraus – ein prickelnder Reiz, der dem flüchtigen Moment Bedeutung verleiht. „Ist es gut so? Bist du zufrieden mit mir?", fragt Agnes besorgt ihren Freund, weil sie dem von ihm beschriebenen Arrangement eines gemeinsamen Abends entsprechen möchte.

Allmählich entwickeln sich Literatur und Leben auseinander. Immer stärker erliegt der Schriftsteller dem Sog der Wort und genießt die Macht über seine Erfindungen; Agnes ist ganz und gar sein Geschöpf geworden. Zur Katastrophe kommt es, als die junge Frau schwanger wird – im realen Leben, nicht in der Literatur. Der Erzähler reagiert darauf mit demselben Entsetzen,

Literatur:
Morgen in „Bilder und Zeiten"

Dirk Schümer: Das Falkenbuch von Friedrich dem Zweiten

Hans-Herbert Räkel: Der heilige Ludwig und sein Biograph

als hätte ihm ein Lektor sein gelungenes Manuskript zusammengestrichen hätte; denn für *seine* Agnes ist eine Schwangerschaft nicht vorgesehen. Überstürzt flüchtet der werdende Vater zu einer anderen Frau und leugnet beharrlich seine Verantwortung für Mutter und Kind.

Eine Fehlgeburt bringt das Paar nur scheinbar wieder zusammen. Noch immer von der Kraft seiner Imagination überzeugt, bietet der Erzähler Agnes literarischen Trost an, indem er die Geschichte ihres nie geborenen Kindes aufzuschreiben beginnt. Doch Literatur kann die Wunden der Realität nicht heilen. Am Ende ist Agnes verschwunden; für den Schriftsteller steht fest, daß sie den Tod gesucht hat, wie er es für den Schluß ihrer Geschichte entworfen hatte.

Peter Stamm traut dem geschriebenen Wort viel zu, und er hat allen Anlaß dazu. Bislang hat der fünfunddreißigjährige Schweizer vor allem Hörspiele verfaßt; „Agnes" ist sein erster Roman. Dieser Wechsel ins erzählende Genre ist dem Verfasser auf beeindruckende Weise geglückt. Ein dichtes Netz von Verweisen durchzieht die fein aufeinander abgestimmten Kapitel des Buches, immer wieder findet Stamm suggestive Bilder für die Kälte und die Beziehungslosigkeit, in denen er seine Figuren gefangen sieht. „Das Geheimnisvolle ist die Leere in der Mitte", beschreibt die Physikstudentin Agnes ihre geliebten Kristallgitter und charakterisiert damit zugleich ihr eigenes Leben, in dem sich Liebe nur als literarische Illusion ereignet.

Das unwirtliche Chicago ist ein angemessener Schauplatz für diese komplizierte Liebesgeschichte. Mit sicherem Blick skizziert Stamm den tristen amerikanischen Alltag zwischen Coffeeshop und Waschsalon, zu dessen Höhepunkten die schrille Halloween-Parade gehört. So wird die Begegnung zwischen Agnes und ihrem Schweizer Eisenbahnforscher auch zur Konfrontation von Alter und Neuer Welt. Es gehört zu den Vorzügen des Romans, daß Stamm weder für die eine noch die andere Seite Partei ergreift; vielmehr schildert er amerikanische Selbstbezogenheit ebenso wie europäische Vorurteile über das Land der angeblich unbegrenzten Möglichkeiten. Denn wie gesagt, auch in Amerika ist ein Happy-End keine Selbstverständlichkeit. SABINE DOERING

Peter Stamm: „Agnes". Roman. Arche Verlag, Zürich/Hamburg 1998. 156 S., geb., 32,– DM.

---

[22] Frankfurter Allgemeine Zeitung Nr. 94, 23.4.1999.

Unterrichtsmodell 3: Klausur

1. Lesen Sie die kurze Geschichte von Bertolt Brecht und fassen Sie den Sinn in eigenen Worten zusammen.

2. Vergleichen Sie die Vorgehensweise des Ich-Erzählers in seiner Beziehung zu Agnes mit der Meinung, die Herr K. vertritt.

3. Beurteilen Sie kritisch die Haltung des Ich-Erzählers, die er auf Seite 50 dar-stellt:
   „Ich weiß nicht, was dabei herauskommt", sagte ich, „ich habe keine Kontrol-le darüber. Vielleicht wären wir beide enttäuscht. "

Bertolt Brecht:
Wenn Herr K. einen Menschen liebte[23]

„Was tun Sie", wurde Herr K. gefragt, „wenn Sie einen Menschen lieben?"

„Ich mache einen Entwurf von ihm", sagte Herr K., „und sorge dafür, daß er ihm ähnlich wird. "

„Wer? Der Entwurf?"

„Nein", sagte Herr K., „der Mensch. "

---

[23] Bertolt Brecht: *Geschichten vom Herrn Keuner* (1953), 106.

Literaturverzeichnis

Primärtexte

Hermann, Judith: Sommerhaus, später. Frankfurt a. M.: Fischer, 1998.

Stamm, Peter: Agnes. Zürich-Hamburg: Arche, 1998.

Stuckrad-Barre, Benjamin von: Soloalbum. 13. Aufl. Köln: Kiepenheuer & Witsch, 2000.

Sekundärtexte

Abraham, Ulf: Lesen – Schreiben – Vorlesen/Vortragen. In: Grundzüge der Literaturdidaktik/hrsg. von Klaus-Michael Bogdal u. Hermann Korte. München: dtv 2002, S. 105–119.

Albrecht, Wolfgang: Literaturkritik. Stuttgart; Weimar: Metzler 2001 (Sammlung Metzler; 338).

Alles nur Pop?: Anmerkungen zur populären und Pop-Literatur seit 1990/hrsg. von Thomas Jung. Frankfurt a. M. [u. a.]: Lang, 2002 (Osloer Beiträge zur Germanistik; Bd. 32).

Antor, Heinz: Genette, Gérard. In: Metzler-Lexikon Literatur- und Kulturtheorie. Ansätze – Personen – Grundbegriffe/hrsg. von Ansgar Nünning. Stuttgart; Weimar: Metzler 1998, S. 220–221.

Baßler, Moritz: Der deutsche Pop-Roman. Die neuen Archivisten. München: Beck 2002 (Beck'sche Reihe; 1474).

Bark, Joachim/Förster, Jürgen: Vom Strukturalismus zum Poststrukturalismus. In: Schlüsseltexte zur neuen Lesepraxis. Poststrukturalistische Literaturtheorien und -didaktik; Texte und Kommentare/hrsg. von Joachim Bark u. Jürgen Förster. Stuttgart: Klett 2000a, S. 115–123.

Bark, Joachim/Förster, Jürgen: Didaktische Anschlüsse. In: Schlüsseltexte zur neuen Lesepraxis. Poststrukturalistische Literaturtheorien und -didaktik; Texte und Kommentare/hrsg. von Joachim Bark u. Jürgen Förster. Stuttgart: Klett 2000b, S. 61–64.

Barth, Susanne: Medien im Deutschunterricht. In: Praxis Deutsch 26 (1999) 153, S. 11–19.

Bauer, Wolfgang: Multimedia in der Schule? In: Information und Lernen mit Multimedia/hrsg. von Ludwig J. Issing u. Paul Klimsa. 2., überarb. Aufl. Weinheim: Psychologie Verlags Union 1997, S. 377–399.

Baustelle Gegenwartsliteratur. Die neunziger Jahre/hrsg. von Andreas Erb. Opladen: Westdeutscher Verl. 1998.

Beste, Gisela/Kämper-van den Boogaart, Michael: Literaturkritik im Unterricht. In: Deutschunterricht (Berlin) 52 (1999) 6, S. 425–435.

Bogdal, Klaus-Michael: Einleitung: Von der Methode zur Theorie. Zum Stand der Dinge in den Literaturwissenschaften. In: Neue Literaturtheorien. Eine Einführung/hrsg. von Klaus-Michael Bogdal. Opladen: Westdeutscher Verl. 1997, S. 10–31.

Bogdal, Klaus-Michael: Klimawechsel. Eine kleine Meteorologie der Gegenwartsliteratur. In: Baustelle Gegenwartsliteratur. Die neunziger Jahre/ hrsg. von Andreas Erb. Opladen: Westdeutscher Verl. 1998, S. 9–31.

Bogdal, Klaus-Michael: Problematisierungen der Hermeneutik im Zeichen des Poststrukturalismus. In: Grundzüge der Literaturwissenschaft/hrsg. von Heinz Ludwig Arnold u. Heinrich Detering. 5. Aufl. München: dtv 2002, S. 137–156.

Borrmann, Andreas/Gerdzen, Rainer: Internet im Deutschunterricht. Stuttgart [u. a.]: Klett 2000.

Buß, Angelika: Kanonprobleme. In: Deutschdidaktik. Leitfaden für die Sekundarstufe I und II/hrsg. von Michael Kämper-van den Boogaart. Berlin: Cornelsen Scriptor 2003, S. [142]–152.

Burtscher, Sabine: „Glück ist immer der Moment davor" – Judith Hermann: Sommerhaus, später. Gegenwartsliteratur der 90er Jahre im Deutschunterricht. In: Der Deutschunterricht 54 (2002) 5, S. 80–85.

Burtscher, Sabine: Auswahlkriterien für Gegenwartsliteratur im Deutschunterricht. Ein Beitrag zur Revision der Kanondiskussion. In: Literatur im Unterricht (2003) 1, S. 3–20.

Culler, Jonathan: Literaturtheorie. Eine kurze Einführung. Aus dem Engl. von Andreas Mahler. Stuttgart: Reclam 2002.

Deutschsprachige Gegenwartsliteratur. Wider ihre Verächter/ hrsg. von Christian Döring. Frankfurt a. M.: Suhrkamp 1995.

Deutschsprachige Gegenwartsliteratur/hrsg. von Hans-Jörg Knobloch u. Helmut Koopmann. Tübingen: Stauffenburg-Verl. 1997 (Stauffenburg-Colloquium; Bd. 44).

Döring, Jörg: „Redesprache, trotzdem Schrift": Sekundäre Oralität bei Peter Kurzeck und Christian Kracht. In: Verkehrsformen und Schreibverhältnisse. Medialer Wandel als Gegenstand und Bedingung von Literatur im 20. Jahrhundert/ hrsg. von Jörg Döring. Opladen: Westdt. Verl. 1996, S. 226–233.

Eagleton, Terry: Einführung in die Literaturtheorie. Aus dem Engl. von Elfi Bettinger u. Elke Hentschel. 3. Aufl. Stuttgart; Weimar: Metzler 1994 (Sammlung Metzler; Bd. 246).

Ernst, Thomas: Popliteratur. Hamburg: Rotbuch 2001 (Rotbuch 3000).

Förster, Jürgen: Analyse und Interpretation. Hermeneutische und poststrukturalistische Tendenzen. In: Grundzüge der Literaturdidaktik/hrsg. von Klaus-Michael Bogdal u. Hermann Korte. München: dtv 2002, S. 231–246.

Förster, Nikolaus: Die Wiederkehr des Erzählens. Deutschsprachige Prosa der 80er und 90er Jahre. Darmstadt: Wiss. Buchges. 1999. Zugl.: Diss.

Frank, Dirk: „Talking about my generation". Generationskonstrukte in der zeitgenössischen Pop-Literatur. In: Der Deutschunterricht 52 (2000) 5, S. 69–85.

Frank, Dirk: Narrative Gedankenspiele. Der metafiktionale Roman zwischen Modernismus und Postmodernismus. Wiesbaden: Dt. Univ.-Verl. 2001 (DUV : Literaturwissenschaft) (Literaturwissenschaft, Kulturwissenschaft) Zugl.: Duisburg, Univ. Diss., 2000.

Freund, Winfried: „Neue Objektivität": Die Rückkehr zum Erzählen in den neunziger Jahren. In: Der deutsche Roman der Gegenwart/hrsg. von Wieland Freund u. Winfried Freund. München: Fink 2001 (UTB für Wissenschaft; 2251), S. 77–99.

Frommer, Harald: Lesen im Unterricht. Von der Konkretisation zur Interpretation; Sekundarstufe I und II. Hannover: Schroedel 1988 (Deutschunterricht konkret).

Garbe, Christine: Einsame Lektüre oder Kommunikation? Zwei kontroverse Leitvorstellungen zu kindlichen Lektüreprozessen. In: Zwischen Leseanimation und literarischer Sozialisation. Konzepte der Lese(r)förderung/hrsg. von Thomas Eicher. Oberhausen: Athena 1997, S. 37–54.

Genette, Gérard: Paratexte. Das Buch vom Beiwerk des Buches. Aus dem Französischen von Dieter Hornig, mit einem Vorwort von Harald Weinrich. Frankfurt a. M.: Suhrkamp 1989.

Genette, Gérard: Die Erzählung. Aus dem Französischen von Andreas Knop, mit einem Nachwort hrsg. von Jochen Vogt. 2. Aufl. München: Fink 1998 (UTB für Wissenschaft).

Graevenitz, Gerhard von: Problemfeld IV: Erzähler. In: Arbeitsbuch Romananalyse. Eine Einführung/hrsg. von Hans-Werner Ludwig. 6., unveränd. Aufl. Tübingen: Narr 1998 (Literaturwissenschaft im Grundstudium), S. 79–104.

Gudjons, Herbert: Projektunterricht. In: Deutschunterricht von A bis Z/hrsg. von Dietlinde H. Heckt u. Karl Neumann. Braunschweig: Westermann 2001, S. 274–275.

Haas, Gerhard/Menzel, Wolfgang/Spinner, Kaspar H.: Handlungs- und produktionsorientierter Literaturunterricht. In: Praxis Deutsch 21 (1994) 123, S. 17–25.

Hage, Volker: Zeitalter der Bruchstücke. In: Maulhelden und Königskinder. Zur Debatte über die deutschsprachige Gegenwartsliteratur/hrsg. von Andrea Köhler und Rainer Moritz. Leipzig: Reclam 1998, S. 28–35.

Hauptsache ICH: Erzählprosa nach 1990/Texte und Materialien, ausgew. und bearb. von Helmut Flad. Berlin: Cornelsen 2002.

Hermes, Eberhard: Training – Analyse und Interpretation erzählender Prosa (Sekundarstufe II). 4. Aufl. Stuttgart: Klett 2000.

Hickethier, Knut: Film- und Fernsehanalyse. 2., überarb. Aufl. Stuttgart; Weimar: Metzler 1996 (Sammlung Metzler; Bd. 277: Realien zur Literatur).

Hörisch, Jochen: Verdienst und Vergehen der Gegenwartsliteratur. In: Deutschsprachige Gegenwartsliteratur. Wider ihre Verächter/hrsg. von Christian Döring. Frankfurt a. M.: Suhrkamp 1995, S. 30–48.

Hofmann, Heinz: Sprachhandlung und Kommunikationspotential. Diskursstrategien im *Goldenen Esel*. In: Der antike Roman und seine mittelalterliche Rezeption/hrsg. von Michelangelo Picone u. Bernhard Zimmermann. Basel [u. a.]: Birkhäuser 1997 (Monte Verita), S. 137–169.

Hornig, Frank/Schulz, Thomas: Generation Flop. In: Der Spiegel (2002) 34, S. 98–100.

Hurrelmann, Bettina: Leseförderung. In: Praxis Deutsch 21 (1994) 127, S. 17–26.

Jahn, Manfred: Narratologie. Methoden und Modelle der Erzähltheorie. In: Literaturwissenschaftliche Theorien, Modelle und Methoden. Eine Einführung/ hrsg. von Ansgar Nünning. Unter Mitw. von Sabine Buchholz u. Manfred Jahn. 2., unveränd. Aufl. Trier: WVT Wissenschaftlicher Verl. Trier 1995 (WVT-Handbücher zum literaturwissenschaftlichen Studium; Bd. 1), S. 29–50.

Jannidis, Fotis: Zwischen Autor und Erzähler. In: Autorschaft. Positionen und Revisionen/ hrsg. von Heinrich Detering. Stuttgart; Weimar: Metzler 2002 (DFG-Symposion . . .; 2001) (Germanistische-Symposien-Berichtsbände; 24), S. 540–556.

Josting, Petra: Der Einfluss von Medien-Orientierungen auf die Rezeption. In: Literatur und Medien/hrsg. von Jutta Wermke. München: kopaed-Verl. 2003 (Medien im Deutschunterricht; 2002), S. 42–66.

Jung, Thomas: Viel Lärm um nichts? Beobachtungen zur jüngsten Literatur und dem Literaturbetrieb. In: Alles nur Pop? Anmerkungen zur populären und Pop-Literatur seit 1990/hrsg. von Thomas Jung. Frankfurt a. M. [u. a.]: Lang 2002a (Osloer Beiträge zur Germanistik; Bd. 32), S. 9–13.

Jung, Thomas: Trash, Cash oder Chaos? Populäre deutschsprachige Literatur seit der Wende und die sogenannte Popliteratur. In: Alles nur Pop? Anmerkungen zur populären und Pop-Literatur seit 1990/hrsg. von Thomas Jung. Frankfurt a. M. [u. a.]: Lang 2002b (Osloer Beiträge zur Germanistik; Bd. 32), S. 15–27.

Jung, Thomas: Die Geburt der Popliteratur aus dem Geiste von Mozart und MTV. Anmerkungen zu Benjamin von Stuckrad-Barres Roman *Soloalbum*. In: Alles nur Pop? Anmerkungen zur populären und Pop-Literatur seit 1990/hrsg. von Thomas Jung. Frankfurt a. M. [u. a.]: Lang 2002c (Osloer Beiträge zur Germanistik; Bd. 32), S. 137–156.

Kämper-van den Boogaart, Michael: Literaturkritik und 'Literarisches Leben' im Oberstufenunterricht: Probleme und Anregungen. In: Deutschunterricht (Berlin) 51 (1998) 11, S. 519–528.

Kammler, Clemens: Gegenwartslücken. Anmerkungen zu einem Defizit des Literaturunterrichts. In: Baustelle Gegenwartsliteratur. Die neunziger Jahre/hrsg. von Andreas Erb unter Mitarbeit von Hannes Kraus und Jochen Vogt. Opladen: Westdeutscher Verl. 1998, S. [186]–202.

Kammler, Clemens: Plädoyer für das Experiment. Deutschunterricht und Gegenwartsliteratur. In: Der Deutschunterricht 51 (1999) 4, S. 3–8.

Kammler, Clemens: Neue Literaturtheorien und Unterrichtspraxis. Positionen und Modelle. Baltmannsweiler: Schneider-Verl. Hohengehren 2000a (Deutschdidaktik aktuell; Bd. 8).

Kammler, Clemens/Surmann, Volker: Sind Deutschlehrer experimentierfreudig? Ergebnisse einer Befragung von Ganzschriften der Gegenwartsliteratur in der Sekundarstufe II. In: Der Deutschunterricht 52 (2000b) 6, S. 92–96.

Kammler, Clemens: Gegenwartsliteratur im Unterricht. In: Grundzüge der Literaturdidaktik/hrsg. von Klaus-Michael Bogdal und Hermann Korte. München: dtv 2002, S. 166–176.

Kanz, Christine: Kein bißchen aufgeregt? Das erotische Knistern in Judith Hermanns Erzählung *Sonja*. In: Literaturkritik.de. Rezensionsforum für Literatur und für Kulturwissenschaften im Internet (1999) 8/9, S. 37–40.

Kaulen, Heinrich: Fun, Coolness und Spaßkultur? Adoleszenzromane der 90er Jahre zwischen Tradition und Postmoderne. In: Deutschunterricht (Berlin) 53 (1999) 5, S. 325–336.

Kaulen, Heinrich: Der Autor als Medienstar und Entertainer. Überlegungen zur neuen deutschen Popliteratur. In: Lesen zwischen Neuen Medien und Pop-Kultur/hrsg. von Hans-Heino Ewers. Weinheim; München: Juventa 2002a, S. 209–228.

Kaulen, Heinrich: Mediale Inszenierung in der neuen deutschen Popliteratur – mediale Inszenierungen der Popliteraten. In: Medienumbrüche. Wie Kinder und Jugendliche mit alten und neuen Medien kommunizieren/hrsg. von Jörg Steitz-Kallenbach und Jens Thiele. Begleitpublikation zur gleichnamigen Ausstellung der Forschungsstelle für Kinder- und Jugendliteratur der Carl von Ossietzky Universität Oldenburg (OlFoKi) im Rahmen der Oldenburger Kinder- und Jugendbuchmesse 2002. Bremen/Oldenburg: Universitätsverlag Aschenbeck & Isensee 2002b, S. 147–162.

Kaulen, Heinrich: Pop-Literatur (Lexikonartikel). In: Lexikon Avantgarde/hrsg. von Hubert van den Berg und Walter Fähnders. Stuttgart: Metzler [im Druck].

Knoche, Susanne: Bekenntnisse 2000. Vom Schüler zum Medienprofi. In: Deutschunterricht 55 (2002) 4, S. 11–14.

Köhler, Andrea: „Is that all there is?" Judith Hermann oder die Geschichte eines Erfolges. In: Aufgerissen. Zur Literatur der 90er/hrsg. von Thomas Kraft. München: Piper 2000, S. 83–89.

Köhnen, Ralph: Theorien des kreativen Textumgangs. In: Zwischen Leseanimation und literarischer Sozialisation. Konzepte der Lese(r)förderung /hrsg. von Thomas Eicher. Oberhausen: Athena 1997, S. 55–86.

Köhnen, Ralph: Selbstbeschreibungen jugendkultureller Lebensästhetik. Benjamin Leberts *Crazy* und Benjamin von Stuckrad-Barres *Soloalbum*. In: Deutschunterricht (Berlin) 52 (1999) 5, S. 337–347.

König, Nicola: Dekonstruktive Hermeneutik moderner Prosa. Ein literaturdidaktisches Konzept produktiven Textumgangs. Baltmannsweiler: Schneider-Verl. Hohengehren 2003. Zugl.: Freiburg, Univ., Diss., 2002 (Deutschdidaktik aktuell; 14).

Kraft, Thomas: Franz Beckenbauer und der Realismus: Anmerkungen zur Erzählliteratur der neunziger Jahre. In: Neue deutsche Literatur 47 (1999) 527, S. 123–142.

Kraft, Thomas: Einleitung. In: Aufgerissen. Zur Literatur der 90er/hrsg. von Thomas Kraft. München; Zürich: Piper 2000, S. 11–22.

Lecke, Bodo: Medienpädagogik, Literaturdidaktik und Deutschunterricht. In: Deutschdidaktik: Leitfaden für die Sekundarstufe I und II/hrsg. von Michael Kämper-van den Boogaart. Berlin: Cornelsen Scriptor 2003, S. 34–45.

Martinez, Matias/Scheffel, Michael: Einführung in die Erzähltheorie. 3. Aufl. München: Beck 2002 (C. H. Beck Studium).

Matthiessen, Wilhelm: Umgang mit Texten in der Sekundarstufe II. In: Deutschdidaktik. Leitfaden für die Sekundarstufe I und II/hrsg. von Michael Kämper-van den Boogaart. Berlin: Cornelsen Scriptor 2003. S. 117–141.

Maulhelden und Königskinder. Zur Debatte über die deutschsprachige Gegenwartsliteratur/hrsg. von Andrea Köhler u. Rainer Moritz. Leipzig: Reclam 1998.

Mertens, Mathias: Robbery, assault, and battery. Christian Kracht, Benjamin v. Stuckrad-Barre und ihre mutmaßlichen Vorbilder Bret Easton Ellis und Nick Hornby. In: Pop-Literatur/hrsg. von Heinz Ludwig Arnold. München: Edition Text + Kritik 2003 (Text + Kritik; Sonderband), S. 201–217.

Möckel, Magret: Erläuterungen zu Peter Stamm: Agnes. Hollfeld: C. Bange-Verl., 2001 (Königs Erläuterungen und Materialien; Bd. 405).

Müller-Oberhäuser, Gabriele: Neuere Literaturtheorien. In: Ein anglistischer Grundkurs. Einführung in die Literaturwissenschaft/in Zusammenarbeit mit Ulrich Broich ... hrsg. von Bernhard Fabian. 8., durchges. und erg. Aufl. Berlin: Erich Schmidt 1998, S. 204–248.

Nünning, Ansgar: Vom Nutzen und Nachteil literaturwissenschaftlicher Theorien, Modelle und Methoden für das Studium. In: Literaturwissenschaftliche Theorien, Modelle und Methoden. Eine Einführung/hrsg. von Ansgar Nünning. Unter Mitw. von Sabine Buchholz u. Manfred Jahn. 2., unveränd. Aufl. Trier: WVT Wissenschaftlicher Verl. Trier 1995 (WVT-Handbücher zum literaturwissenschaftlichen Studium; Bd. 1), S. 1–12.

Paefgen, Elisabeth: Literaturtheorie und produktionsorientierter Literaturunterricht. Ein Mißverhältnis? In: Deutschunterricht (Berlin) 50 (1997) 5, S. 248–254.

Paefgen, Elisabeth: Textnahes Lesen. 6 Thesen aus didaktischer Perspektive. In: Textnahes Lesen. Annäherungen an Literatur im Unterricht/ hrsg. von Jürgen Belgrad und Karlheinz Fingerhut. Baltmannsweiler: Schneider-Verl. Hohengehren 1998, S. 14–23.

Paefgen, Elisabeth: Einführung in die Literaturdidaktik. Stuttgart; Weimar: Metzler 1999 (Sammlung Metzler; Bd. 317).

Paefgen, Elisabeth: Textnahes Lesen und Rezeptionsdidaktik. In: Deutschdidaktik. Leitfaden für die Sekundarstufe I und II/hrsg. von Michael Kämper-van den Boogaart. Berlin: Cornelsen Scriptor 2003. S. 191–209.

Picard, Hans Rudolf: Der Geist der Erzählung. Dargestelltes Erzählen in literarischer Tradition. Frankfurt a. M. [u. a.]: Lang 1987.

Prince, Gerald: [Rez. von Genette 1980]. In: Comparative Literature 32 (1980), S. 413–417.

Rathjen, Friedhelm: Crisis? What Crisis? In: Deutschsprachige Gegenwartsliteratur. Wider ihre Verächter/hrsg. von Christian Döring. Frankfurt a. M.: Suhrkamp 1995, S. 9–17.

Reckefuß, Elke: Die (mögliche) Auflösung einer Identität. In: Deutschmagazin [im Druck].

Richtlinien und Lehrpläne für die Sekundarstufe II – Gymnasium/Gesamtschule in Nordrhein-Westfalen. Deutsch/hrsg. vom Ministerium für Schule, Wissenschaft und Forschung des Landes Nordrhein-Westfalen. Veränd. Nachdruck. Düsseldorf: Ritterbach Verl. 2000.

Rosebrock, Cornelia: Literaturdidaktik und Lesekultur. In: Informationen zur Deutschdidaktik 24 (2000) 2, S. 35–48.

Rosebrock, Cornelia: Lesesozialisation und Leseförderung – literarisches Leben in der Schule. In: Deutschdidaktik. Leitfaden für die Sekundarstufe I und II/hrsg. von Michael Kämper-van den Boogaart. Berlin: Cornelsen Scriptor 2003, S. 153–174.

Sabalius, Romey: Das Bild der USA in der zeitgenössischen Literatur in der deutschsprachigen Schweiz. In: Neue Perspektiven zur deutschsprachigen Literatur der Schweiz/hrsg. von Romey Sabalius. Amsterdam [u. a.]: Rodopi 1997 (Amsterdamer Beiträge zur neueren Germanistik; 40), S. 11–30.

Schäfer, Frank: Sommerbubenstimmen: Bekannte Lieder im Hintergrund. Über die Rolle der Popmusik in der Popliteratur. In: Literatur konkret 26 (2001–2002), S. 40–41.

Scheitler, Irmgard: Deutschsprachige Gegenwartsprosa seit 1970. Tübingen; Basel: Francke 2001 (UTB für Wissenschaft; 2262).

Scheller, Ingo: Szenische Interpretation. In: Praxis Deutsch 23 (1996) 136, S. 22–32.

Schirrmacher, Frank: Idyllen in der Wüste oder Das Versagen vor der Metropole. In: Maulhelden und Königskinder. Zur Debatte über die deutschsprachige Gegenwartsliteratur/hrsg. von Andrea Köhler und Rainer Moritz. Leipzig: Reclam 1998, S. 15–27.

Schneider, Jost: Einführung in die moderne Literaturwissenschaft. Bielefeld: Aisthesis-Verl. 1998.

Schön, Erich: Vor dem Ende der Lesekultur? Zur Zukunft des Lesens. In: Zwischen Leseanimation und literarischer Sozialisation. Konzepte der Lese(r)förderung/hrsg. von Thomas Eicher. Oberhausen: Athena 1997, S. 15–17.

Schubert-Felmy, Barbara: Das Jugendbuch *Die Welle* von Morton Rhue im Unterricht. Eine kritische Analyse. In: Diskussion Deutsch 20 (1989), 109, S. 503–523.

Schubert-Felmy, Barbara: Umgang mit Texten in der Sekundarstufe I. In: Deutschdidaktik. Leitfaden für die Sekundarstufe I und II/hrsg. von Michael Kämper-van den Boogaart. Berlin: Cornelsen Scriptor 2003, S. 95–116.

Schulte, Miriam: Pop-Literatur und kultureller Wandel. Literarische Aneignungsweisen von Pop in deutschen Romanen der 90er Jahre. In: Deutschunterricht (Berlin) 52 (1999) 5, S. 348–356.

Schweikart, Ralf: Nicht Cottbus. Nicht Trier. Über die literarische Konstruktion von Authentizität. In: Auf der Suche nach der Matrix/hrsg. von der STUBE. Wien: STUBE (Fernkurs KJL), 2001 (Fokus), S. 62–75.

Seeßlen, Georg: Bedeutis und Wixis: Was kann die Popliteratur, und was meint sie zu können? In: Literatur konkret 26 (2001–2002), S. 6–8.

Spinner, Kaspar H.: Textanalyse im Unterricht. In: Praxis Deutsch 16 (1989) 89, S. 19–23.

Spinner, Kaspar H.: Handlungs- und produktionsorientierte Verfahren im Literaturunterricht. In: Deutschdidaktik. Leitfaden für die Sekundarstufe I und II/hrsg. von Michael Kämper-van den Boogaart. Berlin: Cornelsen Scriptor 2003, S. 175–190.

Spree, Axel: Kritik der Interpretation. Analytische Untersuchungen zu interpretationskritischen Literaturtheorien. Paderborn u. a.: Schöningh 1995 (Explicatio). Zugl.: Bochum, Univ., Diss., 1995.

Sprenger, Mirjam: Modernes Erzählen. Metafiktion im deutschsprachigen Roman der Gegenwart. Stuttgart; Weimar: Metzler 1999 (M-&-P-Schriftenreihe für Wissenschaft und Forschung).

Stanzel, Franz K.: Theorie des Erzählens. Göttingen: Vandenhoeck und Ruprecht 1979 (Uni-Taschenbücher; 904).

Stanzel, Franz K.: Typische Formen des Romans. 12. Aufl. Göttingen: Vandenhoeck und Ruprecht 1993 (Kleine Vandenhoeck-Reihe; 1187).

Steets, Angelika: Lernbereich Sprache in der Sekundarstufe II. In: Deutschdidaktik. Leitfaden für die Sekundarstufe I und II/hrsg. von Michael Kämper-van den Boogaart. Berlin: Cornelsen Scriptor 2003. S. 232–248.

Texte, Themen und Strukturen. Deutschbuch für die Oberstufe/ hrsg. von Heinrich Biermann u. Bernd Schurf unter Beratung v. Karlheinz Fingerhut. Berlin: Cornelsen 1999.

Thießen, Holger: Erarbeitung erzähltheoretischer Kategorien. Ein Unterrichtsvorhaben in einer 11. Klasse. In: Deutschunterricht (Berlin) 51 (1998) 5, S. 248–255.

Vogt, Jochen: Grundlagen narrativer Texte. In: Grundzüge der Literaturwissenschaft/ hrsg. von Heinz Ludwig Arnold u. Heinrich Detering. 5. Aufl. München: dtv 2002, S. 287–307.

Waldherr, Franz: Johann Wolfgang von Goethe: Faust. Der Tragödie erster Teil. Paderborn: Schöningh 1999 (Einfach Deutsch: Unterrichtsmodell).

Waldmann, Günter: Produktiver Umgang mit Literatur im Unterricht. 2. Aufl. Baltmannsweiler: Schneider-Verl. Hohengehren 1999 (Deutschdidaktik aktuell; Bd. 1).

Wangerin, Wolfgang: Rezeptionsästhetik und -didaktik. In: Deutschunterricht von A bis Z/ hrsg. von Dietlinde H. Heckt u. Karl Neumann. Braunschweig: Westermann 2001, S. 292–296.

Wenzel, Peter: Der Text und seine Analyse. In: Ein anglistischer Grundkurs. Einführung in die Literaturwissenschaft/in Zusammenarbeit mit Ulrich Broich . . . hrsg. von Bernhard Fabian. 8., durchges. und erg. Aufl. Berlin: Erich Schmidt 1998, S. 149–203.

Wermke, Jutta: Literatur- und Medienunterricht. In: Grundzüge der Literaturdidaktik/ hrsg. von Klaus-Michael Bogdal und Hermann Korte. München: dtv 2002, S. 91–104.

Winkels, Hubert: Grenzgänger. Neue deutsche Pop-Literatur. In: Sinn und Form 51,2 (1999) 4, S. 581–610.

Wittstock, Uwe: Leselust. Wie unterhaltsam ist die neue deutsche Literatur? Ein Essay. München: Luchterhand Literaturverlag 1995.

Zapf, Hubert: Dekonstruktion. In: Metzler-Lexikon Literatur- und Kulturtheorie. Ansätze – Personen – Grundbegriffe/hrsg. von Ansgar Nünning. Stuttgart; Weimar: Metzler 1998, S. 82–86.

Zeller, Rosmarie: Der Neue Roman in der Schweiz. Die Unerzählbarkeit der modernen Welt. Freiburg, Schweiz: Universitätsverlag 1992 (Seges; N.F., 11).

Rezensionen

Hamm, Peter: Der Tod der erzählten Frau. In: Focus 47, 16.11.1998, S. 184–186.

Illies, Florian: Die Traumwandlerin. In: FAZ 17.10.1998, S. 1.

Isenschmidt, Andreas: Stillers Kinder. In: Die Zeit, 42, 8.10.1998, S. 15–16.

Radisch, Iris: Mach den Kasten an und schau. In: Die Zeit 42 (1999), S. 1–6.

Staub, Norbert: Rieselnde Wirklichkeiten. In: Neue Zürcher Zeitung 233, 8.10.1998, S. 33.

Steinfeld, Thomas: „Liebst du mich?" Judith Hermanns Erzählband *Nichts als Gespenster*. In: Süddeutsche Zeitung 31.1.03, S. 1–4.

Werth, Wolfgang: In der Regel nicht regelmäßig. In: Süddeutsche Zeitung 54, 6./7.3. 1999, S. 14.

Wirth, Michael: Tödlicher Paarlauf. In: Schweizer Monatshefte 78 (1998) 11, S. 46–47.

Internet-Rezensionen

Ahne, Petra: Neu aufgelegt. In:
http:/www.berlinonline.de/berliner-zeitung/archiv/.bin/dump.fcgi/2002/0813/lokales/0028/index.html (10.03.2004).

Dückers, Tanja: Bin ich schön, schreib ich schön.
In: http:/www.welt.de/daten/2000/03/25/0325lwl58681.htx (10.03.2004).

Radisch, Iris: Berliner Jugendstil.
In: www.zeit.de/2003/06/tristesse (10.03.2004).

Weitere Internetseiten

http:/www.ibiblio.org/wm/paint/auth seurat/grande-jatte/ (10.03.2004)

http://www.spiegel.de/spiegel/inhalt/0,1518,ausg-437,00.html (10.03.2004)

http://www.peterstamm.ch (10.03.2004)

Raum für Notizen

Raum für Notizen

Raum für Notizen

Raum für Notizen

Marion von der Kammer

Band 18: Wege zum Text

Sechzehn Unterrichtsmethoden für die Entwicklung der Lesekompetenz
2004. XII, 343 Seiten. Kt. ISBN 3896768220. € 19,80

Dieses Buch ist ein Plädoyer für eine Schwerpunktverlagerung im Literaturunterricht. Plädiert wird dafür, in erster Linie *problemorientiert* vorzugehen und dabei immer auch den *Leseprozess* im Auge zu behalten, statt sich von vornherein auf gewünschte Ergebnisse festzulegen. Das wirkt sich nicht nur positiv auf die Motivation der Schülerinnen und Schüler aus, sondern es hilft dem Unterrichtenden auch, falsche Lesestrategien aufzuspüren. Nur so kann er diesen entgegenwirken, und nur so kann es ihm gelingen, richtige Verfahrensweisen im Umgang mit Texten einzuüben.

Da das Textverstehen ein außerordentlich komplexer Vorgang ist, gibt es kein Allheilmittel, um die Entwicklung der Lesekompetenz zu fördern. Stattdessen sollten wechselweise immer wieder unterschiedliche *Wege zum Text* beschritten werden. Wie das erfolgen kann, dafür will das Buch Anregungen geben.

Es werden insgesamt 16 methodische Ansätze für den Literaturunterricht vorgestellt. Deren Realisierbarkeit wird anhand von zahlreichen Beispielen anschaulich dargestellt. Die Beispiele beziehen sich sowohl auf den Unterricht in der Sekundarstufe I als auch auf den Unterricht in der gymnasialen Oberstufe. Bei jeder Methode wird außerdem gezeigt, wie sich das Textverstehen mit anderen Lernbereichen des Faches verknüpfen lässt.

Das Buch richtet sich sowohl an praktizierende Lehrerinnen und Lehrer als auch an Referendare und Lehramtsstudenten. Aber nicht nur Deutschlehrer werden sich angesprochen fühlen. Lehrer anderer Schulfächer können ebenfalls einen Nutzen daraus ziehen, denn es geht nicht nur um Deutschdidaktik, sondern um Textverstehen generell.

Ines Guber

Band 17: Die Thema-Rhema-Struktur informativer Texte

Ein sprachdidaktisches Konzept zur Förderung des Verstehens und Schreibens von Texten – für Schüler der gymnasialen Oberstufe und Studierende im Grundstudium. 2004. XI, 164 Seiten. Kt. ISBN 3896767232. € 19,80

In diesem Buch werden Informationsverteilungsstrukturen informativer Texte erforscht, um Schülern und Studierenden im Sinne der Pisa-Studie das Verstehen und Verfassen von Texten dieser Textsorte zu erleichtern.

Nach zwei einführenden theoretischen Kapiteln zur didaktischen und linguistischen Grundlegung, die den ersten Teil des Buches bilden, wird im zweiten Teil eine Untersuchung zu Informationsverteilungsstrukturen in Zeitungstexten dargestellt. Die Ergebnisse dieser Untersuchung bilden die Grundlage für die Studien, die im dritten Teil dieses Buches präsentiert werden. Zum einen sind dies empirische Studien im Bereich der Schreibproduktion, die sich mit dem Thema des Überarbeitens informativer Texte durch Schüler und Studierende nach Schreibempfehlungen befassen. Zum anderen ist dies eine Fragebogenuntersuchung zur Verständlichkeit informativer Texte. Gegenstand dieser zweiten empirischen Untersuchung ist ein Schülertextpaar, das im Rahmen der Schreibproduktionsstudie verfasst wurde und dessen Verständlichkeit nun von einer Reihe von Studierenden beurteilt wird. Den Abschluss des dritten Teils der Arbeit bildet ein Kapitel, in dem die Konsequenzen der Untersuchungsergebnisse für die Didaktik des Textverstehens und der Textproduktion gezogen werden.

 Schneider Verlag Hohengehren
Wilhelmstr. 13; D-73666 Baltmannsweiler

Kathrin Waldt

Band 16: Literarisches Lernen in der Grundschule

Herausforderung durch ästhetisch-anspruchsvolle Literatur

2003. XII. 240 Seiten + 1 CD. Kt. ISBN 3896767224. € 20,—

Deutschdidaktik aktuell Band 16

Die Arbeit beschäftigt sich mit literarischem Lernen in der Grundschule. Betont wird der Zusammenhang von Textauswahl und literarischen Lernprozessen. Die Hauptthese lautet: Literarisches Lernen wird gefördert, wenn Schüler durch ästhetisch-anspruchsvolle Literatur herausgefordert werden. Damit wird auf Defizite in aktuellen literaturdidaktischen Konzepten reagiert, welche die Textauswahl und ästhetische Auswahlkriterien nur marginal behandeln.

Basis der Arbeit stellt ein historischer Rückblick auf ausgewählte literaturdidaktische Positionen nach 1945 dar, einschließlich der Frage, wie die Textauswahl bislang diskutiert wurde. Ein eigener literaturdidaktischer Vorschlag für den Literaturunterricht in der Grundschule bildet den Kern der Arbeit: Literaturunterricht wird verstanden als Verzahnung von Leseförderung und literarischem Lernen. Beim literarischen Lernen soll die naive, eher inhaltsorientierte und private Rezeption durch gelernte und formorientierte Lesarten erweitert werden. Zentral sind hierbei die Vorschläge für ästhetische Kriterien zur Textauswahl. In einem praktischen Teil wird anhand von Unterrichtsversuchen aufgezeigt, inwieweit durch ästhetisch-anspruchsvolle Literatur literarische Lernprozesse ausgelöst werden. Dabei werden - einem qualitativen Forschungsansatz folgend - in arrangierten literarischen Lernkontexten in zwei vierten Klassen Schüleräußerungen interpretierend ausgewertet. Der Materialband mit dem erhobenen empirischen Material und den Unterrichtsmedien steht als CD-ROM zur Verfügung.

Elisabeth Buchholtz

Band 15: Eine Liebe wie jede andere auch?

Männliche Homosexualität in Prosatexten der Gegenwartsliteratur im Deutschunterricht. Grundlagen · Unterrichtsmodelle · Materialien

2003. XIII, 208 Seiten. Kt. ISBN 3896767216. € 19,—

Das Thema „Homosexualität" ist seit den neunziger Jahren durch die Diskussion um die sog. „Homo-Ehe" und zahlreiche Film- und Fernsehproduktionen zunehmend ins öffentliche Bewußtsein getreten, in der Deutschdidaktik aber bisher kaum bearbeitet worden.

Das Buch möchte Interesse für die innovative Thematik wecken und vielfältige Möglichkeiten der Behandlung im Unterricht aufzeigen.Der Schwerpunkt liegt im Bereich der Gegenwartsliteratur und berücksichtigt bewußt Autor/innen, die im Deutschunterricht nicht kanonisiert sind, also „literarisches Neuland".

Die Arbeit verbindet fachdidaktische Theorie und unterrichtliche Praxis. Dementsprechend gliedert sie sich in zwei Teile: Grundlagen und Unterrichtsmodelle zur Gegenwartsprosa. Der einführende Grundlagenteil steckt den theoretischen Bezugsrahmen der komplexen Thematik ab. Die Unterrichtsmodelle enthalten jeweils einen sachanalytischen Teil und einen skizzierten Unterrichtsverlauf mit Strukturskizzen, Schaubildern, zahlreichen Materialien und konkreten Vorschlägen zum unterrichtsmethodischen Vorgehen, wobei sowohl analytische als auch handlungsorientierte Ansätze berücksichtigt werden. Die Modelle beziehen verschiedene Gattungen der Gegenwartsprosa mit ein; den jugendliterarischen Adoleszenzroman: Kate Walker „Peter" (8./9. Jahrgangsstufe), Kurzprosa der Gegenwart: Andreas Steinhöfel: „What's love got to do with it?" (10./11. Jahrgangsstufe) und den modernen Roman: James Baldwin: „Giovannis Zimmer" (11.–13. Jahrgangsstufe).

Schneider Verlag Hohengehren
Wilhelmstr. 13; D-73666 Baltmannsweiler